Next 教科書シリーズ

地方自治論

［第2版］

福島 康仁 編

弘文堂

はじめに

　わが国における戦後の地方自治制度の抜本的改革は日本国憲法と、それと同時に施行された地方自治法によって実施された。日本国憲法では「地方自治」について独立した1章が新たに設けられ、92条から95条までの4か条が規定された。こうして地方自治制度は単なる法令上の制度から憲法に根拠をもつ制度となり、民主的で確固たる地方自治制度が歩みだされた。

　その後、2000（平成12）年には地方分権一括法が施行され、施行時に生まれた子どもたちは、2018（平成30）年現在、選挙権を有する住民になっている。住民として自らの意思と責任において、地域のあり方を決定し、積極的に地域づくりに関与する担い手としてのデビューである。地方分権一括法は、制度的に国と地方の関係を上下主従関係から対等協力関係へと変え、その後も地方分権改革を総合的かつ計画的に推進している。そのプロセスで、地方自治のアクターの役割、意識も徐々に変化してきた。

　住民は地域において自治の主役であり、利害関係者であり、顧客であり、納税者であるが、従来は自治の担い手としての自覚が薄く、後者3点の役割意識が強かった。しかし、地方分権の進展に伴い、地域の政策形成過程・実施過程への関与がみられるようになり、ようやく自治の主役としての意識が育ちつつあるといえよう。地域社会ではガバナンスや協働をキーワードに、多種多様なアクターが共感（共汗）する流れが生まれ始めている。

　こうした真の地方の時代を迎えつつあるなか、地方自治に関する知識は必須なものとなっている。そこで、本書は、これからの地方自治を担う人々のために必要な知識、さまざまな地域課題へのアプローチ方法、考え方を提供することを目的に最新の動向を踏まえて執筆したものである。そのため、本書の執筆にあたって諸先生の多くの著書や論文等を参考とさせていただいた。専門書でありながら教科書的な性格をもつ本書は、引用にあたり逐次出所を示すと読みづらくなるため、巻末に参考文献として一覧を掲載している。この場を借りて著者・編者の方々にお詫びするとともに、深甚の敬意と感謝の意を表すものである。

2018年3月　福島康仁

iv

目　次　▌　Next 教科書シリーズ『地方自治論』［第 2 版］

はじめに…iii

第 1 章　地方政府と自治権…1

1　古代と中世の国家と地方公共団体…2

A. 人類の歴史と文化・文明…2　　B. 定住と共同体と都市…2
C. 都市国家・領邦国家の主権と自治権…3

2　近世以降の国家と地方公共団体…4

A. 近世国民国家の主権と自治権…4
B. 国家の変質と主権および自治権…5

3　国家主権と自治権…6

A. 主権と自治権…6　　B. 固有権説・伝来説（承認説）・制度的保障説…6
C. 自治権の範囲…7

4　各国の地方公共団体の特徴…8

A. 国家と地方公共団体…8　　B. 各国の基礎自治体…8
C. 各国の広域自治体…9

5　国家（中央政府）と地方（地方政府）の関係…10

A. 国家と地方公共団体の関係…10
B. 近代型地方自治制度の確立と上下関係…10
C. 地方自治制度の発達と政府間関係…10　　D. 補完性の原理…11

6　地方公共団体の政府形態…12

A. 議院内閣制と委員会制…12　　B. 首長制（大統領制）…12
C. その他の制度…13

●知識を確認しよう…14

第 2 章　終戦（第二次世界大戦終了）までの地方自治制度の歴史…15

1　明治維新と地方制度…16

A. 新政府による新たな体制の整備…16　　B. 廃藩置県と戸籍法…16
C. 大区小区制…17　　D. 内務省創設…17

2　三新法と地方制度…17

A. 三新法…17　　B. 区町村会法…19

3　明治地方制度の確立…19

A.大日本帝国憲法制定までの動き…19　　B.市制町村制…20
C.府県制、郡制…22　　D.明治の大合併…23

4　明治地方自治制度の展開（明治後期〜昭和初期）…24

A.市制特例の撤廃…24　　B.府県制、郡制の改正…24
C.市の執行機関の変更…24　　D.義務教育費国庫負担金の創設…24
E.郡制廃止…25　　F.男子普通選挙制度…25　　G.自治権の強化…26

5　戦時体制下の地方制度…26

A.1940年の地方財政改革…26　　B.戦時下における地方制度改革の概要…26

●知識を確認しよう…28

第3章　日本国憲法と地方自治…29

1　日本国憲法における自治の保障…30

A.明治憲法と地方自治…30　　B.戦後改革と地方自治…30
C.地方自治の憲法上の意義…31

2　地方自治の本旨…32

A.総則的規定の創設…32　　B.住民自治と団体自治…32
C.地方自治の本旨と判例…33　　D.地方自治の本旨の改革…33

3　地方公共団体の権能…33

A.条例制定権とは…33　　B.法律と条例の関係…34
C.条例と法の下の平等…34　　D.条例と罰則…35

4　地方公共団体の機関…35

A.首長制とは…35　　B.日本の首長制の特徴…36
C.首長制の課題と解決策の模索…36

5　地方財政…37

A.地方財政自主権…37　　B.条例と租税…38　　C.自主課税権…38
D.国・地方間の地方財政改革…38

6　住民投票…39

A.住民投票とは…39　　B.地方特別法の適用対象・範囲…39
C.憲法によらない住民投票…40

●知識を確認しよう…41

第4章　地方自治法と地方自治制度…43

1　地方公共団体の種類…44

A.普通地方公共団体…44　　B.特別地方公共団体…45

2　普通地方公共団体の区域…46

A.市町村の廃置分合…46　　B.都道府県の廃置分合…46

C.市町村合併…46

3 地方公共団体の執行機関…48

A.長…48　　B.行政委員会及び委員…49

4 地方公共団体の事務…50

A.国と地方の役割分担…50　　B.地方公共団体の事務…50
C.国の地方への関与…51

5 地方議会の組織と機能…52

A.議会の基本的性格…52　　B.議会の主要アクター…52
C.議会の構成…52　　D.議会の運営…53　　E.議会の権限…53

6 住民の直接請求制度…54

A.直接請求制度とは…54　　B.条例の制定又は改廃の直接請求…54
C.事務の監査請求…54　　D.議会の解散請求…55
E.議員・長・主要公務員の解職請求…55

●知識を確認しよう…56

第5章　地方分権改革の歴史…57

1 明治維新後の地方制度確立と改革の歴史…58

A.統一国家の確立と地方制度の創設…58
B.自然村を活用した新しい地方制度の確立…58
C.国会開設の勅諭とプロシアの地方自治制度の継受…59
D.明治末から第二次世界大戦期の地方自治制度…59

2 戦後の地方分権改革と総司令部（GHQ）…60

A.総司令部の指揮下での日本国憲法と地方自治関連法規の施行…60
B.シャウプ勧告・神戸勧告と地方分権改革…61

3 講和条約締結から高度経済成長期の地方自治制度改革…62

A.朝鮮戦争とGHQの政策変更…62　　B.講和条約発効後の地方分権改革…62
C.高度経済成長期と地方自治制度改革…63
D.開発行政と新中央集権主義…63

4 安定成長期の地方自治制度改革…64

A.第二次臨時行政調査会・臨時行政改革推進審議会と自治制度改革…64
B.ライフスタイルの転換…64　　C.バブル経済の崩壊と地方分権改革…65

5 地方分権一括法以降の地方自治制度…66

A.地方分権一括法と分権改革…66　　B.小泉政権と三位一体の改革…66
C.小泉改革と地方公共団体の再編計画…67

6 政権交代期の混乱と安定期の地方分権改革…68

A.安倍・福田・麻生政権と地方分権改革…68
B.民主党政権と地域主権改革…68　　C.第二次安倍内閣と地方分権改革…69

目　次　vii

●知識を確認しよう…70

第6章　都市制度と政策展開…71

1　NPM と自治体経営…72
A. NPM とはなにか…72　　B. 自治体経営の変化…72
C. 変わる自治体と住民…73

2　行政評価…74
A. 行政評価とはなにか…74　　B. 自治体を取り巻く環境…74
C. 評価の基準…75　　D. 今後の展開…76

3　住民と行政のパートナーシップ（PPP）―指定管理者制度…76
A. PPP とは…76　　B. 背景…77　　C. アウトソーシング…77
D. 指定管理者制度…78　　E. 指定管理者制度の課題…78

4　都市内分権…79
A. 都市内分権とは…79　　B. 都市内部の分権の必要性…79
C. 行政内部の分権…80　　D. 地域への分権…80
E. 都市内分権とコミュニティ政策…80

5　都市計画…81
A. 都市計画とはなにか…81　　B. 都市計画の内容…82

6　大都市制度と特別区制度…83
A. 大都市制度…83　　B. 特別区制度…83　　C. 特別区の事務…84
D. 都・特別区・特別区間の相互調整…84
E. 都区制度改革と都区財政調整制度…85
F. 大都市地域における特別区の設置に関する法律…85

●知識を確認しよう…86

第7章　住民による自治体行政への民主的統制…87

1　行政の民主的統制…88

2　情報公開条例と情報公開法…88

3　パブリック・コメント…89
A. 制定過程…90　　B. 自治体へのパブリック・コメントの広がり…91

4　オンブズマン…92
A. 自治体オンブズマン…92　　B. 自治体オンブズマンの機能…95

5　特色ある取組み事例…97
A. 京都府府民簡易監査制度…97　　B. 鳥取県県民の声…98

●知識を確認しよう…100

第8章　地方財政制度の概要と課題…101

1　日本における政府間財政関係…102

A. 地方財政計画…102　　B. 地方交付税制度…104

2　地方自治体の歳入…106

A. 地方税の概要…106　　B. 国庫支出金…108

3　地方自治体の歳出…109

A. 国と地方の経費分担…109　　B. 目的別歳出…109
C. 性質別歳出…110

4　地方財政制度の改革と地方財政健全化…111

A. 三位一体の改革…111　　B. 臨時財政対策債の創設と継続…112
C. 「夕張ショック」と地方財政の健全化…113
D. 補助金の「一括交付金」化の試み…113

5　地方自治体の予算と会計…114

6　現代日本における地方財政制度の課題…115

●知識を確認しよう…116

第9章　日本の地方公共団体の実態…117

1　地方公共団体の編成基準と明治の地方自治制度…118

A. 地方公共団体の変遷…118　　B. 明治期の改革と自然村および行政村…119

2　第二次世界大戦後の市町村の変遷…120

A. 昭和の大合併とその後…120　　B. 平成の大合併…121

3　平成の大合併後の地方自治制度…122

A. 地方公共団体の実態…122　　B. 市区町村の実態…123
C. 地方公共団体の再編の必要性…123

4　全国総合開発計画…124

A. 全国総合開発計画の概要…124
B. 全国総合開発計画（池田内閣、1962〜1970）…124
C. 新全国総合開発計画（佐藤内閣、1969〜1985）…124
D. 第三次全国総合開発計画圏…125　　E. 第四次全国総合開発計画…125

5　21世紀の新しい全国総合開発計画…126

A. 21世紀の国土のグランドデザイン…126
B. 「国土総合開発法」から「国土形成計画法」へ…126
C. 国土形成計画…126　　D. 国土形成計画の変質…127

6　地方創生と新しい自治制度…128

A. 国土のグランドデザイン2050…128　　B. 地方創生…128
C. 第二次国土形成計画…129

目　次　ix

●知識を確認しよう…130

第10章　地域と多元的アクターの新しい関係…131

1　自治基本条例…132

A.自治基本条例とは…132　　B.背景…132
C.自治基本条例の意義と課題…133

2　住民参加と協働…133

A.自治と協働…133　　B.住民などとの協働…134　　C.協働の原則…134
D.協働の方法…134

3　コミュニティ、NPO、自治会…136

A.コミュニティとはなにか…136　　B.自治会・町内会…136
C.NPO…136　　D.課題…137

4　コミュニティビジネス…138

A.定義…138　　B.背景…138　　C.コミュニティビジネスの特徴…138
D.中間支援組織…139　　E.コミュニティビジネスに期待される効果…139
F.課題…139

5　安全安心のまちづくり…140

A.安全安心のまちづくりとは…140　　B.犯罪の背景…140　　C.対策…141

6　地域の国際化…142

A.地域の国際化とは…142　　B.外への国際化…143　　C.内なる国際化…143
D.自治体の国際化政策の意義…144

●知識を確認しよう…145

第11章　環境政策と廃棄物政策…147

1　公害問題と自治体の対応…148

A.公害の発生とその対策…148　　B.公害対策の進展…149

2　環境政策の進展とその多様化…150

A.停滞期…150　　B.環境問題の多様化…150

3　廃棄物行政…151

A.廃棄物政策の歴史…151　　B.市町村の役割…153
C.都道府県の役割…153　　D.住民と自治体…154

4　廃棄物と資源…155

A.廃棄物…155　　B.各種リサイクル法と自治体…155
C.廃棄物の減量…156

5　資源循環型社会へ…156

A. リサイクル政策…156　　　B. 廃棄物処理の広域化…157
　C. ゼロ・エミッション…158

6　近年の環境政策…158

　A. 地球温暖化対策…158　　　B. エネルギー政策…158　　　C. 災害廃棄物…159
　D. SDGs…159

　●知識を確認しよう…160

第12章　自治体の広報・広聴活動…161

1　自治体広報・広聴の意義…162

2　自治体広報・広聴の歴史…162

3　首長と広報組織の役割…164

　A. 首長の役割…164　　　B. 広報・広聴専担組織の機能と独自性…165

4　議会広報の課題と役割…167

5　広報メディア…169

　A. 人間メディア…169　　　B. 印刷メディア…169　　　C. 電波メディア…170
　D. 造形メディア…171　　　E. インターネット…171

6　自治体広報の課題…172

　●知識を確認しよう…174

第13章　自治体情報化と地方自治…175

1　国や地方自治体の情報化…176

　A. 行政情報化・自治体情報化…176　　　B.「情報化」とは…176

2　政府の自治体情報化政策…178

　A. 自治体情報化政策の変遷…178
　B. 霞ヶ関WAN・総合行政ネットワーク（LGWAN）・住民基本台帳ネットワークシステム…178

3　自治体情報化の現況…180

　A. フロントオフィス系業務の自治体情報化…180
　B. 自治体コール・センター…180
　C. バックオフィス系業務の自治体情報化…181　　　D. 自治体クラウド…181

4　自治体情報化と住民…182

　A. デジタル・ディバイド…182
　B. デジタル・ディバイドにおける3つの課題…183

5　自治体情報化と住民のリスク…184

　A. 情報セキュリティ対策・個人情報保護対策…184

目　次　xi

B. 情報セキュリティ対策の難しさ…185

6　住民本位（ユーザー・オリエンテッド）の自治体情報化…186

A. 国民の情報セキュリティに関する不安…186
B. 住民本位の自治体情報化を目指して…186

●知識を確認しよう…188

第14章　持続可能な発展と地方自治…189

1　持続可能な発展…190

A. 持続可能な発展とは何か…190
B. 持続可能な発展か維持可能な発展か？…191
C. 地方自治における持続可能な発展…191

2　内発的発展と外発的発展…192

A. 内発的発展…192　　B. 外発的発展…193
C. 外発的発展の問題性…193

3　鶴見和子の内発的発展論…194

A. 定義…194　　B. 内発的発展の担い手とその地域…195
C. キー・パースン…196　　D. 鶴見和子の内発的発展論からの示唆…196

4　外発的発展の検証―全国総合開発計画の事例…197

A. 外発的発展の典型例―全国総合開発計画…197
B. 外発的発展と利権構造―繰り返された全総…197
C. 終わらない外発的発展…198

5　持続可能な地方自治の模索―内発的発展の取り組み…199

A. どぶろく特区…199　　B. フードバンク…199　　C. 葛巻町…200

6　住民の幸福と地方自治…200

●知識を確認しよう…202

第15章　ヨーロッパ主要国の地方自治制度…203

1　自治制度の多様性…204

A. イギリス型と大陸型…204　　B. 住民自治と団体自治…204
C. 制限列挙方式と概括例示方式…205　　D. 固有権説と伝来説（承認説）…205

2　イギリスの地方自治制度…206

A. 近代的自治制度の確立…206　　B.20 世紀の自治制度…206

3　フランスの自治制度…208

A. 近代的自治制度の確立…208　　B. 第二次世界大戦後の地方制度改革…208
C.1982 年の地方分権法…209

4　ドイツの自治制度…210

A. 近代的自治制度の確立への模索…210
B. 第二次世界大戦後の地方制度改革…211　　C. 統一後の地方自治制度…211

5　イギリスの公共団体の選挙制度…212

A. イギリスの選挙制度…212
B. イングランドとウェールズの地方議会議員選挙…212
C. 地域議会とイングランド以外の地方議会議員選挙…213
D. 北アイルランド議会と地方議会、スコットランド地方議会議員選挙…213
E. 大ロンドン庁（GLA）と地方公共団体の長の選挙…213

6　ドイツの地方自治体の選挙制度…214

A. ドイツの連邦と州の選挙制度…214　　B. ドイツの市町村の選挙制度…214
C. ボッパルド市の選挙制度…215

●知識を確認しよう…216

参考文献…217

索引…225

略語表

法令名 （略称の五十音順）

教育行政	地方教育行政の組織及び運営に関する法律
行手	行政手続法
警	警察法
憲	憲法
公職	公職選挙法
自治	地方自治法
地税	地方税法
都計	都市計画法

判例

最判	最高裁判所判決

判例集

刑集	大審院刑事判例集、最高裁判所刑事判例集

第 1 章 地方政府と自治権

本章のポイント

　人類の誕生と集団生活の変遷を柱に、特に農業革命以降の集落・都市・国家の誕生や、産業革命以降の国家の強大化、主権・自治権・人権の関係や理論等を総合的に考える。

1. 狩猟採集の時代から、農業革命後の集落や都市の誕生と支配権の確立、そして古代（都市国家）や中世（領邦国家）の小規模国の統治権の確立、近世・近代・現代の国民国家における主権や自治権の変遷を考える。

2. 「固有権説」、「伝来説（承認説）」、「制度的保障説」に大別される、自治権の理論のそれぞれの特徴と内容を考える。

3. 各国の地方自治制度の実態をモデルとして、日本にとってどのような制度が望ましいのかを比較分析を通して考える。

4. 地方公共団体の政府形態の複雑さ、さらにそれぞれの特徴や問題点を理解し、どのような政府形態が望ましいのかを考える。

1 古代と中世の国家と地方公共団体

A 人類の歴史と文化・文明

　人類の祖先はアフリカで誕生した。その最初は約700万年前に類人猿から分かれたサヘラントロプス・チャデンシス（猿人）である。約250万年前に誕生したホモ属の最初の種とされるホモ・ハビルス（器用なヒト）は、高度な石器を作った。約60万年前に誕生したホモ・エレクトス（立ち上がったヒト：原人）は、約40万年前に火を使用し（エネルギー革命）人類文明誕生の起点を築いた。約20万年前に誕生したホモ・サピエンス（賢いヒト）は、絶滅したネアンデルタール人に代表される旧人と、我々の祖先である新人に分かれた。新人は約6万年前に世界中に広がっていった。

　約40万年前の火の使用（エネルギー革命）の後、人類の生活変化の起点となったものは約1万年前の農業革命である。それまでの人類は、他の動物と同様に狩猟・採集を通じて生命を維持していた。人類は単数あるいは複数の家族を中心にしたような、小規模な集団を単位として生活していたと考えられる。この時代の小集団は、人々が日常生活を営む必用不可欠な単位であり、公私が未分化な集合体であった。

B 定住と共同体と都市

　農業革命により自給自足の生活に入った人類は、徐々に定住生活に移行し、集落（共同体：コミュニティ）を形成して新たな社会生活に入っていった。農業社会では、「耕作地」に「住居」が併存する職住一致が前提となり、村落での定住を前提に、自然に働きかけて食料を生産するため、共同体の住民が協力して自然を守り、道路や灌漑設備の建設や維持を通じた共同事業を行い、共同体内部での相互扶助等によって生活が営まれていた。村落共同体では、定住を前提に自発的協力を通じた継続的な共同生活が営まれていた。農村型共同体（農村型コミュニティ）の誕生である。

　農業の発展は余剰生産物を生み出し、余剰生産物の取引の場である市場を必要とした。市場としての機能や周辺農村の交流の場として誕生したものが、農村社会における都市であった。交流の場である都市は共同体とし

1　古代と中世の国家と地方公共団体　3

ての性格が弱く、それを補完するために住民の共同意思決定にもとづく強
制的協力の必要性が認識され、「自治」が確立されていった。こうして都市
型共同体（都市型コミュニティ）が誕生したのである。

C　都市国家・領邦国家の主権と自治権

　村落と都市の統一体として誕生したものが国家であり、その最初のもの
は約 5500 年前にエジプトで誕生した。都市の生活必需品の大半は農村で
生産されており、初期の国家は小規模なものにとどまっていた。部族国家
に分裂していたエジプトは、上エジプトと下エジプトに統合され、紀元前
3150 年頃に統一国家であるエジプト第一王朝が形成された。国家の誕生
は公権力を確立させた。慣習や道徳や宗教等に起因する社会規範だけでな
く、統治者（層）は社会生活に必要な公権力が発する命令や規則等の社会規
範を制定し、その遵守を強制する公権力の下で集団生活を維持した。

　古代国家の典型はギリシャの小規模な都市国家（ポリス）である。古代ギ
リシャでは、都市国家の集合体である全ギリシャが１つの国家として意識
されていたが、実際の政治は 150 ほどの都市国家（ポリス）が単位となって
いた。都市国家の規模は現在の地方公共団体に類似した程度の小規模国家
であり、規模と位置づけから、国家と地方公共団体の双方の性格と役割を
担う存在であったといえる。

　中世国家の典型は領邦国家であった。大規模な統一国家内に封建制が確
立され、国土は荘園（マナー）に区分された。実際の政治は貴族や騎士が領
主となり、荘園を領邦として支配する形で実施された。宗教の面からは同
じ荘園が教区（パリッシュ）とされ、司祭（牧師）が統治した。国王は臣下（貴
族や騎士）に荘園を封土（領邦）として与え、忠誠と引き換えに領邦を国家と
して（独立して）統治することを認めた。

　領邦国家も都市国家と同様の小規模国家であり、国家と地方公共団体（地
方自治体）双方の性格と役割を担う存在でもあった。国王の統治する統一
国家と臣下の統治する領邦国家の関係を見ると、封建制度の統治体制は、
領邦国家に大きな統治権を付与していたことから、歴史のうえで最も強力
な地方分権体制が形成・維持されていた時代ともいえる。

2 近世以降の国家と地方公共団体

A 近世国民国家の主権と自治権

イギリスでは、1066年にノルマン・コンクエストがあり、ノルマン人の王ウィリアムⅠ世は、徐々にサクソン人の領主を追放し、ノルマン人を領主に任命した。住民はサクソン人であったことから民衆の文化は残存し、貴族文化と民衆文化の乖離が生まれた。それぞれの地域（地方）では一定の自治が容認され、現代型地方自治制度の萌芽ともいえる実態が見られた。

ルネサンスと宗教改革を経て確立された近世では、宗教戦争で疲弊した国土が統一されて国民国家となり、絶対主義王政が確立された。領邦国家を統合するかわりに、貴族（家産官僚）を上級官僚とする官僚機構と、騎士を指揮官や士官とする常備軍を配置し、統一を担保した。絶対君主（国王）は王権神授説を背景に強い支配権（主権）を確立した。絶対君主は、国家を再び地域に再分化して官吏を派遣する中央集権型の地方制度を確立した。

絶対主義王政の下で重商主義経済が発達し、市場規模の拡大に対応して国家規模も拡大し、大都市形成等の影響もあり、都市部と農村部の相違が拡大していった。近世は農業中心（第一次産業：古代・中世）から鉱工業中心（第二次産業：近代）の社会への経済主体の移行期であり、君主主権を中心とした中央集権体制の下で、工業を中心とした都市が形成された。

国家の内部は都市部と農村部に区分できる。いつの時代でも、農村部の村落（集落）では灌漑設備の整備や維持、環境保全等の共同作業が必要であり、住民の結束や協力が不可欠であった。それゆえ村落は地域共同体としての性格が強く、農村型コミュニティといえる性格を有していた。

イギリスではエンクロージャー（囲い込み）が行われ、農地を追われた農民層等の貧困者たちは都市に移住しスラムを形成した。貧困層対策が行政課題の１つとなり、エリザベス救貧法が制定された。救貧行政の担当機関はパリッシュとされ、貧民は生まれたパリッシュで救貧サービスを受けることになり、貧困層の多くは都市から農村へ戻された。

国王がパリッシュを救貧行政の主体としたのは、イギリス国教会の確立の結果であった。国王を頂点とするイギリス国教会では、パリッシュには

宗教上のパリッシュと、国王の下部（地域）機関としての行政上のパリッシュという2つの性格が付与された。行政上のパリッシュは救貧行政や道路行政等の実施機関となった。救貧法の規定を受けて、パリッシュ委員会の決定に従い道路税を中心とする地方税を財源に救貧行政が実施された。国家が政策を決定し、下部機関とされた地方政府が政策を遂行する、中央集権型自治制度が確立されたのである。

B　国家の変質と主権および自治権

　近代市民革命と産業革命が作り出した第二次産業中心の近代国家は、立法国家（消極国家・夜警国家）とされ、制限民主政治の下で法令による近代的地方自治制度の整備がなされた。共同体は、内部に統合されていた生活機能と生産機能を分離させ（職住分離）、市場社会を成立させた。市場社会の成立により、都市は工業機能が集結する工業都市となり、行政需要を拡大させた。行政需要の拡大は中央集権化を強化し、その個別対応が生み出した複雑な自治制度は、法令の整備を通じて整理された。工業都市は原料立地的に散在したことから、各地に工業都市が誕生した。

　第三次産業を中心とする現代国家（積極国家・福祉国家）は、社会の多様性等の進展や人権意識の高揚により行政需要を増大させた。重化学工業の発展は企業組織を巨大化させ、工場組織と事務所組織の分離を通じて、事務所組織が集中する中枢管理都市（巨大都市）を誕生させた。巨大都市、工業都市、農村の分離が、それに対応する統治構造を求めるようになっていった。現在では、情報社会（知識社会）への移行が認められる。

　工業社会では、生産の前提条件として、交通通信手段やエネルギー手段を全国的に統一的に整備する必要があり、中央政府の集権的な整備の必要性が容認されていた。知識社会の社会的インフラストラクチュアは人的投資にかわっていった。人間社会の目的である人間の育成が生産条件となったことから、人間の育成が生産の前提条件となった。それゆえヨーロッパの社会経済モデルでは社会資本（social capital）は人間の絆を意味する。また情報社会では、人々はIT機器を通じた間接接触が多くなり、地域社会の崩壊が問題視されることも増えている。そのためコミュニティの復活等の住民の主体制を重視した自治のあり方も模索されている。

3　国家主権と自治権

A　主権と自治権

　主権（Sovereignty）はラテン語の supremitas（最高のもの）あるいは su-prema potestas（最高の能力）に由来する。この主権理論を確立したのは中世フランスの政治思想家ボダン（Bodin, J.）である。彼は主権を「国家の絶対的で永続的な権力」、「最高で唯一で絶対で不可分な権力」と論じ、君主主権を前提とした国家主権の絶対性を強調した。

　フランス啓蒙思想は、近代市民革命の過程のなかで、基本的人権を人類普遍の権利とした。この国家主権と基本的人権の関係のなかで、地方公共団体の自治権と住民の権利はあまり重視されなかった。それゆえ地方公共団体は国家の一部とみなされ、自治権は主権の一部と考えられることも多かった。その後自治権は地方公共団体に固有の権利とみなされ、地方自治制度と自治権は近代民主国家に必要なものとされるようになった。

B　固有権説・伝来説（承認説）・制度的保障説

　農業革命前後に定住生活に入った人類は、集落（村落）を形成して共同生活を営んでいた。人々が集落を形成しそれが村落や都市に発展し最終的に国家が建設されたと考えた場合、個人の権利の一部を制約して自治権を確立し、自治権の一部を制約して主権を確立したと考えることも可能となる。この場合、自治権は人権から、主権は自治権から派生したものであり、自治権は人権から伝来（人権が承認）した権力と考えることができる。

　近世の統一国家の設立と絶対主義王政の確立は、地域統治の重要性を認識させた。国家規模の拡大と交通・通信・管理等の手段の不十分さは、国家を地方公共団体に細分化し、そこに官吏を派遣して統治させるという官治集権型の地方制度を確立させた。この自治権を、主権が容認した範囲に限定する考え方が伝来説（承認説）の根拠となった。

　ギールケ（Gierke, O. v.）は、ドイツ（ゲルマン）的団体法の復活を主張し、国家から自立した中間団体の持つ固有の権利を団体主権とし、国家主権と対等のものと考えた。ギールケの影響を受けたラスキ（Laski, H.）は、国家

を社会集団の一つに過ぎないものとみなす多元的国家論を確立し、国家が主権を有するのと同様に、他の社会集団もそれぞれ主権（団体主権）を有していると論じた。この地方公共団体が国家主権と対等の自治権（団体主権）を有するという考え方が固有権説である。

現代国家の地方自治制度は憲法や法令で確立されていることが多い。この場合、憲法や地方自治関連法規の改正（廃止）によって、自治権を剥奪することも可能となる。それゆえシュミット（Schmitt, C.）は、国家が法令等で地方自治制度を確立し、地方公共団体に自治権を付与したのは、それが必要だと考えた結果であり、必要性を認識して自治権を付与した以上、国家は自治制度と自治権を保障する義務があると論じた。彼のこうした考え方は制度的保障説といわれるものである。

図1-1　主権と自治権

C　自治権の範囲

英米法に基づく地方制度では、地方公共団体の自治権が行使できる範囲は、地方自治関連法規が規定した範囲に限定されている。これが制限列挙方式である。他方、大陸法に基づく地方自治制度では、地方自治関連法規が規定した自治権が行使できる範囲は概略を定めたものであり、地方公共団体は、必要に応じて自治権行使の範囲を拡大できる。これが概括例示方式である。ただしイギリスでは地方法や私法律を制定し、地方公共団体の自治権の範囲を拡大している。大陸法諸国では、地域に派遣した官吏に、法令以外にも権限行使を認める必要があったことで概括例示方式を導入したが、財政上の制約等で権限行使は制約されていた。

4 各国の地方公共団体の特徴

A 国家と地方公共団体

　国家は単一国家と連邦国家に大別される。ヨーロッパではドイツ、スイス、オランダ、ベルギー等が連邦国家であり、他の国家は単一国家である。イギリスは形式的には単一国家であるが、旧王国のイングランドとスコットランドとウェールズと北アイルランドを対象とした4つの地方自治法があり、スコットランドとウェールズと北アイルランドには地域議会も復活されている。

B 各国の基礎自治体

　各国の基礎自治体は、人口規模で比較すると、15万人台のイギリスと、7万人台の日本は大規模基礎自治体の国家、3万人台のスウェーデンやオランダは中規模基礎自治体の国家、1万人以下のイタリア（7千人台）、ドイツ（6千人台）、フランス（1千人台）は小規模基礎自治体の国家である。

　スウェーデンやオランダは、福祉行政遂行を目的とした合併で中規模基礎自治体の国家となった。平均人口1千人台のフランスは、伝統的な集落が単位となっているが、6千人台のドイツや7千人台のイタリアは合併のあとも小規模基礎自治体を維持している（表1-1）。

表1-1　各国の基礎自治体

	日本	イギリス	フランス	ドイツ	スウェーデン
基礎自治体名	市町村	ユニタリー他	コミューン	ゲマインデ	コミューン
面積（km²）	377,829	241,752	551,695	357,111	450,295
人口（万人）	12,791	6,180	6,699	8,177	959
自治体数	1,741	406	36,673	11,993	290
平均面積（km²）	217.02	669.34	15.04	29.78	1,552.74
平均人口（人）	73,469	152,216	1,827	6,818	33,069

注）日本の基礎自治体数は1,718市町村と23特別区を合算したものである。
　　複数の資料を用いたので、各国の基礎自治体名、面積、人口等は統一されたものではない。

C 各国の広域自治体

　イギリスではスコットランド、ウェールズ、北アイルランドに地域議会が設置され、イングランドではグレーター・ロンドン・カウンシル（GLC）が復活し、他の地域には8つの地域開発公社（RDA）が設置され、形式上12の広域地域に類似した形態となっている。またイングランドではパリッシュ、スコットランドとウェールズではコミュニティが準自治体として設置され、実態は三層制（二層制地域では四層制）に近い。日本の道州制（案）は道州と市町村の二層制が前提で、地域自治組織も存在する。

　スウェーデンは、ランスティングとコミューンの二層制であるが準自治体のパリッシュも存在している。連邦国家ドイツはラント（州）の下に広域自治体クライスと基礎自治体ゲマインデが存在する。フランスは広域自治体レジオンと中間自治体デパルトマンと基礎自治体コミューンの三層制（パリはレジオンと市の二層制）となっている。レジオンとデパルトマンの間にアロンデスマンも存在する（表1-2）。

表1-2　道州制を前提とした日本とヨーロッパ諸国の自治制度の相違

	日本	イギリス	フランス	ドイツ	スウェーデン
地域圏	道州	広域地域	レジオン	ラント（州）	
数	13	12	26	16	
平均面積（km²）	29,064	20,146	21,212	22,319	
平均人口（万人）	983	515	250	511	
広域自治体	都道府県	（カウンティ）	デパルトマン	クライス（郡）	ランスティング
数	47	[27]	96	412	20
平均面積（km²）	8,039		5,515	867	22,498
平均人口（万人）	272		67.74	19.85	45.4
基礎自治体	市町村	ユニタリー他	コミューン	ゲマインデ	コミューン
数	1,718＋23	406	36,673	11,933	290
平均面積（km²）	217.02	669.34	15.04	29.78	1,552.74
平均人口（人）	73,469	152,216	1,827	6,818	33,069
準自治体	地域自治組織	パリッシュ他			パリッシュ
数	274	約120,000			約2,600
平均面積（km²）	72.8	約11.0			約173.0
平均人口（人）	11,805	約1,500			約3,500

　注）フランスのコミューンは規模としてはイギリスのパリッシュに類似。ドイツのゲマインデはイギリスのパリッシュやフランスのコミューンの数倍程度の規模。ドイツのクライスは301であるが、3自治州の4市と111の郡独立州を加えたものである。イギリスの二層制はカウンティとディストリクトで構成、一層制はシティ、ロンドン・バラ、大都市ディストリクト、ユニタリィ、北アイルランドのディストリクトで構成。日本の地域自治組織は、地域審議会（40団体・110審議会）、地域自治区（一般制度：15団体148自治区）、地域自治区（合併特例：12団体・26自治区）の合計3種67団体274となっている。ここでの平均面積と平均人口は地域自治区（一般組織）を対象として計算した数字である。

5 ● 国家（中央政府）と地方（地方政府）の関係

A 国家と地方公共団体の関係

　国家と地方公共団体の関係に関する考え方は、大きく上下関係、対等関係、補完関係に大別される。上下関係は、地方公共団体が国家の統治機構の下部組織と考えるもので伝来（承認）説の根拠ともなっている。対等関係は、central government（中央政府）と local government（地方政府）は統治範囲が国家か地域かの違いであり、政府としては対等と考えるもので、固有権説もその根拠の一つである。補完関係は、国家・広域自治体・基礎自治体、地域・NPO、家庭、個人は相互協力関係にあると考えるものである。

B 近代型地方自治制度の確立と上下関係

　イギリスでは 1066 年のノルマン・コンクエストの結果、イギリスに上陸したノルマン人は、自らの国家統治（ノルマン朝）に従う代償として、アングロ・サクソン族等の先住民に居住地域での住民意思に基づく自治権（住民自治）を容認した。ただし、自治権は国家の容認する範囲に限定された。これが英米法型の自治制度の特徴である制限列挙方式の基となった。

　フランスでは、1589 年にブルボン朝が統一国家を確立し、絶対主義王政を確立した。当時の交通通信手段や管理手段の脆弱さの影響もあり、国内を地域に区分し、そこに官吏を派遣して地方を統治する官治集権型の地方統治制度を確立し、一定の自治権を認めたうえで、地域ごとに必要とされる行政事務の執行を認めた。これが大陸法型の地方自治制度の特徴である概括例示方式の基となった。

C 地方自治制度の発達と政府間関係

　民主政治は地方自治の重要性を認識させ、地方公共団体の自治権の範囲を拡大させてきた。大陸法国家の地方自治制度も官治集権型から自治分権型へと変質し自治権を拡大させた。地方公共団体の権限の拡大は、地方に立法権（条例制定権）と行政権を認め、地方公共団体の統治機構も政府とみなすようになった。この結果、国が全国の政府（中央政府）で、自治体は地

域の政府（地方政府）であり、政府としては対等とする政府間関係論が確立された。

　日本では「法律の範囲内」という制約はあるが、憲法94条で地方公共団体に財産管理、事務処理、行政執行権、条例制定権を認め、行政権を持つ地方政府の存在を容認している。地方自治法1条の2は政府間関係を前提としたものといえる。

D　補完性の原理

　EUは欧州連合条約（マーストリヒト条約）で、各国政府のできることにEUは介入しないとの立場を明確にし、その後、EUは加盟国と地方公共団体やNPOとの役割分担にもこの考え方を活用した。これが補完性の原理であり、1938年のローマ法王ピウス11世の「個人ができることを共同体が奪ってはならず、共同体ができることを上位の共同体に与えることも不当であって、あらゆる社会的介入の本質的な目的は社会の構成員を助けることにある」とする考えを基にしたものである。

　補完性の原理は、以下のように説明できる。それは、

　　①個人で解決できるものは個人で解決する（自助）。

　　②個人でできないときは、まず家庭がサポートする（互助）。

　　③家庭でできないときは、地域あるいはNPOがサポートする（共助）。

　　④互助や共助でも解決できない問題は政府がサポートする（公助）。

といった流れとなる。政府のサポートは基礎自治体、広域自治体、国家といった段階となる。

　このように、補完性の原理は個々人の自己責任と自助作用を前提としており、どうしても政府が問題解決に取り組む場合には、第一に市民に近い基礎自治体（市町村）が担当し、基礎自治体が解決できない問題は広域自治体（都道府県）が対応し、広域自治体でも解決できない問題は中央政府が対応するというものである。

6 地方公共団体の政府形態

A 議院内閣制と委員会制

この制度の共通性は、住民が議員のみを選挙し、選ばれた議員の互選によって首長（議長）が選出されるという一元代表制という点にある。

(1) 議院内閣制

議院内閣制は、住民が選出する議員が構成する議会で選出された首長が内閣を形成し行政権を行使する制度である。首長は内閣を構成して行政権を行使する。議会は、条例と予算の制定を通じて首長の行政権をコントロールする。議会には首長の不信任権があり、首長には議会解散権がある。議会と首長の相互チェック体制が前提となっている制度である。

(2) 委員会制

委員会制は立法権と行政権が一体化した地方政府の形態である。議会が互選で首長（議長）を選出するが、行政権を首長は単独では行使せず、議会に設置された各委員会が行使する。議員は各行政部局を指揮・監督する執行機関である委員会に分属し、各委員会を通じて主管する行政部局を指揮・監督する。首長も議員の一人として委員会に所属し行政権を行使する。

(3) 折衷型

フランスでは、住民が直接選挙した議員が首長として行政権を付与された議長を選任し、議長兼首長が議員兼助役（副議長）とともに行政権を行使する。議会を自治行政の中心とみなし、議長（首長）が議会の同意と監督の下で副議長（副首長）の協力を得て行政権を行使する。

B 首長制（大統領制）

首長制（首長‐議会制：大統領制）は、住民が議員と首長を直接選出する二元代表制である。それゆえ首長と議会の対等関係が重視されている。

(1) 権限の弱い首長制

議員と首長の他、可能な限り多くの公職者を住民の直接選挙で選出する制度である。権限の細分化をはかり、独裁的な権限の発生や行使の抑圧を目的として確立されたもので、アメリカ移民が住民自治にふさわしい制度

として導入したものである。農業中心社会では有効に機能したともいわれているが、民選の公職の多さは、政府の一体性や首長のリーダーシップの発揮の障害、あるいは投票率低下の要因となったともいわれている。

(2) 権限の強い首長制

住民は議会の議長と首長を選出し、議会との独立性を保ちながら、首長が政府を構成して責任者となり行政権を行使するもので、首長制の代表的な制度である。主要公職者の公選制度があった場合でも、その数は権限の弱い首長型にくらべて極端に少ない。首長には条例等への拒否権や幅広い公職者の任命権が認められているが、議会出席権や条例案の提出権、議会の首長不信任決議権も首長の議会解散権もない。

(3) 折衷型

日本では住民が議員と首長を選ぶ権限の強い首長型を採用し、首長には拒否権や幅広い人事権が付与されている。また首長には議会出席権や条例案や予算案の提出権や議会解散権が容認され、議会には首長不信任議決権が認められている。大統領制と議院内閣制の折衷型の制度である。

C その他の制度

(1) 市支配人制（議会‐支配人制度）

市支配人制には、住民が議員を選挙し議員の互選で首長を選任するが、行政権は議会が選任する支配人が行使するものと、住民が議員と首長を選挙し首長が議会の同意をえて選任する支配人が行政権を行使するものがある。支配人は専門的な教育や訓練を受けたものであり、専門性や効率性等を背景に行政サービスを展開する制度である。

(2) 行政管理官型（首長‐行政管理官型）

大都市の首長制のなかに支配人型の制度を導入するための制度である。管理官は首長が任命し、首長が委任した権限を行使する。行政管理官は任命権者である首長に対して責任を負う。

(3) 住民総会制

住民総会制は小規模な自治体を中心に導入されている直接民主制を前提とした制度である。首長（住民総会の議長）は住民総会によって選任され行政権を行使する。日本には現存していない。

14 ■第1章■地方政府と自治権

知識を確認しよう

〔問題〕

次の各小問につき、正誤を述べなさい。

(1) イギリス古代都市国家の単位は荘園であり、ノルマン・コンクエストによって廃止され、エリザベス救貧法で地方分権が進展し、ユニタリーが流入する貧困者を対象に独自の政策を実施した。

(2) 自治権は固有権と伝来権に大別される。固有権説の理論の1つは多元的国家論が展開した団体主権である。伝来権説は自治権を国家が法令上で容認した範囲に限定するものであり、法令の廃止等で自治権消滅の危険回避を目的に、シュミットは制度的保障説を展開した。

(3) スウェーデンの地方公共団体はレジオンとデパルトマンの二層制であるが、準自治体としてコミューンが設置されているので、実際上は三層制といえる制度になっている。

(4) 地方公共団体の政府形態の1つである委員会制度は、議事機関と執行機関の権限を議会に集中させ、議員は行政部局に対応して配置される委員会の委員となり、委員会を通じて行政各部を指揮・監督する。

〔解答への手がかり〕

(1) ×　荘園は中世領邦国家の単位であり、領主は領邦として分権的な統治を実践した。救貧法の実施主体はイギリス国教会の下部組織であるパリッシュで実践されることになり、エンクロージャーで都市に移住した貧困層は救貧行政の実施主体である生まれ育ったパリッシュ（荘園の宗教上の呼称）に戻ることを余儀なくされた。

(2) ○

(3) ×　フランスの自治制度の説明であるが、フランスはレジオンとデパルトマンとコミューンの三層制である。スウェーデンはランスティングとコミューンの二層制であるがパリッシュ（準自治体）も存在する。

(4) ○

第2章 終戦（第二次世界大戦終了）までの地方自治制度の歴史

本章のポイント

　本章では、現在のわが国の地方自治制度に関連している日本国憲法以前の地方制度について学び、わが国の地方自治制度をよりよく理解するための基礎を養う。

1. 明治維新を経て、近代国家の成立を目指す中央政府と旧来の制度から新たに導入された地方制度の確立の過程等について理解する。

2. 明治維新後の地方制度の基礎となる三新法（郡区町村編制法・府県会規則・地方税規則）の制定とその後の変遷について理解する。

3. 大日本帝国憲法制定に先立ち定められた、市制町村制などの地方制度および日本国憲法制定後も継続された国と地方の関係の形成状況等について理解する。

4. 大正期の国政の影響を受け、地方においても自治権の拡張等が進められた状況および地方制度の変遷について理解する。

5. 戦時下における地方制度の変化について理解する。

1 明治維新と地方制度

A 新政府による新たな体制の整備

　明治維新以前にも我が国においては、農業等の生活の維持などの必要から形成された生活共同体としての村や町が存在していた。江戸時代は、幕府および藩のいわゆる幕藩体制のもと政治が行われていた。幕藩体制のもとでは、藩は村などに対して税（年貢）を課していた。これは村請制といわれる。また、村の機関として、名主（庄屋）・組頭（年寄）・百姓代の村役人（村方三役）が存在した。村役人は、領主のもと御触の伝達、年貢の取立て、治安維持などを行った。村の運営にあたっては、百姓が寄り合い、御触の伝達、年貢の割賦、土木や祭礼等の費用・村落生活に必要な規律の決定など村民の利害に関する事項の協議が寄合で行われていた。地域の自治的組織としての「村」は、明治維新の後もしばらくはその制度が維持されていた。

　大政奉還によって徳川幕府から天皇に政権が還され、明治新政府により新たな体制の確立が目指された。欧米列強の進出等に対抗するためには、全国規模の中央集権的な近代国家の建設が必要となり、明治維新を経て、新政府は、江戸時代の幕藩体制を改め、中央集権体制による統治を行うようになった。

　1869（明治2）年、版籍奉還が行われ、徳川幕府の直轄地を府および県とし、従来の藩も行政区画として存続し、9府20県273藩が設けられた。また、府県では知事が、藩では諸侯が知藩事として任じられた。この全国（北海道・沖縄を除く）に設けられた府、県および藩による明治政府の統治体制（府藩県三治制）が成立し、廃藩置県（1871〔明治4〕年）まで継続した。

B 廃藩置県と戸籍法

　1871年には、国民の把握をするため、戸籍法を制定し、戸籍事務を取り扱う行政区画である区を全国に設置した。この際、我が国初の近代的な戸籍である壬申戸籍が編成された。そして、区には官撰の戸長・副戸長を配置した。区の規模や戸長・副戸長の人選については、府知事に裁量があった。特に、戸長・副戸長の人選については、旧来の村方三役の横すべりも

別人の採用も良しとされた。また、廃藩置県により、全国に3府302県が設置された。知藩事は罷免され、府知事と県令が任命された。統廃合により、同年末には3府72県に整理された。同年には「府県官制」や「県治条例」が制定され、地方行政制度の整備が図られた。

C 大区小区制

　戸籍法により設置された戸長や副戸長は、当初は戸籍事務のみを扱っていたが、次第に一般行政事務を扱うようになっていった。その結果、旧村役人と戸長・副戸長の間で権限に関する競合が生じていた。そして、1872（明治5）年、太政官布告等により、旧村役人（庄屋・名主・年寄など）を廃止して新しく戸長・副戸長と改称し、区を大区とし、従来の町村単位に小区が設けられた。いわゆる、大区小区制の導入である。大区小区に、それぞれ区長、副区長が置かれた。この大区小区は、旧来の町村のように生活などに基づいたものではなく、機械的に割り振られた行政区画であったために、住民には馴染みづらいものであった。

D 内務省創設

　1873（明治6）年には、大久保利通を初代内務卿とし、地方に対する指揮監督権を有し、警察、土木、選挙、公衆衛生などを管轄する内務省が設置された。なお、同年には地租改正条例が制定され、財政基盤の確立が図られていた。

2 三新法と地方制度

A 三新法

　大区小区制導入後、旧士族の抵抗や農民一揆などの各地での混乱や自由民権運動などが課題となっていた。こうした混乱や政治的状況の打開策として採られたものが、1878（明治11）年に制定された郡区町村編制法・府県会規則・地方税規則の三新法であった。この三新法は、大久保利通による

意見書「地方之体制等改正之儀上申」に端を発するとされる。

　郡区町村編制法では、大区・小区は廃止され、旧来の町村が復活、府県の下に郡区、その下に町村が設置された。

　郡は、地理上の区域であり、その各府県に本籍のある人民のなかから選ばれて任命された官吏である郡長が置かれた（小さな郡は、数郡で一人の郡長を置くことができるとされた）。また、郡には府県の出先として町村を統制する性格があるとされる。さらに、郡の区域が広いものは数郡に分けられた。

　都市部（東京、大阪、京都、函館、横浜、新潟、神戸、長崎をはじめ人口の多い都市）には区が設置され（広い地域では区を数区に分けることとされた）、農村部では、郡の下に町村が設置された。

　区には区長が置かれ、町村には戸長が置かれた。区や町村は、国の行政区画であると同時に、自治体としての性格を有していたとされる。戸長はなるべく公選することとされていた。

　また、府県会規則によって、府県に公選議員からなる府県会が設置された。この議員の選挙権は納税額等により制限された。つまり、地租の納入額５円以上の男性（満20歳以上で、その郡区内に本籍があることが要件）に選挙権を与えられ、10円以上の男性（満25歳以上であり、その府県内に本籍があり、さらに３年以上の居住要件もあり）に被選挙権が与えられた。議員は名誉職であり、任期は４年で、２年ごとに半数改選されていた。

　府県会は、当時、各地域に存在し始めていた民会を認めたものであった。また、府県会は、地方税をもって支弁すべき経費の予算およびその徴収方法を議定することとされていた。さらに、決算報告を受けるなどの権限も有していた。しかし、府知事・県令が議案を発議し、議事事項の施行の認可権も有するなど議会の権限は弱いものであった。

　また、地方税規則により、府県が徴収できる地方税の税目（地租の５分の１、営業税・雑種税、戸数割）とその税収によって支払われるべき費目が確定された。地方税による費目は、警察費、港湾道路堤防橋梁修繕費、府県会議諸費、流行病予防費など12項目が定められた。会計年度は、７月から翌年６月までとされ、事前に知事・県令は予算編成をし、府県会はその審議・議決をすることとされていた。

B 区町村会法

1880（明治13）年には、区町村会法が制定され、区町村にも公選議員からなる区町村会が設けられることとなった。なお、設置の判断は府県の判断によるものとされた。新たに町村会や複数の町村によって設けられる連合町村会の開設も認めていた。

区町村会は、公共に関する事件およびその経費の支出と徴収方法を議定することなどが認められた。詳細の規定は各町村会が便宜に従い設け、これを府知事・県令が認定するものとされた。区町村会の評決はそれぞれ区長および戸長が執行したが、評決を不適当と認める場合は府知事・県令の指揮を求めることができた。さらに、府知事・県令が違法の事実を認めた場合は、それらを中止や解散させることができた。

1884（明治17）年には、府県知事・県令等の権限が強化され、区町村会の議定するものが「区町村費をもって支弁すべき事件」と具体化され、区会の議長は区長、町村会の議長は戸長とされ、区長・戸長が会議を招集し、議案を発するなどの改正が行われた。

3 明治地方制度の確立

A 大日本帝国憲法制定までの動き

近代国家の基礎として憲法制定や国会の開設が求められていた。その理由は、条約改正などの対外的なものの他に、自由民権運動の拠点となっていた府県会に対応する必要のためであった。

1881（明治14）年には国会開設の勅諭が発せられ、翌年には伊藤博文に憲法調査が命じられ、政府は憲法発布と国会開設に向けた準備に取り組み始めた。そして、1884（明治17）年には山田顕義のあとを承けた内務卿山県有朋の下、内務省内に町村法調査委員が設けられ、地方制度の全面的な再編成案が起草された。

政治への参加を求める自由民権運動が高まり、大日本帝国憲法制定や国会開設が課題となるなかで、近代国家にふさわしい地方制度等が整備され

ることになった。憲法に先行し地方制度が整備されたのは、内閣法律顧問として明治政府に招かれていたモッセ（Mosse, A.）の助言の影響があった。

明治憲法期の地方制度はドイツの地方制度の影響がみられる。1887（明治20）年には、山県を委員長とする地方制度編纂委員が設けられ、モッセが地方制度編纂要領を起草した。モッセは、国政の基盤を強固にするためには、地方自治制を確立すべきであり、国会議員も地方自治の経験が必要であると考えていた。

1889（明治22）年、大日本帝国憲法が制定された。この憲法では地方自治の規定はされておらず、地方自治は法律のレベルで定められるものであった。

B　市制町村制

1886（明治19）年、地方官官制が制定され、府知事・県令の名称が知事に統一された。また、府県知事や郡長等の地位、権限、府県等の組織が規定され、内務大臣の指揮監督のもと、事務の執行等を行うこととなった。

1888（明治21）年には市制町村制が制定され、市町村に法人格が認められた。また、市町村議会には、条例・規則の制定権が付与され、公共事務を扱うこととされた。このように市町村は自治体としての性格を有していた。しかしながら、市町村長は国の機関とみなされ国の委任事務も扱うものとされ、市町村長は国の機関としての性格も有していた。このように戦後も継続する機関委任事務の原型がここにみられる。

市制は、1889（明治22）年4月に京都、大阪を含む31市をはじめ、同年末までには東京など39都市で施行された。

市の執行機関として、市長・助役・名誉職参事会員で構成される合議制の市参事会が置かれた。市参事会は、主に市の団体としての事務を執行し、市を統括することとなった。市長は市会が市長候補3人を推薦し、そのなかから内務大臣によって選任された。市長は任期6年で、有給の吏員であった。助役の選出には知事の認可が必要とされていた。なお、市長・助役は有給であった。町村に比べると市はより自治が制限されていた。名誉職参事会員は、当該市の公民であって、満30歳以上で選挙権を有する者のなかから選ばれ、任期は4年で、2年ごとの半数改選であった。

ただし、1889（明治22）年「市制中東京市京都市大阪市ニ特例ヲ設クルノ件」により、東京・京都・大阪の三大市では、市長・助役を置かず、府知事・府書記官がその職務を行うこととされた（市制特例）。また、三大市には府知事・書記官・名誉職参事会員で構成される市参事会を置き、従来の区を存続させ、市参事会が選任する有給吏員の区長・書記が置かれた。このように市のなかでも三大市の自治権はより制限されていた。

　町村では、町村長が執行機関として置かれることとなった。町村長は町村会により選出され、知事が認可した。なお、町村長は町村会議長を兼任しており、原則として無給であり名誉職であった。町村長等は、町村の公民で、満30歳以上の選挙権を有する者のなかから選挙され、任期は4年であった。

　市会および町村会の議員は等級選挙制度により公選された。有権者は納税額に応じて等級に分けられ、上位の等級ほど票の価値が大きくなっていた。市会は三等級選挙制で、町村会は二等級選挙制で行われた。市会議員選挙は、選挙人のなかで納税額の多いものから順に加算して、納税総額の3分の1に達した者までを1級選挙人、次に1級選挙人を除いて同じように計算し納税総額分の3分の1に達するまでの者を2級選挙人、残りを3級選挙人とし、それぞれが議員定数の3分の1ずつを選出した。

　そうした選挙によって、議会は地方名望家により占められた。市町村議会では、市町村に関する一切の事件および委任された事件を議決することとなった。市町村会には、条例・規則の制定権が与えられた。市会の議長は通常、議員の互選で選出された。

　当時の選挙権については、住民と公民に分けられた市町村民のうち、公民に与えられていた。公民は、満25歳以上の一戸を構える男子で、2年以上当該市町村の住民であり、その市町村の負担を分任し、地租または直接国税2円以上を納めていることが条件とされた。公民は、選挙への参加、名誉職に選ばれる権利を与えられていたが、議員等の名誉職に選任された場合は就任の義務があり、正当な理由なくそれらの就任を拒むと一定期間の公民権停止などが課せられた。

　市町村は、地方自治の区画と国の行政区画としての性格を有していたとされる。市町村は財政についても、財産収入や使用料手数料などの収入を

支出に充てることが基本とされ、それが不足するときにのみ市町村税を賦課徴収できるとされており、国の委任事務の費用も市町村の負担とされていた。このように市町村は財政面においても自治体としての機能は制約されていた。

C 府県制、郡制

1890（明治23）年には、府県制、郡制が定められた。府県制、郡制の原案には元老院の反対も強く、市制町村制に遅れて施行されることとなった。府県・郡は国の行政区画としての性格を有するとともに地方の行政区画としての性格を有していた。

府県の執行機関は、内務省が任命する官選の知事であった。知事は、府県会および府県参事会の議決を執行し、財産を管理、府県費支弁工事を施行することとされた。また、知事は中央省庁の管轄する国政事務を地方において総括する地方行政官庁としても機能した。さらに、市町村長や吏員の解職権など、市町村に対する監督権を有していた。なお、主要な補助機関である幹部職員も官吏であった。府県参事会は、知事・高等官・名誉職参事会員で構成され、副議決機関として機能した。

府県会は、郡会議員らによって選出される議員と市会議員らによって選出される議員で構成された（複選制）。予算決定、決算報告認定等を議決するとされたが、その機能や自治権の要素は狭いものであった。また、議会については、地方長官や内務卿が会議の中止・解散・閉会を命じることも認められていた。被選挙権は、当該府県内の市町村の公民であり選挙権を有し、その府県で1年以上直接国税を10円以上納めたものとされ、任期は4年、2年ごとの半数改選であった。府県会の権限は、歳入歳出予算を定めること、決算報告を認定すること、府県税の賦課徴収方法を定めることなど6項目とされた。

郡会は、町村会等により選出される（複選制）議員と高額納税者（大地主）の互選による議員（郡会の定数の3分の1）で構成された。郡会議員は名誉職で任期は、町村会議員が選出する議員の場合は6年で3年ごとに半数改選され、大地主の互選で選出される議員の場合は3年であった。被選挙権は、郡内で町村会の選挙権をもつ者と大地主で選挙権をもつ者であった。

郡長は官選であり、郡会の議長も務めた。執行機関である郡参事会は、郡長と名誉職参事会員で構成された。郡は課税権を持たず、他は府県と同様の権限が与えられた。郡は町村を包括・監督する役割を果たしたとされる。

D　明治の大合併

　明治政府は、主として経費節減を目的として町村の合併を進めていたが、明治の大合併は、中央集権国家として再編するために行われた。中央の影響を地方まで及ばせるには従来の町村ではその数が多く、市制町村制の施行にあたっても、合併が求められた。1888（明治21）年には、約300〜500戸を標準に町村を合併するよう内務大臣により訓令が出された。それにより、1887（明治20）年末に約7万1000あった町村は1889（明治22）年末には約1万6000と約5分の1になった。ちなみに、1888年には府県は3府43県に統廃合されていた。

　合併の目的は、近代国家の建設であり、市町村が教育や戸籍業務、徴税、土木等を効果的に行うことなどにあった。江戸時代までの伝統的な集落では、近代的な行政を行うには狭すぎたことも背景にある。ちなみに町村は、行政・財政能力が十分でないものが多く、その規模も小さく、100戸に満たない町村が全体の約7割を占めていた。

　当時の地方財政では、町村を問わず教育費が最大の費目であった。明治政府が全国画一の義務教育費の費用を町村に求めたことから、教育費の負担に耐えられる町村規模の確保も合併の目的の一つであった。教育の普及は、大工場制度下で働く労働者の育成と近代軍隊の兵士育成に必要不可欠と考えられていた。

　このように、明治憲法の制定前後に現在の地方自治制度にも通ずる地方制度が確立され始めた。明治の初期に比べ、一定の制限のもとではあるが、市町村、特に町村に自治が認められた。一方で、戦後まで続く機関委任事務の萌芽もこの時期にみられた。府県や郡などは、国の機関としての性格が強化された。また、郡制、等級選挙制、複選制や参事会制などドイツ型の地方制度の特徴がみられる。

4 明治地方自治制度の展開（明治後期〜昭和初期）

A 市制特例の撤廃

1898（明治31）年には、市制特例が撤廃された。それを受けて人口の多かった東京市をはじめ、明治末期には大阪市で府県の区域から分離・独立した上で一般市以上の権限を求める運動が進められた。都市においては、都市化に伴い事業が増える一方、税金が増えないという状況もあった。その結果、第一次世界大戦後、三大市に名古屋、横浜、神戸を加えた6市が加わり、特別市制運動が進められた。

B 府県制、郡制の改正

1899（明治32）年には、府県制、郡制が改正された。ここでは、府県が法人と明定され、その権限や負担の範囲が明らかにされた。また、府県会議員の選挙については複選制が廃止され、直接選挙へと変更された。郡会議員についても、大地主の特権および複選制等が廃止され、直接選挙に改められた。

C 市の執行機関の変更

1911（明治44）年には、市制町村制が改正され、市制及町村制という独立した法律として公布された。また、執行機関とされていた市参事会は副議決機関とされ、独任制の市長（任期4年）が執行機関とされた。さらに、市町村に法人格を与え、その機能を明確にし、財務に関する規定の整備や、市町村会議員の任期を6年から4年に短縮し、選出方法を全数改選とするなど、市町村会に関する規定の改正が行われた。

D 義務教育費国庫負担金の創設

特に農村において、当時、教育費など地方経費が増大し、地方税の負担が問題となっていた。1918（大正7）年には、市町村義務教育費国庫負担法が制定された。これは農村部の要求にこたえるものであった。

E　郡制廃止

　早くから郡制廃止の意見はあった。1904（明治37）年には議員提案で帝国議会への郡制廃止法案が提出されており、以後も同趣旨の法律案は提案されていたが成立していなかった。しかし、原内閣のもとで「郡制廃止ニ関スル法律」が成立し、1923（大正12）年には郡制が廃止され、府県－市町村の二層制となった。郡会や郡参事会は廃止され、郡は郡長の所管する国の行政区画となった。この3年後には国の行政機関としての郡長および郡役所も廃止され、郡は単なる地理的区域となった。郡役所等の廃止は行政能率の観点、地方制度の合理化を前提に行われた。

F　男子普通選挙制度

　1921（大正10）年には、市制及町村制が改正された。ここでは、2年以上直接市町村税を納税したものを公民とした（公民権拡張）。また、市会選挙は3等級選挙制から2等級選挙制に改められ、町村会選挙は原則として等級選挙を廃止し、特別の事情がある場合にのみ2等級選挙を認めるなど、議員選挙の規定を整備した。こうした改革により、労働者や小作人などにも参加の途が開かれ、地方自治へ参加の要求も高まっていった。

　1922（大正11）年には、府県会議員の選挙権および被選挙権の拡張が図られ、府県内において直接国税を1年以上納めていれば足るものとされた。1925（大正14）年の普通選挙法により選挙権は満25歳以上の男子に与えられ、納税要件は撤廃された。それに伴い、市会・町村会議員選挙についても男子普通選挙制度が導入された。被選挙権については、選挙権を有する市町村公民であることが要件とされ、欠格者を大幅に限定した。選挙制度も等級選挙が撤廃され、平等選挙に改められた。府県についても同様に改革が行われた。

　また、市長の選出について、市会が市長候補3人を推薦し、そのなかから内務大臣が任命していたものが、市会による選挙で選任される制度へと変更された。また、町村長の選任については、府県知事の認可を要しないことになった。

　このように、大正期には自治権の拡充が進められた。

G 自治権の強化

1929（昭和4）年には、府県制が改正され、府県に条例・規則制定権が付与され、議員には発案権が認められた。また、知事の原案執行権の制限が強化され、知事の府県会停止権や内務大臣の府県予算削除権に関する規定を削除する等の改正が行われた。

同年、市制及町村制が改正され、市町村会議員に発案権が付与され、市町村会・市参事会については、意見提出権が拡大された。市参事会は構成が変更され、市町村長は原案執行権の制限が強化され、議会の市町村長に対する権限委任規定が整備された。

5 戦時体制下の地方制度

昭和恐慌を経て、1932（昭和7）年に五・一五事件により政党内閣は終焉、1936（昭和11）年には、二・二六事件が起こり、政党に代わり軍部が影響力を持つようになった。そして、国家への再集権化が進められることになった。

A 1940年の地方財政改革

1940（昭和15）年には、税制改革が行われた。税制は所得税や法人税による所得課税が中心となった。地方に関しては、戸数割や所得税附加税が廃止され、それによる地方の減収を補うため地方分与税制度が設けられた。また、義務教育国庫負担法が制定され、国による財政援助を行う仕組み等が設けられた。

B 戦時下における地方制度改革の概要

第二次世界大戦の戦局が緊迫化した1943（昭和18）年には、①市長、町村長の選出方法の変更、②市町村会の権限の縮減、③町村会等の末端行政機関化、④東京都制の導入等の地方制度の変更が行われた。

市長は市会の推薦を受けて内務大臣により選任され、町村長は町村会において選挙され府県知事により認可されることとなった。また、内務大臣

や知事に市町村長の解任権が与えられた。

市町村会の権限は縮減され、市町村会の議決事項を限定し、従来の概括例示主義から制限列挙主義に変更され、市町村長の権限が強化された。また、市長は市町村内の各種施設の総合的運営に必要と認められる場合は、市町村内の団体等に指示をすることができ、それに従わない場合は当該団体等の監督官庁の措置を申請することができるとされ、市会閉会中には、重要事件以外は市参事会が代議決できるとされた。

道府県についても法律命令による新たな事務委任を認める等、同趣旨の改正がされた。国政事務の委任を法律・勅令のみならず命令でも可能とするなど、集権化が行われ、府県や市町村は指令を伝達する中央の出先機関のようであった。

町内会・部落会等は、1940（昭和15）年に市町村の補助機関として位置づけられ、1942（昭和17）年には配給事務や厚生行政を担い、1943（昭和18）年には市町村長の支配下に置かれるものとして法文上に明定され、地方行政の末端を担うこととなった。

1943年には、首都防衛や行政の効率化のため、東京市を東京府に合併し、東京都が設置された。旧東京市の区域に法人格を有する区を設置、都の長として官選の東京都長官を設置した。区には、官吏である区長が置かれていた。

1940年には物資の配給や物価の統制などを連絡協議するために地方連絡協議会が設置されていた。1943年には、全国9地方に地方行政協議会が設置された。1945（昭和20）年6月には、米軍の本土上陸に備え、軍管区（明治の軍創設から続く。北海道・仙台・東京・名古屋・大阪・広島・熊本などに始まる）と地方行政区画を合わせ、軍の要求を地方行政に反映するため全国を8ブロックとした地方総監府が設置された。

このように、戦時下では自治権が制約され、集権的性格の強化が進んだ。

28 ■ 第 2 章 ■ 終戦（第二次世界大戦終了）までの地方自治制度の歴史

知識を確認しよう

［問題］

戦前の地方自治に関する次の記述のうち、妥当なものはどれか。

(1) 1888（明治21）年の市制町村制の下で、東京市、大阪市、京都市については、市長に強い権限が与えられ、その他の市よりも多くの自治権が認められた。

(2) 市長の選任については、1925（大正14）年の普通選挙制導入を受け、市会が市長候補3人を推薦し、そのなかから内務大臣が任命していたものから、住民による直接選挙へと改められた。

(3) 1943（昭和18）年には、東京市を東京府に合併し東京都が設置され、都の長として、公選の知事が置かれた。

(4) 明治の大合併では、教育費の負担等を解決することを目的とし合併が進められ、約7万1000あった町村は1889（明治22）年末に約1万6000へ減少した。

(5) 第一次世界大戦前から東京、大阪、京都などの三大市では、府県の区域から分離・独立した上で一般市以上の権限を求める運動が進められていたが、その後、函館、横浜、新潟、神戸、長崎などの都市が加わり、特別市運動が進められた。

［解答への手がかり］

(1) ×　東京、大阪、京都の3市では、市長・助役を置かず、府知事・府書記官がその職務を行うこととされ、自治権は制限されていた。

(2) ×　普通選挙制度導入を受け、市長の選任方法は、市会による選挙で選任される制度へと変更された。市長が住民により直接選挙されるようになるのは、第二次世界大戦後である。

(3) ×　公選の知事ではなく、官選の東京都長官が設置された。

(4) ○

(5) ×　第一次世界大戦後には、三大市に加え、名古屋、横浜、神戸を加えた6市により特別市運動が進められた。

第 3 章

日本国憲法と地方自治

本章のポイント

　本章においては、明治憲法には規定されていなかった、現行憲法における地方自治制度を理解する。

1. 地方自治の本旨は団体自治と住民自治から構成されている。

2. 地方公共団体の権能のうち、自主立法権（条例制定権）について理解する。

3. 首長制は、住民が直接選挙で選び、住民代表機関として対立させ、相互の均衡と調和をはかろうとするものであるが、日本独特の特徴として、議員内閣制的性格を有する。

4. 明治憲法下の中央集権的・官治的な地方制度を否定し、住民の民主的コントロールの下、地方公共団体がその事務を自らの責任で自主的に処理する自主財政権がある。

5. 特定の地方公共団体に適用される特別法を制定するには、住民投票に付する。

1　日本国憲法における自治の保障

A　明治憲法と地方自治

　明治憲法には地方自治に関する規定が存在せず、中央が地方に対して優位する中央集権的なシステムがとられていた。その理由は、当時は地方自治を憲法事項とする感覚が希薄で、「町村の自治」を認めたものの、「府県の自治」を認めることについては政府内で意見の一致がみられなかったためである。そのため、明治憲法では地方自治を規定することはなく、法令によって地方制度が整備された。

B　戦後改革と地方自治

　終戦直後から、GHQ民政局は、ティルトン（Tilton, C. G.）を中心として日本の地方制度に関して研究をはじめた。その研究内容は、中央集権から地方分権へ、首長の官選から公選への制度改革が中心であった。また、ラウエル法規課長は、「日本の憲法についての準備的研究と提案のレポート」のなかで、「地方への権限と責任の分与」を重視し、都道府県および市町村に一定の範囲内で地方自治を認める規定を設けるべきであると提案した。

　1946（昭和21）年1月、米国政府からマッカーサー（MacArthur, D.）に対して「情報」として伝えられた「日本の統治体制の改革」は、「都道府県の職員は、できる限り多数を、民選にするかまたはその地方庁で任命するものとする」という指針を示すとともに、都道府県議会および市町村議会の強化の必要性を指摘した。

　このようなGHQの動向とは対照的に、憲法問題調査委員会（松本委員会）は、地方自治について明治憲法の部分的修正でよいとする意見であった。つまり、地方自治に関する規定を改正憲法のなかに取り入れるための検討はされなかったのである。当時の政党や民間の憲法改正案には、地方自治に関する条項を有するものはほとんどなかった。佐々木惣一案のみが、「自治ハ民意主義ニ依ル国ノ統治ノ基礎地盤」という考えの下に、自治に関する章を設け、国が必要により自治団体を設ける、自治団体の事務には、住民が選任した機関があたる、としていたにすぎない。

そのような状況下で、GHQ における憲法改正案の作成が開始され、ティルトンを責任者とする民政局行政部の「地方行政に関する委員会」の作成した試案は、地方公共団体に権限を与えすぎているとして「運営委員会」において破棄された。「運営委員会」が改めて作成した案は、地方自治を強く主張する立場と、中央政府による統治に理解を示す立場が折衷されたものとなった。

GHQ 草案をもとに、日本政府が作成した「3月2日案」、さらに、GHQ との交渉を経て「憲法改正草案要綱」が作成され、衆議院、貴族院において地方自治の章は原案通り可決された。

C　地方自治の憲法上の意義

地方自治は、憲法上保障されることで制度として保障されたとみる制度的保障説が通説とされている。この説は、地方自治の本旨が、法律によって侵すことのできない地方自治制度の本質的内容であるとする。

日本国憲法では、第8章に地方自治を加え4か条の規定を置き、憲法により地方自治を保障している。地方自治の基本原則としての地方自治の本旨 (92条)、地方公共団体の機関とその直接選挙 (93条)、地方公共団体の権能 (94条)、特別法の住民投票 (95条) の4か条である。

戦後最初の地方制度改革は、1946 (昭和21) 年9月、従来の東京都制、府県制、市制、町村制の一部改正として行われた。その後、日本国憲法に、新たに地方自治の規定が設けられ、1947 (昭和22) 年5月3日、日本国憲法と新たに設けられた地方自治の規定の趣旨に基づき、地方自治法等が制定され、地方自治のさまざまな制度がつくられた。しかし、旧憲法下で国が地方行政に関与する色合いが残存し、国・地方のあり方が、課題として残った。

2 地方自治の本旨

A 総則的規定の創設

憲法 92 条は「地方公共団体の組織及び運営に関する事項は、地方自治の本旨に基いて、法律でこれを定める」と規定している。この規定は、憲法の制定過程において、GHQ 草案に対して、日本側が提案し創設されたものである。地方自治に関する条項を置く以上、総則的規定が必要との考えに基づいたものである。この 92 条は、地方公共団体の組織・運営に関する事項を法律で定めるとする一方、それは地方自治の本旨に基づかなければならないとする。したがって、地方自治の本旨が、地方自治制度のあり方を規定する重要な概念となる。

B 住民自治と団体自治

地方自治の本旨には、住民自治と団体自治の 2 つの要素があるとされる。住民自治とは、地方自治が住民の意思に基づいて行われるという民主主義的要素であり、団体自治とは、地方自治が国から独立した団体に委ねられ、団体自らの意思と責任の下でなされるという自由主義的・地方分権的要素であるとされる。

住民自治は、その地域における統治が中央政府機関によることなく、その地域の住民自身によって行われることである。団体自治は、国のなかにおいて、一定の地域を基礎とする団体が、その地域内の公共事務を自らの意思に基づいて処理することである。この場合、国から独立した法人格を有することが必要となる。

地方自治の本旨は、住民自治と団体自治の 2 つの要素を基本としつつも、その具体的な内容は、社会情勢の変化に対応し、立法や法律の解釈運用により経験的に決まってくるもので、抽象的かつ弾力的な理念である。

そのため、憲法 92 条は地方公共団体の組織および運営に関する事項を法律で定めるに際し、地方自治の本旨に基づいて定めることを規定するものの、この地方自治の本旨が不確定な概念であるため、立法の際の歯止めとしての役割を果たしていないとの批判もある。

C　地方自治の本旨と判例

　判例においては、地方自治の本旨を直接的な問題としたものは少ない。たとえば、戦後、市町村の自治体警察を廃止し、都道府県警察に事務を移行したことにつき、地方自治の本旨に反しないとしたもの（最大判［決］昭和37・3・7）があるが、その判決内容に、地方自治の本旨の具体的な意義自体は明らかにされていない。

　また、地方公共団体の課税権に関する判決においては、「憲法94条、基本的には92条によって認められる自治権がいかなる内容を有するかについては、憲法自体から窺い知ることはできない。そもそも憲法は地方自治の制度を制度として保障しているのであって、現に採られているあるいは採られるべき地方自治制を具体的に保障しているものでは」ないとし、制度的保障説の立場をとりつつも、地方公共団体の自治権の具体化については、「憲法全体の精神に照らしたうえでの立法者の決定に委ねられている」としている（福岡地判［決］昭和55・6・5）。

D　地方自治の本旨の改革

　社会の急速な変化に伴う時代の要請に対して、地方分権が推進され、さらに新しい地方自治のあり方について、議論が行われている。

　地方自治に関する憲法の規定は、制定当時、先駆的なものであったが、国－地方関係の実態は国が地方に対して圧倒的な権限や財源を持ち、地方自治の精神は実際には十分に発現されていない。依然として、中央集権時代の精神ややり方が中央省庁において存続された。

　このため、もっと明確な自治の基本原則という形で規定すべきであるという議論がされている。

3　地方公共団体の権能

A　条例制定権とは

　憲法94条は、「地方公共団体は、その財産を管理し、事務を処理し、及

び行政を執行する権能を有し、法律の範囲内で条例を制定することができる」と定め、地方公共団体の条例制定権について規定している。条例とは、地方公共団体の自主法である。日本国憲法の制定過程で、アメリカの草案では「憲章」とされていたものが、「憲章」ではなく「条例」へ変更された。

B　法律と条例の関係

憲法94条は「法律の範囲内で条例を制定」できると規定し、地方自治法14条第1項は「普通地方公共団体は、法令に違反しない限りにおいて第2条第2項の事務に関し、条例を制定」できるとする。

条例の制定として国の法令より厳しく規制する上乗せ条例、または、国の法令では規制していない事項を規制する横出し条例の制定は可能なのであろうか。

判例では、条例が国の法令に違反するか否かの判断基準に関し、条例と法令の「対象事項と規定文言を対比するのみでなく、それぞれの趣旨、目的、内容及び効果を比較」して、条例と法令に矛盾があるかどうかで判断するとした。国の法令がある事項を規律していなくても、法令全体から、その事項を規制しないという趣旨であるとされれば、「これについて規律を設ける条例の規定は国の法令に違反することとなりうる」とされる。

一方、特定の事項について国の法令と条例がともに存在する場合には、それぞれが別の目的を持ち、条例の適用が法令を阻害しないときや、同一の目的であっても、国の法令が「それぞれの普通地方公共団体において、その地方の実情に応じて、別段の規制を施すことを容認する趣旨」のときは、「条例が国の法令に違反する問題は生じえない」としている（最大判［決］昭和50・9・10）。

C　条例と法の下の平等

条例は地方公共団体の自主法であり、地方公共団体ごとに異なる内容を持つ、さまざまな条例が制定されうる。地域ごとに取り扱い方が異なる状況が、憲法14条に違反しないのであろうか。

判例は、東京都売春等取締条例の事案について、「憲法が各地方公共団体の条例制定権を認める以上、地域によって差別を生ずることは当然に予期

されることである」ので、このような差別を憲法は許容しているとし、地方公共団体がそれぞれ売春を取り締まる条例を制定することによって生じる取扱いの差異について、憲法14条には違反しないとした（最大判［決］昭和33・10・15）。

D　条例と罰則

　憲法31条は「何人も、法律の定める手続によらなければ、その生命若しくは自由を奪はれ、又はその他の刑罰を科せられない」と規定している。憲法73条6号但書は「但し、政令には、特にその法律の委任がある場合を除いては、罰則を設けることができない」と規定する。

　一方、地方自治法14条第3項は、普通地方公共団体は、法令に特別の定めがあるものを除くほか、その条例中に、条例に違反した者に対し、条例で罰則を設けられるとしている。

　地方自治法の規定と憲法31条との関係について、「憲法31条はかならずしも刑罰がすべて法律そのもので定められなければならないとするものでなく、法律の授権によってそれ以下の法令によって定めることもできる」としている（最大判［決］昭和37・5・30）。

4　地方公共団体の機関

A　首長制とは

　憲法93条第1項は「地方公共団体には、法律の定めるところにより、その議事機関として議会を設置する」と規定する。同条第2項は「地方公共団体の長、その議会の議員及び法律の定めるその他の吏員は、その地方公共団体の住民が、直接これを選挙する」と規定する。

　憲法93条は、地方公共団体の機関として公選の長と議会を規定する。それを受けて地方自治法は、議員と長の兼職禁止を定める（自治141条第2項）等、「二元代表制」のしくみを具体的に定めるとともに、住民自治を活かすために、政治に対する住民の直接参加を国政よりも広く認めている。

同条の規定を受け、地方自治法は首長制を採用している。首長制とは、議決機関としての議会の議員と執行機関としての長を、それぞれ、住民が直接選挙で選び、それぞれに住民に対して直接責任を負わせつつ、住民代表機関として対立させ、相互の均衡と調和をはかろうとするものである。

B　日本の首長制の特徴

首長制は、議会と、執行機関としての長との、相互の抑制と均衡が独裁を防止し、公正な政治行政を目指すものとされ、執行機関の長が議会により選ばれ、議会に責任を負う議院内閣制と対比される。

しかし、日本における首長制は、地方自治法178条で、議会による執行機関の長に対する不信任議決と、一方、長による議会の解散権を規定する等、議院内閣制の要素も加味されている点は日本特有な点といえる。

首長制の採用は、地方レベルでの民主主義の定着をはかり、中央集権的システムを打破するという目的があった。特に知事の直接公選制の導入は、内務省の任命による官選知事が地方行政を行う中央集権的システムを民主化し、分権化する必要性があると認識されていたためであるといわれる。しかし、現在では、憲法制定当時の状況と異なるとし、首長制に関する憲法規定の弾力的解釈等を模索する議論がある。

C　首長制の課題と解決策の模索

憲法が公選を要求している長は単なる形式上（象徴的存在）ではなく、長と議会が住民をそれぞれ代表してそれぞれ権限を行使することを意味する。憲法93条は長を公選にしなければならないことを要求するだけであり、アメリカで採用されているシティ・マネージャー制や議会が執行権の長を兼任することもできるという見解がある。地方自治法には先述したように議院内閣制の要素があり、制度形成の余地がある程度あるともいえる。

二元代表制では、長に対する議会のコントロールが十分でないことが指摘されている。本来、二元代表制は、長の選挙においては、自治体の政治の基本政策が争点化され、それを住民が選択する意味をもつ。そのため、長が基本政策の実施に積極的なイニシアティヴをとりやすい環境が醸成される。

一方で、長と議会の正面衝突の予防と解決方法を考えておく必要があり、その予防の方法として、長と議会の選挙を同時期に行い、議会の構成にイデオロギー的な政党色が強くならないよう選挙制度を工夫することが考えられる。

長と議会の任期はともに4年と法定されているが、現在では選挙時期にズレが生じている地方公共団体も多い。他方、現行の大選挙区単記投票制は政党色が弱いが、その反面で長に対する議会の実効的統制が問題視されてきた。地方自治法が地方組織のあり方を定めたのは、制定当時の民主化要求によるものであり、住民自治の理念が定着した現在では、地方公共団体自身が自治組織権を行使して、ガバナンスと統制の実効性を高める組織改革に取り組むことが期待される。

5 地方財政

A 地方財政自主権

憲法92条および94条の規定は、明治憲法下の中央集権的・官治的な地方制度を否定し、そのうえで地方自治を保障し、住民の民主的コントロールの下、地方公共団体に、その事務を自らの責任で自主的に処理することを認めている。

また、地方公共団体が地方自治の本旨に従ってその事務を処理するためには、必要な財源を自ら調達する権能が不可欠である。それなしには、国に依存する＝国の監督を受けることになりやすい。この意味で、課税権は不可欠であり、自治権の一環として憲法によって直接に地方団体に付与されている。

憲法94条の「行政を執行する」という部分には、当然、租税の賦課・徴収が含まれる。憲法上地方公共団体に認められる課税権は、地方公共団体とされるもの一般に対し抽象的に認められた租税の賦課、徴収の権能であり、具体化は法律（ないしそれ以下の法令）の規定を待たねばならないとしている（福岡地判［決］昭和55・6・5）。

B 条例と租税

日本国憲法84条は「あらたに租税を課し、又は現行の租税を変更するには、法律又は法律の定める条件によることを必要とする」と規定する。この租税法律主義と、地方公共団体における条例による課税との関係が問題となりうる。84条の「法律」は、地方税に関する「条例」が含まれるとしている（仙台高裁秋田支部判［決］昭和57・7・23）。

C 自主課税権

地方公共団体の自主財源の中心は住民の租税であるから、自主課税権も認められる。そのことから、地方税法では「地方団体は、この法律の定めるところによつて、地方税を賦課徴収することができる」とする（地方税法2条）。あくまで地方議会の定める条例に地方税の賦課・徴収の根拠を求める（地方税条例主義）。地方税法は地方団体による自主的な法定外税の新設を認めている（地税4条・5条・734条）。

地方分権一括法の制定により、法定外税の新設・変更は、従来の自治大臣の許可制から総務大臣の同意を要する協議制となり、不同意事由は法定のものに限定された。不同意の場合、地方団体の首長は国地方係争処理委員会による審査の申出をすることができ、同委員会は、不同意が違法であるか、地方団体の自主性および自立性を尊重する観点から不当であると認めるときは、総務大臣に必要な措置を講ずべきことを勧告する。

横浜市勝馬投票券発売税条例事件は、法定外普通税の新設に関する総務大臣の不同意について、協議の再開が勧告された事例である。

D 国・地方間の地方財政改革

地方分権や財政再建等のために、三位一体改革が行われた。三位一体改革とは、国から地方への補助金の削減、地方への税源移譲、地方交付税改革の3つを同時に行うというものである。団体間に税収力の格差がある以上、財政調整制度が必要不可欠である。その場合、団体間の調整だけではなく、国が地方公共団体にさまざまな事務を義務付けている以上、それが適正に執行できるだけの財源を保障する機能を持たせることが必要である。

地方交付税には財源保障機能と財源調整機能があり、縮小は農村部の自

治体財政を困難にする。国庫補助負担金も7割は国の義務的支出であり、廃止、縮減は国民の権利として保障すべき福祉や教育の水準を保てなくするとの批判もある。

6 住民投票

A 住民投票とは

憲法95条は、「一の地方公共団体のみに適用される特別法は、法律の定めるところにより、その地方公共団体の住民の投票においてその過半数の同意を得なければ、国会は、これを制定することができない」と定める。93条の規定は間接民主制を採用しているが、直接民主制的な制度である住民投票については、住民自治を核とする地方自治を保障し、95条は特定の地方公共団体に適用される特別法の制定につき、地方議会の関与ではなく、住民投票を規定していることから認められるものである。

この規定の由来は、アメリカの各州の憲法の影響を受けている。各州議会による特別法により、地方自治体への干渉を防止するための規定である。つまり、この立法趣旨は、国会が制定する地方特別法が当該自治体の自治権を侵害することを防ぐとともに、地方公共団体のもつ個性や平等権を尊重し、地域住民の民意を尊重するとされている。

B 地方特別法の適用対象・範囲

憲法95条は、「一の地方公共団体のみに適用される」と規定するが、地方公共団体の数が1つであることを要求するのではなく、特別法が特定の地方公共団体に適用されることを意味する。たとえば、「旧軍港市転換法」(昭和25年法律第220号)は、横須賀、呉、佐世保、舞鶴の計4市に適用されるものであり、必ずしも1つの地方公共団体に適用されることを前提としていない。

また、特別法の適用にあたり、地方公共団体がすでに存在していることが前提となっていると解釈されている。そのため、小笠原諸島の復帰の際

の「小笠原諸島の復帰に伴う法令の適用の暫定措置等に関する法律」(昭和43年法律第83号)は、95条の地方自治特別法ではない。

さらに、その規定が国の事務や組織についてのものであり、地方公共団体の組織・運営・権能等に関わりがなければ、95条の地方自治特別法ではないとされている。「北海道開発法」(昭和25年法律第126号)は、95条の地方自治特別法に該当しないとされ制定されている。法律では地方公共団体を特定せず、政令等で地方公共団体を特定することは、特定の地方公共団体のみに適用されることになる場合であっても、95条の地方自治特別法にはならない。政令指定都市は、「人口50万人以上の地方公共団体で、政令で指定する市」であり、地方自治特別法には該当しないとされている。

現在、地方自治特別法は18都市を対象に15件制定されており、1951(昭和26)年に制定された「軽井沢国際親善文化観光都市建設法」以降、制定されていない。これらの法律は、国が財政援助等を与えることなどを規定したものであり、地方公共団体の組織・権限などについて規定したものではないことから、そもそも地方自治特別法である必要がなく、95条の規定が十分に機能しているとはいえない状況がある。

C　憲法によらない住民投票

民主制を補完する形で直接民主制度である住民投票について、憲法は国民投票を認めている。すなわち、憲法95条は特定の地方公共団体に適用される特別法の制定につき、地方議会の関与ではなく、住民投票を規定している。これは、憲法が、地方公共団体の意思決定を必ず議会によらなければならないとはしていないことを意味する。

41条が、国会を「国の唯一の立法機関である」と定める一方で、93条第1項は、地方公共団体に設置される議会について、単に「議事機関」とだけ規定している。さらに、93条第2項は地方公共団体の長を住民が直接選挙すると定めているように、行政の住民に対する直接責任の考えが見られ、直接民主制を認めている。地方自治法が、町村では議会を置かずに、町村総会を置くことができると規定しているのもその一例である。

知識を確認しよう ■ 41

知識を確認しよう

【問題】

　日本国憲法における地方自治制度に関する以下の記述について、正誤を答えなさい。

(1)　地方自治の本旨は、団体自治と住民自治から構成されるが、団体自治とは、地方自治が住民の意思に基づいて行われるという民主主義的要素である。

(2)　憲法 95 条は、「一の地方公共団体のみに適用される」と規定するが、地方公共団体の数が 1 つであることを要求する。

(3)　日本における首長制は、議会による執行機関の長に対する不信任議決、長による議会の解散権を規定する等、議院内閣制の要素も加味されている点は日本特有な点といえる。

(4)　地方自治法上に定める市町村で議会を置かずに、市町村総会を置くことができることを憲法容認している。

(5)　憲法問題調査委員会（松本委員会）は、日本国憲法において地方自治に関する規定を取り入れるために成立当初より奔走した。

解答への手がかり

(1)　×　団体自治とは、地方自治が国から独立した団体に委ねられ、団体自らの意思と責任の下でなされるという自由主義的・地方分権的要素である。

(2)　×　憲法 95 条は、特別法が特定の地方公共団体に適用されることを意味する。

(3)　○

(4)　×　町村総会についてのみ規定がある。

(5)　×　当初は佐々木惣一案など限られたものだけが地方自治の章の設置を検討していたにすぎない。

第4章 地方自治法と地方自治制度

本章のポイント

　絶えず変化し続ける地方自治の動向を正しく理解するためには、まず前提として地方自治の制度的理解が欠かせない。本章では、そのような地方自治の制度に関する基本的事項を学ぶ。それらは、もっぱら地方自治法に規定されているものである。

　具体的には、
1. 地方公共団体の種類
2. 都道府県、市町村の区域
3. 執行機関 – 首長と行政委員会
4. 地方公共団体の事務と国と地方の役割分担
5. 議事機関である地方議会
6. 直接請求制度

の各基本的事項についてである。

1　地方公共団体の種類

A　普通地方公共団体

　地方公共団体は、普通地方公共団体と特別地方公共団体に大別され、前者は都道府県、市町村、後者は特別区、地方公共団体の組合、財産区に分類できる（自治1条の3）。普通地方公共団体は、地方公共団体の3つの構成要素（区域、住民、法人格・自治権）をすべてそなえる。

　都道府県は、市町村を包括する広域の地方公共団体（自治5条2項）として、広域事務、連絡調整事務、補完事務を処理する（自治2条5項）。

　広域事務とは複数の市町村にまたがる広域的な事務のことで、たとえば総合基本計画の策定や広域の土地利用計画などが挙げられる。また連絡調整事務とは市町村に関する連絡調整で、国と市町村間の中間団体、市町村を包括する団体としてその役割を担う。そして補完事務とは一般の市町村では処理が困難な規模の事務を担うもので、たとえば県内各地区への各種県立高等学校の設置などはそのわかりやすい一例である。

　今日都道府県は事務処理に関して、市町村の事務処理能力に委ねる市町村優先の原則を旨としている。それは、意欲と能力のある市町村には都道府県が、人口規模などに関わらず積極的に事務を委譲するものである（自治252条の17の2）。

　市町村は住民にとって最も身近な基礎的地方公共団体として、原則都道府県が処理すべき事務を除いた地域の事務と、法令や政令で定めるその他の事務を処理する（自治2条2項、3項）。市になる要件はいくつかあるが、最も重要とされるのは5万人以上の人口を有していることである（自治8条1項）。町村の場合は、包括する都道府県が条例で要件を定めるもののその権限に差はない（自治8条2項）。

　市と町村の違いには、①町村総会の設置（自治94条）、②市の社会福祉事務所の必置（社会福祉法14条1項）などがある。町村は必ずしも議会を置かず有権者による総会の設置でその機能を充てることができる。過疎高齢化の進む地方公共団体では、深刻な議員のなり手不足が生じており、近年改めてこの町村総会の設置が前向きに検討されている。

市には一般の市の他、都市的規模によって権限が異なる指定都市と中核市がある。指定都市には、政令で事務配分や関与、組織および財政面で特例が付与される。指定の要件は、①人口50万人以上（実際には100万人程度必要）、②大都市としての行財政能力、権限委譲等を推進する体制、③産業別人口比率や人口密度、固定資産税対象額が指定都市並み、④府県と当該市の意見の一致、などが必要とされる。現在20の市が指定を受けている。

中核市には、指定都市に準じて事務配分、関与に関する特例が与えられる。その指定には、20万人以上の人口が必要である。この他旧制度の経過措置として、施行時特例市という中核市に準ずる特例制度もある。

B 特別地方公共団体

特別地方公共団体は、特定の目的のために設置される地方公共団体で、区域、組織、権能などが特殊である。またその存在は普遍的ではない。

特別区とは、東京都の23区のことである（自治281条）。法人格を有し、議会、区長、行政委員会・委員を置き、また議員、区長はともに直接公選制を採用するなど一般の市と類似しているが、権限の一部が市より上下する点、財政面で非常に権限が弱い点などいくつかの面で特殊である。その理由には、首都としての性格や第二次大戦以来の行政的遺制などがある。

地方公共団体の組合には、一部事務組合と広域連合がある（自治284条1項）。一部事務組合は、普通地方公共団体と特別区が、事務の一部を共同処理するために設立するもので別個の法人格を有する。その設立の目的には、共同で処理することの効率性が挙げられる。主な定型的業務には、ごみ処理、し尿処理、消防などがある。

広域連合は一部事務組合に似ているが、設置の目的には国から権限委譲される事務を共同処理することがある（自治291条の2）。また制度的にその長や議員を直接選挙で選ぶことも可能な点や、住民による直接請求が認められている点など、一部事務組合と比べてより普通地方公共団体に近い。

財産区は、市町村や特別区の一部に所有する財産や公の施設の管理、処分を行う特別地方公共団体である（自治294条1項）。市町村の財産の不均衡が、市町村合併の障害になることを避ける目的で設立されたものが多い。

財産区の主なものには、原野、墓地、公民館、用水路などが挙げられる。

2 普通地方公共団体の区域

A 市町村の廃置分合

　普通地方公共団体の区域の問題は、もっぱら市町村の新設または廃止に伴う区域の変更、すなわち法人格の変動を伴う廃置分合に関するものである。因みに区域の変更には、この他法人格の変動を伴わない境界変更がある。廃置分合には、①分割、②分立、③合体、④編入の4つがある。①分割とは1つの市町村を廃止し、その区域を分けて複数の市町村を設立すること、②分立とは1つの市町村の一部の区域を分けてそこに新たな市町村を設立すること、③合体とは2つ以上の市町村を1つの市町村にすること、そして④編入とは1つ以上の市町村を廃止し、他の市町村の区域に加えること、をいう。③の合体はまた新設合併、④の編入は編入合併と呼ばれる。

　わが国の普通地方公共団体の区域変更の歴史は、度重なる市町村合併の歴史であることを踏まえると、概ねこの2つのどちらかが行われてきた。

　市町村の区域変更の手続きは、関係市町村議会の議決を経た申請に基づいて都道府県知事が都道府県議会の議決を経て定め、直ちに総務大臣に届け出る（自治7条1項）。

B 都道府県の廃置分合

　都道府県の廃置分合は、現実的には極めて困難だが制度上は可能である。時折議論の対象となる道州制もこの範疇に入る。廃置分合は、手続き的には新たに法律を定めて行うことが原則である。この場合は「一の地方公共団体のみに適用される特別法」（地方自治特別法）として、当該都道府県民による住民投票でそれぞれ過半数の同意を得なければならない（憲95条、自治261条）。この他にも、2004（平成16）年には都道府県による自主的合併の手続きが追加された（自治6条の2）。

C 市町村合併

　先ほども述べた通り、普通地方公共団体の区域変更の歴史は、市町村合併の歴史と言っても過言ではない。明治以降、政府は継続して市町村合併

を推進してきたが、大きくは3回ほど大合併が行われている。

最初は、「明治の大合併」と言われるもので、1888（明治21）年から1889（明治22）年にかけて行われ、市町村数は71,314から15,859と約5分の1に減少した。市制・町村制の施行は1889（明治22）年4月で、これに伴い戸籍、徴税を始めとする近代的な国家建設に必定の行政制度に見合う規模の市町村が目指されたのである。

次は、1953（昭和28）年から1961（昭和36）年にかけて行われた「昭和の大合併」である。市町村数はこの間9,868から3,472へと約3分の1に減少した。この合併の目的には、戦後新しく担うことになった民主的な行政事務（中学校、消防、警察他）を能率的に行うことがあった。ここでは、約8,000人規模の自治体建設が企図された。

そして、直近の「平成の大合併」は、1999（平成11）年から2005（平成17）年にかけて行われた。この間市町村数は3,229から1,820程度に減少した。合併を推進した国側は、その理由として地方分権の受け皿として、また広域的行政需要への対応という点を前面に押し出してきたが、他面国、地方の危機的財政への対応という点をその本当の理由に見出す向きも多い。

市町村合併の賛否はともかく、合併にはメリット、デメリットが並存するのは確かである。一般的にそのメリットには、①広域的かつ一体的整備、②質の高い施設整備、③行財政の効率化、④行政サービスの多様化、高度化への対応、⑤地方分権の受け皿、⑥地域のイメージアップなどが挙げられてきた。また他方、そのデメリットには、①地域の歴史や文化の衰退、喪失、②中心部と周辺部の格差の生起、③福祉分野などできめ細かな行政サービスの低下、④首長や議員といった住民の代表が減少する、⑤住民と行政組織との距離が拡大する、ことなどが挙げられてきた。これらのどこに重きを置いて判断するかが、賛否の立場の分かれ目であろう。

いずれにしても、合併により影響を最も被るのは住民に他ならず、首長や議会だけでそれを決定するのではなく、住民の合意による意思決定を徹底していくことが大切となる。その意味では、今回の「平成の大合併」は、合意形成の機会が十分に保障されておらず拙速に過ぎた。

結果的には合併を強く主導してきた国も、それに従ってきた合併市町村も、ともに今回の大合併が失敗に終わったことを認めている（今井, 2017）。

3 地方公共団体の執行機関

A 長

普通地方公共団体の長（首長）は、当該普通地方公共団体を統括し代表する（自治147条）。従って、普通地方公共団体の代表的な執行機関といえば長に他ならないが、それは唯一のものではなく行政委員会及び委員がもう1つの執行機関として存在している（自治138条の4）。

このように複数の執行機関が置かれることを執行機関の多元主義という。それは地方自治の民主化を目的として占領時に導入されたものだが、今日二元代表制と並ぶ地方自治の基本原理の1つとなっている。しかし、多くの面で長は他の執行機関に対し優越している。

長の身分は特別職の公務員で、直接住民の選挙によって選ばれる。都道府県知事の被選挙権は満30歳以上、市町村長は満25歳以上であり、議員と異なり居住要件はない。任期は4年である。今日長に関しては、全般的に見られる多選傾向や中央官庁出身者が知事の多数を占める現状、また地方の首長選における度重なる無投票当選などその課題とされる点も多い。

長の有する権限には、①統括代表権、②事務の管理・執行権（自治148条）、③規則制定権（自治15条）、④職員の任免権（自治162条他）、⑤職員の指揮監督権（自治154条）、⑥管理に属する行政庁の処分の取消・停止権（自治154条の2）、⑦支庁・地方事務所・支所等の設置権（自治155条）、⑧行政機関の設置権（自治156条）、⑨公共的団体等の監督権（自治157条）、⑩内部組織権（自治158条）などがある。この他にも各分野で総合調整権（自治138条の3、自治138条の4、自治221条他）を有している。

これらの権限を用いて、長は以下の事務を担任する（自治149条）。それは、①議案を提出すること、②予算を調整し、執行すること、③地方税を賦課徴収し、分担金、使用料などを徴収すること、④決算を議会の認定に付すこと、⑤会計を監督すること、⑥財産の取得、管理及び処分、⑦公の施設を設置、管理および廃止、⑧証書及び公文書類の保管、などである。以上は長の仕事すべてを網羅したものではなく、代表的なものを示したもので「概括列挙」（⇔「制限列挙」）と言われる。

長は執行機関の事務を分掌させる補助機関を置いている。具体的には、副知事・副市区町村長、会計管理者、出納員その他の会計職員、職員、専門委員である。

B 行政委員会及び委員

行政委員会は外部の者より組織される原則合議制の執行機関であり、その委員の大半は長が議会の同意を得て選任する。法律に定めのあるものを除き、その身分は非常勤の特別職公務員である（自治180条の5第5項）。

行政委員会は、①政治的中立性を確保する観点（教育委員会、公安委員会、選挙管理委員会）、②公平、公正な行政を確保する観点（教育委員会、選挙管理委員会、人事〔公平〕委員会、監査委員）、③利害関係の調整を図る観点（海区漁業調整委員会、内水面漁場管理委員会、労働委員会、農業委員会）、④審判、裁定など慎重な判断を行う観点（人事委員会〔公平委員会〕労働委員会、収用委員会、固定資産評価審査委員会）から設置されている。このうち普通地方公共団体に必置なのは、教育委員会、選挙管理委員会、人事（公平）委員会、監査委員（自治180条の5第1項）で、都道府県にのみ必置なのは、公安委員会、労働委員会、収用委員会、海区漁業調整委員会、内水面漁場管理委員会（同条2項）、また市町村にのみ必置なのは、農業委員会、固定資産評価審査委員会である（同条3項）。なお行政委員会は法律に定めのあるもの以外は設置できない（自治138条の4第1項）。

行政委員会は普通地方公共団体の長の指揮監督に服さず、自らの責任で担当する分野の事務を執行する。しかし、実際には多くの権限を長に負っており、そのことが行政委員会に本来求められる機能を阻害している。

たとえば、①予算の調整・執行権、②議案提出権、③税の賦課徴収権、④決算の認定付議権（自治180条の6）といった執行機関としての主要な権限は、いずれも行政の一体性や総合性の確保の観点から長の専権事項となっている。また普通地方公共団体の長は、その権限に属する事務の一部を行政委員会に委任・補助執行させることができる（自治180条の2）。

普通地方公共団体の長の絶大なる力の前に、今日行政委員会制度は実質的に形骸化しているといえ、制度本来の趣旨（＝行政の民主化）に立ち返るべく抜本的な改革が必要とされている。

4 地方公共団体の事務

A 国と地方の役割分担

1995（平成7）年から2000（平成12）年にかけた第一次地方分権改革によって、国と地方の関係は様変わりした。なかでも2000（平成12）年4月の地方分権一括法の施行は、従来の国と地方の「上下・主従」関係を「対等・協力」関係に改め、その結果、国と地方の事務に関する役割分担の見直しや明確化、国の地方に対する関与の縮小、また地方の自主決定権が拡大した。

地方公共団体は、「住民の福祉の増進を図ることを基本として、地域における行政を自主的かつ総合的に実施する役割を広く担うもの」とされた（自治1条の2第1項）。他方国は、「国際社会における国家としての存立にかかわる事務、全国的に統一して定めることが望ましい国民の諸活動若しくは地方自治に関する基本的な準則に関する事務又は全国的な規模で若しくは全国的な視点に立つて行わなければならない施策及び事業の実施その他の国が本来果たすべき役割を重点的に担」うこととされた（同条2項）。

国と地方との役割分担の基本原則は、「住民に身近な行政はできる限り地方公共団体にゆだねることを基本として、地方公共団体との間で適切に役割を分担するとともに、地方公共団体に関する制度の策定及び施策の実施に当たつて、地方公共団体の自主性及び自立性が十分に発揮されるようにしなければならない」とされた（同上）。

B 地方公共団体の事務

これまで地方公共団体の自主性、自立性を大きく損なってきた「悪名高き」機関委任事務が廃止されるなど、第一次地方分権改革の結果、地方公共団体の事務内容は大きく変化した。なかでも「普通地方公共団体は、地域における事務及びその他の事務で法律又はこれに基づく政令により処理することとされるものを処理する」ことになった（自治2条2項）。

地方公共団体が処理する事務の区分には、自治事務と法定受託事務がある。自治事務とは地方公共団体本来の事務のことをいい、その範囲は「法定受託事務以外のもの」と非常に幅広い（自治2条8項）。法定受託事務は、本

来国や都道府県が果たすべき役割の事務を法律またはこれに基づく政令により都道府県、市町村または特別区が処理するものである（自治2条9項）。国の事務で都道府県、市町村が処理するものを第1号法定受託事務、都道府県の事務で市町村がそれを処理する第2号法定受託事務の2種類がある。

　法定受託事務とこれまでの機関委任事務との相違は、法定受託事務には条例制定権や、地方議会や監査委員などの権限が及ぶ点が挙げられる。この先、形を変えた機関委任事務にならないように、注視していく必要がある。

C　国の地方への関与

　関与とは、国が地方公共団体の事務処理に関して好ましくないと考える際に行われる行為のこと（いわば「口出し」）である。この国の関与に関しては、分権改革の結果大きく3つの基本原則（①法定主義の原則、②一般法主義の原則、③公正・透明の原則）が示された。

　国の関与の類型には、「助言又は勧告」、「資料の提出の要求」、「是正の要求」、「同意」、「許可・認可又は承認」、「指示」、「代執行」、「協議」、「その他」の9類型がある。このうち自治事務に関しては、非権力的、事務的なものに限定すなわち「助言又は勧告」、「資料の提出の要求」、「協議」、「是正の要求」の原則4類型の関与と、また法定受託事務に関しては、「助言又は勧告」、「資料の提出の要求」、「協議」、「同意」、「許可・認可又は承認」、「指示」、「代執行」の原則7類型の関与とした。

　国と地方間の係争処理機関には、国地方係争処理委員会がある。これは国の地方公共団体への「関与」に関する紛争解決を図る第三者機関で、総務省に常設する委員会である（自治250条の7）。5名の非常勤の委員からなり、任期は3年である。両議院の同意を得て内閣総理大臣が任命する。

　審査の申出を行うのは、普通地方公共団体の長その他の執行機関である。申出可能な関与は、「是正の要求」、「許可の拒否」、「その他の処分」、「その他の公権力の行使」、「国の不作為」、「協議の不調」である。委員会の審査結果や勧告、国の措置に不服等の場合には、普通地方公共団体の長その他の執行機関は高等裁判所に訴訟を提起することが可能となっている。

　また、地方公共団体相互間の紛争解決のための同様の機関には、自治紛争処理委員の制度がある。

5　地方議会の組織と機能

A　議会の基本的性格

　国会が国権の最高機関にして唯一の立法機関であるのに対し（憲41条）、（普通）地方公共団体は議事機関として議会を設置する（憲93条1項）。また国会は議院内閣制であるのに対し、地方公共団体は二元代表制を採用し、議員も長もともに直接公選である。このように国と地方では、議会の様相はかなり異なっている。

　議会の主な任務は、地方公共団体の意思を決定し、また執行機関を監視することである。議会と長は原則対等で、チェック・アンド・バランス（抑制と均衡）の関係にある。しかし、時に議会に十分な足場を持たない長（＝少数与党）との関係はぎくしゃくしがちであり、過度の抑制は行政運営の停滞をもたらす。皮肉にもその影響を被るのは、双方を選んだ住民である。

B　議会の主要アクター

　議員の被選挙権は満25歳以上で、同一都道府県、市町村に3ヵ月以上居住する住民であることで（公選9条2項、10条1項）、長と異なり居住要件がある。任期は4年で、議会の定数は条例で定められる。議員は、定数の12分の1以上の賛成で議案提出が可能である。しかし現状は首長によるものが大半で、議会はもっぱらチェック機関に終始している。

　議長・副議長は、議員のなかから各1名ずつ選出され、その任期は議員の任期による（自治103条）。議長の主な権限には、①秩序保持権、②議事整理権、③事務統理権、④議会代表権、などがある（自治104条）。近年、議長職がなかば名誉職化し、「たらい回し」（1～2年で頻繁に交代させること）の常態化が問題になっている。

C　議会の構成

　議会は、本会議と常任委員会からなる。その事務を担当するのは議会事務局である。本会議は議員全員が参加するが、今日、国会同様形式的な「場」と化しており、実質的な審議は委員会で行われている（「委員会中心主義」）。

委員会は条例で置くことができ、通常①常任委員会、②特別委員会、③議会運営委員会が置かれる（自治 109 条）。①常任委員会は多く行政の所管別に設置され、その担当する事務の調査、議案、請願等を審査する。議員は少なくとも 1 つの委員を務める。②特別委員会は会期毎に設置され、議会の議決により付議された特定の事件を調査する。③議会運営委員会は上記 2 つとは性格が異なり、主に議会の運営、会議規則、委員会に関する条例等、議長の諮問に関する事項を調査し、議案、陳情等を審査する。議会運営を円滑に図ることが、その設置の目的にはある。

D　議会の運営（自治 101 条・102 条・102 条の 2）

　議会の種類には、定例会と臨時会がある。定例会の回数は条例で定める。近年はこの 2 つによらず通年議会にすることも可能になった。議会の招集は、普通地方公共団体の長がこれを行う。長が臨時会を招集しない場合は、議長が招集することもできる。また、議員は定数の 4 分の 1 以上で臨時会を請求することができ、長はそれを招集しなければならない。なお、議会の会期や開会、閉会は議会が決定する。

E　議会の権限

　議会の権限には、①議決権（自治 96 条）、②選挙権（97 条 1 項）、③監視的権限がある。①議決権は議会固有の権限で、地方公共団体の意思を決定するものである。議決事件として 15 項目を制限列挙で示している。主なものには、(1) 条例の制定・改廃、(2) 予算の決定、(3) 決算の認定、(4) 地方税の賦課徴収、分担金・使用料等の徴収などがある。②選挙権は議会内部における選挙に関するものである。③監視的権限には、検査権、調査権、同意権、不信任議決権、監査請求権などがある。

　マスコミ報道でよく見聞きするのは、いわゆる「100 条調査権」である。これは、地方公共団体の事務に関する問題や疑義に対し、議会が調査できる権限で、関係者の出頭や証言、記録の提出などを求めることができる。また拒否や偽証を行ったものには罰則を科すなど厳しいものである。

　戦後最大級の疑獄事件といわれるリクルート事件も、その発端は川崎市議会のこの調査権の行使から始まった。

6　住民の直接請求制度

A　直接請求制度とは

　直接請求制度は住民の直接参政制度の1つで、間接民主主義の限界を直接民主主義的な手法で補完する役割を担う。地方自治法で定める直接請求制度には、①条例の制定又は改廃の直接請求、②事務の監査請求、③議会の解散請求、④議員・長・主要公務員の解職請求の4つがある。この他類似の制度として住民監査請求や、他の法律による教育委員、海区漁業調整委員の解職請求、合併協議会の設置請求などがある。

B　条例の制定又は改廃の直接請求（自治12条1項・74条）

　住民は、条例の制定、改正、廃止を長に請求することができる。請求対象に関しては、地方税の賦課徴収、分担金・使用料・手数料の徴収を除いたものが認められている。

　請求は、有権者の50分の1以上の署名を集め長に対し請求を行う。長は意見を付けて議会に付議し、議会は審議を経て議決する。長はその結果を代表者に通知し公表する。

　住民が主導して政策作成に関与できるという点では魅力的な制度であるが、現行制度には幾つかの問題点が存在している。その最たる点は、住民に条例制定の決定権がないことである。従って住民による直接請求は、意思表示に止まるものになっている。また有権者の多くは納税者であるにもかかわらず、地方税に関する事項が請求対象から除外されていること、人口の多寡に関わりなく署名収集要件が一律であること、そして署名収集期間が都道府県で2ヵ月、市町村では1ヵ月と極めて短く、人口の多いところでは収集に困難が伴うこと、なども問題点として指摘されている。

C　事務の監査請求（自治12条2項・75条）

　住民は、普通地方公共団体の事務の執行に関し、監査委員に監査を請求することができる。その目的には、事務執行の公正な運営を確保することがある。監査の対象は普通地方公共団体の事務全般にわたるが（法定受託事

務も含む）、実際多く見られるのは、公金の支出や契約などに関する事項である。なお、監査結果に関する報告の決定は合議による。

請求は、有権者の50分の1以上の署名を集め監査委員に対し行う。監査委員は請求の要旨を公表し、請求に関する事項の監査を実施する。そして監査委員は、監査の結果を請求代表者に送付し、かつ公表する。また議会や長、関係する行政委員会に提出する。

類似する住民監査請求の方が、1人からまた誰でも請求可能な点、住民訴訟にも進む道がある点など利便性に富み、比較すれば請求数は多い。

D　議会の解散請求 （自治13条1項・76条〜79条）

住民は、自らが選んだ議員が構成する議会に対し民意を失ったり、正常な議会運営が困難と判断した場合には、議会を解散させることができる。

請求は、有権者の3分の1以上の署名を集め（その総数が40万を超え80万以下の場合は40万を超える数に6分の1を乗じた数、40万に3分の1を乗じた数の合算、その総数が80万を超える場合は80万を超える数に8分の1を乗じた数と40万に6分の1を乗じた数と40万に3分の1を乗じた数の合算）選挙管理委員会に行う。選挙管理委員会は請求の要旨を公表し、有権者の住民投票に付す。住民の過半数の同意があったときには、議会は解散する。

E　議員・長・主要公務員の解職請求 （自治13条2項・80条〜88条）

住民は、議員・長・主要公務員が民意を失ったと判断した場合には、その解職を求めることができる。議員、長については議会の解散請求と同様の手続きをとるが、主要公務員（副知事・副市長村長、選挙管理委員会・公安委員会の委員、監査委員）については、一部異なる。

主要公務員の場合は、署名収集後一連の手続きを経て、最終的には住民投票にはよらず、議会において議員の3分の2以上の者が出席し、その4分の3以上の者が同意すれば失職するという仕組みをとっている。その理由には、主要公務員は議会が同意した上で長が選任していることがある。

議会の解散、議員・長・主要公務員の解職請求には非常に厳しい署名要件が課されており、小規模市町村を除いては現実には不可能に近い制度になっているとの批判は少なくない。

56 ■ 第4章 ■ 地方自治法と地方自治制度

知識を確認しよう

問題

以下の文章について、正誤を述べなさい。

(1) 普通地方公共団体には複数の執行機関が置かれるが、このことを執行機関の多元代表制という。

(2) 行政委員会は監査委員を除いて原則独任制による意思決定がなされる。

(3) 自治事務に関する国の関与には、原則として代執行は用いられない。

(4) 議会において本会議は今日、形式的な「場」と化しており、実質的な審議は議会運営委員会で行われている。

(5) 直接請求には、①条例の制定又は改廃、②住民監査請求、③議会の解散請求、④議員・長・主要公務員の解職請求の4つがある。

解答への手がかり

(1) × 正解は多元主義。二元代表制は首長と議会のことを表すときに使われる。

(2) × 原則合議制による。

(3) ○

(4) × 正解は常任委員会

(5) × 正解は「②住民監査請求」ではなく、事務の監査請求。住民監査請求は地方自治法242条に基づくもので、直接請求制度における「事務の監査請求」とは異なる。

第 5 章

地方分権改革の歴史

本章のポイント

1. 日本の明治維新以降から大日本帝国憲法下の地方分権改革の歴史と特徴を学ぶ。
2. 戦後の日本国憲法と地方自治関連法規制定期の地方分権改革の特徴を学ぶ。
3. 高度経済成長期の地方自治制度改革の特徴を学ぶ。
4. 景気低迷とバブルに振り回された時代の地方自治制度改革の特徴を学ぶ。
5. 平成の大合併と並行して行われた地方自治制度改革の歴史と特徴を学ぶ。
6. 平成の大合併後の地方自治制度改革の特徴や方向性等を学ぶ。

1 明治維新後の地方制度確立と改革の歴史

A　統一国家の確立と地方制度の創設

　明治政府が最初に取り組んだものが、近代的統一国家としての日本の建設である。藩を中心とした地域独立型の封建国家（後期封建制）を、天皇を頂点とする近代的な統一国家に転換することが、明治政府の喫緊の課題であった。それゆえ大政奉還後の 1869（明治2）年に、明治政府は版籍奉還を断行し、版（土地）籍（人民）を奉還した旧藩主をそのまま旧領地の知藩事に任命することによって、天皇と知藩事の主従関係を確立したのである。

　明治政府は 1871（明治4）年4月に戸籍法を制定し、国内を戸籍事務を管轄する行政村である区に細分化し、各区に官選の戸長と副戸長をおいた。7月には廃藩置県を断行し、官吏（国家公務員）を府知事や県令（後の県知事）として派遣し、旧藩主は東京に住まわせた。版籍奉還で統一国家体制を確立し、国内を区に細分化して官選の戸長や副戸長を配置し、廃藩置県後の府県には官吏を派遣し、官治集権型の地方制度を確立した。

B　自然村を活用した新しい地方制度の確立

　1878（明治11）年に明治政府は、郡区町村編制法、府県会規則、地方税規則（いわゆる三新法）を制定し、中央集権的色彩が強いものではあったが、近代的地方自治制度を創設した。基礎自治体は旧来の郡と町村（自然村）を活用し、三府五港および人口密集地には独立性の強い区（後の市）を、その他の地域には郡の管轄下におかれる町村をおいた。府県には公選の府県会の設置と地方税の徴収を認め、広域自治体（地方公共団体）としての性格を付与した。1880（明治13）年には区町村会法が制定され、区町村には公選議員で構成される、区町村会が創設された。

　戸長は公選となったが、区長と郡長は官選であり、町村ならびに戸長は官選の郡長の、区は官選の区長の統治下におかれた。官選知事は府県を統治するとともに、官選の郡長と市長を監督した。国家を統一し、広域自治体と基礎自治体に官吏を派遣し、内務省が知事・区長・郡長を指揮する内務大臣の監督権の強い官治集権型の地方制度が確立されたのである。

C　国会開設の勅諭とプロシアの地方自治制度の継受

　1881（明治14）年の「国会開設の勅諭」は、大日本帝国憲法と帝国議会開設に先んじた近代的地方自治制度整備の必要性を認識させた。内務大臣山縣有朋はモッセ（Mosse, A.）の助言を受け、プロシアをモデルに新たな地方自治制度の整備に取り組んだ。山縣は府県・郡と市町村を同じ原理下の統一的な地方自治制度とする原案を作成したが、元老院や閣議の結果、府県・郡と市町村を区別する中央集権的な地方自治制度が継続された。

　1888（明治21）年制定の市制町村制は市と町村に法人格を付与した。市制は人口2万5,000人以上の市街地に施行され、執行機関は市長が議長となる市参事会（市長、助役、名誉職参事会員で構成）とされた。市長は内務大臣が選任し、助役と名誉職参事会員は市会で選挙した。町村長および助役は町村会で町村公民から選挙され、市町村会議員は等級選挙で選出された。東京、京都、大阪に市長はおかず、府知事がその職務を行った。

　1890（明治23）年制定の府県制及び郡制で、府県会は市会と市参事会、郡会と郡参事会が合同して選出する議員で構成されることになった。1899（明治32）年の改正で、府県・郡には法人格が付与されたが、府県知事は官選が維持され、自治体としては不完全なままであった。

D　明治末から第二次世界大戦期の地方自治制度

　1911（明治44）年に市制町村制は「市制」と「町村制」となり、市長は独任制の執行機関となり、市町村長の職務権限も明確にされた。1922（大正11）年に市町村会議員の公民権が、1923（大正12）年に府県会議員の選挙権と被選挙権が拡大された。地方団体としての郡は1923（大正12）年に廃止され、1926（大正15）年には郡長と郡役所も廃止された。

　世界恐慌から第二次世界大戦にかけて、地方行政に対する国の関与が強化された。地方財政調整手段として、1936（昭和11）年に臨時町村財政補給金制度が創設され、1940（昭和15）年には、地租と営業税と家屋税を還付税と配付税として地方に与える地方分与税（1948年以降地方配付税）制度が創設された。1943（昭和18）年には、府県制、市制、町村制改正と東京都制の制定があり、中央政府による地方統制が強化された。東京府と東京市は合体して東京都となり、国の官吏である都長官の統括下におかれた。

2 戦後の地方分権改革と総司令部（GHQ）

A 総司令部の指揮下での日本国憲法と地方自治関連法規の施行

　戦後日本の地方自治制度の改革は、大日本帝国憲法の改正と並行する形で進められた。総司令部（GHQ）は1945（昭和20）年10月9日に幣原首相に憲法改正を指示し、政府は憲法問題調査会を設置し対応した。1946（昭和21）年2月1日の政府の憲法改正案に地方自治に関する規定がなかったことから、マッカーサーは2月13日に地方自治の規定をおいた憲法改正の総司令部案を政府に提示し、政府は3月に憲法改正草案要項を発表した。

　総司令部の憲法改正前の地方自治制度改革の指示を受け、政府は9月に東京都制、府県制、市制、町村制を改正し、都道長官・府県知事・市町村長の公選（首長制）制度の導入、選挙管理委員会・監査委員会・直接請求制度の創設などを行い、地方自治法制定にむけて地方制度調査会を設置した。11月には日本国憲法が公布された。

　1947（昭和22）年4月に、北海道長官、東京都長官、府県知事の選挙と市区町村長の選挙が実施された。また東京都制、道府県制、市制・町村制を統合した地方自治法が公布され、5月3日に日本国憲法とともに施行された。都道府県の知事や職員は、官吏（国家公務員）から吏員（地方公務員）に変更された。12月の地方自治法の改正で行政事務（公共〔固有〕事務・委任事務〔団体委任事務と機関委任事務〕に追加）や首長への職務執行命令訴訟制度等が導入された。内務省が解体され翌年1月に内事局と建設院がおかれた。

　1948（昭和23）年3月に警察法と消防組織法が施行され、自治体警察、自治体消防を原則とする制度が確立された。ただし警察は、市と人口5,000人以上の町村に自治体警察の設置が義務づけられ、5,000人未満の町村には国家地方警察がおかれた。自治体警察のある市町村に市町村公安委員会が、国家地方警察のために都道府県公安委員会がおかれた。

　この年の地方自治法の改正で住民監査制度が創設され、地方財政法、食糧確保臨時措置法、教育委員会法等が制定された。教育委員会法は、都道府県と市町村の教育委員会の委員を公選とした。これは1946（昭和21）年の米国教育使節団の勧告を反映したものであった。

B シャウプ勧告・神戸勧告と地方分権改革

　戦後の日本は急激なインフレーションの進行に悩まされた。1948（昭和23）年、総司令部（GHQ）はインフレの抑制と日本経済の短期的自立化を目的に、予算の均衡、徴税強化、資金貸出制限、賃金安定、物価統制、貿易改善、物資割当改善、増産、食糧集荷改善からなる経済安定九原則を政府に示した。これを受けて1949（昭和24）年2月に来日したドッジ（Dodge, J.）は、徹底した歳出削減と増税によるデフレ政策（ドッジ・ライン）を提唱し、インフレの鎮静化を目論んだ。しかし、地方配付税の半減や地方債の削減等の急激なデフレ政策は、地方財政を厳しい状況においやった。

　5月に来日したシャウプ使節団は、税制改革と国と地方の事務の再配分を柱とする勧告（シャウプ勧告）を提言した。改革の一般的な方針は、①国・地方の事務の再配分、②地方財源の充実、③地方税制の自主性を強化、④地方自治に対する国の干渉を排除、⑤地方財政の均衡化徹底のため地方財政平衡交付金制度を設けるといったものであった。地方財政平衡交付金法は1950（昭和25）年に施行された。

　シャウプ（Shoup, C.）は行政事務配分の基準として、①国、府県、市町村の3段階の行政機関の事務は明確に区別して、それぞれ特定の事務を割り当てること（行政責任明確化の原則）、②能率的遂行のため、その規模、能力、財源によって準備の整っている段階の行政機関に割り当てること（能率主義の原則）、③市町村には第一の優先権が与えられること（市町村優先の原則）の3原則を勧告した。シャウプ勧告の具体化の調査研究を目的に、1949（昭和24）年12月に「地方行政調査委員会議」（神戸委員会）が設置された。神戸委員会は、1950（昭和25）年10月に「国庫補助金制度等の改正に関する勧告」を、12月に「行政事務再配分に関する勧告」を1951（昭和26）年9月に「行政事務再配分に関する第二次勧告」を出した。この勧告はシャウプ勧告の三原則を一般的な指針としたもので、その事務配分の考え方は、「その事務の性質上当然国の処理すべき国の存立のために直接必要な事務を除き、地方公共団体の区域内の事務は、できるかぎり地方公共団体の事務とする」、「国は、地方公共団体において有効な処理できない事務だけを行う」といったものであった。ただし、これらの勧告は、朝鮮戦争等の影響で大部分は棚上げとなった。

3 講和条約締結から高度経済成長期の地方自治制度改革

A 朝鮮戦争とGHQの政策変更

　朝鮮戦争は連合国総司令部（GHQ）の対日政策を転換させた。1951（昭和26）年4月に連合国総司令部最高司令官マッカーサー元帥が解任され、リッジウェイ中将が就任した。彼は総司令部の指示により制定された法令を見直す権限を日本政府に認めた（リッジウェイ声明）。政府は総理の私的諮問機関として政令諮問委員会を創設し、改正の有無の調査に着手した。9月8日に締結したサンフランシスコ講和条約が、1952（昭和27）年4月28日に発効し主権を回復した日本は、戦後改革された地方自治制度を、日本の実情に即したものとするための改革（一部旧制度の復帰）に着手した。

B 講和条約発効後の地方分権改革

　1952（昭和27）年の地方自治法改正により、機関委任事務の法定と別表による制約、事務の共同処理制度の創設、特別区長公選制の廃止等が実施された。7月には内閣府の外局として自治庁（総理府：地方自治庁・地方財政委員会・全国選挙管理委員会を統合したもの）が発足、8月には地方制度調査会（2017〔平成29〕年には第31次地方制度調査会が設置された）が設置され、地方制度改革はネオ・コーポラティズム（協調主義）で行うという姿勢が明確となった。10月には教育委員の選挙が実施された。

　戦後復興から経済発展に向け、1953（昭和28）年の「町村合併促進法」の制定と、1956（昭和31）年の「新市町村建設促進法」で、昭和の大合併が推進された。同年の第1次地方制度調査会の「地方制度の改革に関する答申」は、広範な地方行財政制度の改革の必要性を示した。答申が広範に及んだことから審議時間が必要とされ、地方制度改革は小幅なものにとどまった。1954（昭和29）年には「警察法」の全面改正で都道府県警察制度が、「地方財政平衡交付金法」の改正で地方交付税制度が導入された。翌年には自治庁と国家消防本部が統合されて自治省が発足した。

　1956（昭和31）年の地方自治法改正で都道府県と市町村の事務・地位・機能等が明確にされるとともに、大都市制度が削除され政令指定都市制度が

導入された。また「地方教育行政の組織及び運営に関する法律」が制定され、市町村立小中学校の教職員の人事権が都道府県教育委員会に移管され、教育委員の公選制度は廃止された。

C　高度経済成長期と地方自治制度改革

　1960（昭和35）年の池田内閣では、高度経済成長政策に合わせた国と地方の一体化した行財政改革が課題となり、政府は翌年に「臨時行政調査会」を設置したが答申はほとんど実現しなかった。第3次から第15次の地方制度調査会答申28件を見ると、地方財政・地方税制・地方税財政関係が15件、地方制度・地方公務員・事務再配分関係が6件、府県合併が1件、大都市・都市・首都・特別区・広域市町村圏関係が6件となっている。税財政問題と地方自治制度改革、特に都道府県と市町村の合併、都制・大都市・事務の共同処理等が大きな問題となっていたことがわかる。

　1961（昭和36）年に昭和の大合併が終了し、1945（昭和20）年の210市・1,784町・8,511村の合計1万505市町村が、556市・1,935町・981村の合計3,472市町村となった。昭和の大合併は、1950（昭和25）年の「国土開発法」の地方公共団体の広域化による地域開発への対応も目的の一つであり、1962（昭和37）年以降の現在まで7次にわたる「全国総合開発計画」においても広域行政策が展開されている。代表的なものが新全国開発計画の広域市町村圏や、地方自治法改正による複合一部事務組合の設定であった。特別区制度の整備が行われ特別区の区長公選制が復活した。

D　開発行政と新中央集権主義

　高度経済成長策の目的の一つが「均衡ある国土の発展」であり、「過密・過疎現象」への対応も課題とされていた。政府は1962（昭和37）年の阪神高速道路公団や水資源開発公団を手始めに公団の創設を推進した。翌年に農水省は全国7ヵ所に地方農政局を設置した。1964（昭和39）年には「河川法」と「道路法」が改正され、主要河川と国道の管理権がすべて建設大臣の所管に移された。高度経済成長は大きな公害問題を発生させ、政府は「公害対策基本法」を制定し、「環境庁」を創設して、国主導の公害対策を推進せざるを得なかった。

4 安定成長期の地方自治制度改革

A 第二次臨時行政調査会・臨時行政改革推進審議会と自治制度改革

　1973（昭和48）年の第一次オイルショック（第四次中東戦争）で日本の高度経済成長は終わりを告げ安定成長（成熟社会）に移行した。1979（昭和54）年の第二次オイルショック（イラン革命）は国と地方の関係を含めた日本の行財政制度に大きな改革を求めた。改革の対応を目的に創設されたものが1981（昭和56）年～83（昭和58）年の第二次臨時行政調査会（第二臨調）、1983年～86年（昭和61）の第一次臨時行政改革審議会（一次行革審）、1987（昭和62）年～90（平成2）年の第二次臨時行政改革審議会（二次行革審）、1990年～93（平成5）年の第三次臨時行政改革審議会（三次行革審）である。

　第二臨調は「増税なき財政再建」を前提とした答申を行い、地方行財政改革に関しては、「国と地方の合理的な機能分担と地方行財政のあり方」を提言し、地方行財政改革の柱として「選択と負担」を強調した。加えて新しい日常生活圏に対応する市町村の再編や都道府県の広域化（地域圏の設定）も検討課題とされた。第19次地方制度調査会も「地方行財政に関する当面の措置についての答申」を提出した。同様の答申は第17次から22次まで合計11回出されている。

　一次行革審は規制緩和や機関委任事務制度見直し等を提言した。規制緩和は1985（昭和60）年に実施されたが、機関委任事務制度の見直しは1991（平成3）年までかかった。同時に職務執行命令訴訟における長の罷免も廃止された。1989（平成元）年に二次行革審は「国と地方の関係等に関する答申」を提出し、地域中核都市・都道府県連合制度・市町村連合制度の創設を提言した。第23次地方制度調査会も、1993（平成5）年に「広域連合及び中核市に関する答申」を提出し、翌年の地方自治法の改正で実現した。

B ライフスタイルの転換

　安定成長期への移行は財政悪化とともに国家の力を弱め、地方の自立を促す「地方の時代」が強調された。1977（昭和52）年に「人間居住の総合的環境」の計画的整備（人間と自然と調和）を基本目標とし、地方の振興と大都

市開発の抑制による「定住圏」の整備を掲げる第三次全国総合開発計画が、翌年には大平首相提唱の「田園都市構想」が閣議決定された。

　安定成長からバブル景気への転換は、再び国家の力を強め、東京一極集中を進展させた。そうした中、1987（昭和62）年に「多極分散型国土の構築」を基本目標とし、地方拠点都市の形成、情報・通信体系の整備、都市と農村の広域的交流、姉妹都市等の国際交流等による「交流ネットワーク構想」を提唱する第四次全国総合開発計画が閣議決定された。政策に合わせて「多極分散型国土形成促進法」、「総合保養地整備法」、「地方拠点法」等が制定された。竹下内閣は「ふるさと創生」を閣議決定し、市町村（交付税不交付団体を除く）に一律1億円を交付し地域振興事業を支援した。

C　バブル経済の崩壊と地方分権改革

　バブル経済の崩壊は地方分権改革を推進させ、1995（平成7）年1月の阪神・淡路大震災は地域の防災意識を高めた。そうした中で6月に衆参両院は「地方分権の推進に関する決議」を全会一致で行った。8月に8党会派の連合政権である細川内閣が誕生し、10月の三次行革審の最終答申（中央省庁の再編、地方分権推進基本法の制定、行政改革推進本部の内閣への設置等）を受け地方分権に着手したが、1995（平成7）年5月に「地方分権推進法」（5年間の時限法・後に1年延長）を制定し、7月に「地方分権推進委員会」を創設したのは村山内閣であり、1998（平成10）年の「地方分権推進計画」は橋本内閣が、翌年の「第二次地方分権推進計画」は小渕内閣が閣議決定した。

　第24次地方制度調査会は、1994（平成6）年に「地方分権の推進に関する答申」と「市町村の自主的な合併の推進に関する答申」を提出し、翌年の「市町村合併特例法」改正で合併協議会設置に係る直接請求制度が導入された。第25次地方制度調査会は、1997（平成9）年に「監査制度の改革に関する答申」を提出し、地方自治法改正で外部監査制度の創設と監査委員制度が改革された。翌年には「市町村の合併に関する答申」を提出した。

　同年の消費税法改正で国税分4％と地方税分1％の合計5％となった。

　1998（平成10）年の地方自治法改正で、特別区の自主性や自立性強化を目的とした特別区制度の改革（都区二層制の復活）が行われ、東京都から特別区への事務移譲等により特別区は「基礎的な地方公共団体」となった。

66 ■第5章■地方分権改革の歴史

5 地方分権一括法以降の地方自治制度

A 地方分権一括法と分権改革

1999（平成11）年7月に2つの法律が成立した。1つは1998（平成10）年の「中央省庁等改革基本法」を受けた「省庁改革関連法（17本）」と、地方分権推進委員会答申を受けた「地方分権の推進を図るための関係法律の整備等に関する法律」（地方分権一括法）である。これによって日本では国の行政制度と地方自治制度が大幅に改革されることになったのである。

省庁改革関連法は国家行政組織を1府12省庁（国務大臣が担当する機関・11の省と国家公安委員会で庁にはない）に再編し、新設された内閣府（総理府に代わるもの）に国家公安委員会（国務大臣が委員長となる）がおかれ、総務庁と自治省と郵政省の統合と総理府の一部（公害等調整委員会）の移管によって総務省（自治行政局・自治財政局・自治税務局・消防庁他が存在）が誕生した。

地方分権一括法によって、地方自治法等475本の法律の本則475ヶ条と附則252ヶ条が改正された。主な改革点は国と都道府県と市町村の役割の明確化、機関委任事務の廃止（地方公共団体存続事務、国の直接執行事務、廃止事務）および自治事務と法定受託事務の再構成、国と地方公共団体の紛争処理制度の創設、国の関与に関する新たなルールの創設、個別法改正による国の権限の都道府県への移譲と都道府県の権限の市町村への移譲、中核市（人口30万人以上）の要件緩和と特例市（人口20万人以上）の創設等であった。この年には平成の大合併（1,000市町村が目標）もスタートしている。

B 小泉政権と三位一体の改革

2001（平成13）年6月に小泉内閣は、経済財政諮問会議で「今後の経済財政運営及び経済社会の構想改革に関する基本方針」（骨太の方針）を閣議決定し、「個性ある地方の競争——自立した国・地方関係の確立」を掲げた。7月には「地方分権改革推進会議」（推進会議）を発足させ、小泉総理は「国と地方公共団体の役割分担に応じた事務及び事業の在り方並びに税財源の配分の在り方、地方公共団体の行財政改革の推進等行政体制の整備その他の地方制度に関する重要事項について、地方分権の一層の推進を図る観点

から貴会議の調査審議を求める」という諮問文を手渡した。

　翌年6月には「経済財政運営と構造改革に関する基本方針2002」(骨太の方針第二弾) が閣議決定され、「歳出の主要分野における構造改革」において、「国庫補助金、交付税、税源移譲を含む財源配分のあり方を三位一体で検討し、…略…具体的な改革工程を含む改革案を、今後一年以内を目途に取りまとめる」ことを強調した。推進会議の「事務・事業のあり方に関する意見——自主・自立の地域社会を目指して」の提言を踏まえて、2003 (平成15) 年地方自治法が改正され、指定管理者制度等が導入された。

　2003 (平成15) 年5月に第27次地方制度調査会は、三位一体の改革に関する「地方税財政のあり方についての意見」を、推進会議は「三位一体の改革についての意見」を提出した。小泉内閣は6月に「経済財政運営と構造改革に関する基本方針2003」(骨太の方針第三弾) を閣議決定し、「三位一体の改革の具体的な改革工程」を提示した。三位一体の改革は2005 (平成17) 年の第28次地方制度調査会でも強調され、翌年まで継続された。

C　小泉改革と地方公共団体の再編計画

　2003 (平成15) 年11月に第27次地方制度調査会は「今後の地方自治制度のあり方に関する答申」をした。「基礎自治体のあり方」では「基礎自治体優先の原則」の実現を求め市町村合併の推進を強調した。これを受けて合併関連法が制定・改正され地域自治区や合併特例区が設置された。「大都市のあり方」では大都市への一層の権限移譲の推進が、「広域自治体のあり方」では都道府県の区域の拡大と道州制の導入の検討が強調された。

　2004 (平成16) 年6月発足の第28次地方制度調査会は、翌年12月に「地方の自主性・自立性の拡大及び地方議会のあり方に関する答申」を提出し、副知事の制度変更と副市町村長の創設、出納長と助役の廃止、議会制度の改革、指定都市・中核市・特例市等の都市の規模に応じた事務権限の一層の移譲、中核市の要件緩和等を求め、2006 (平成18) 年には「道州制のあり方に関する答申」を提出した。小泉改革で道州制は実現しなかったが、その他の答申は地方自治法改正等で実現している。小泉改革の中心となったものは三位一体の改革であり、財政支出の抑制と、広域行政による地方行財政の効率化を目指した改革であったといえる。

6 政権交代期の混乱と安定期の地方分権改革

A 安倍・福田・麻生政権と地方分権改革

2006（平成18）年9月に発足した第一次安倍内閣は、道州制担当大臣を任命し、「道州制特別区域における広域行政の推進に関する法律」（「道州制特区推進法」）を成立させた。また「地方分権改革推進法」を制定し、内閣府に地方分権改革特命担当大臣を任命し、翌年には「地方分権改革推進委員会」（推進委員会）を創設し、地方分権改革推進本部を創設した。

2007（平成19）年6月に「地方公共団体の財政の健全化に関する法律」（夕張市の財政破綻等の影響）が制定され、「地域活性化」、「地方分権改革」、「地方が主役の国づくり」、「ふるさと納税の検討」（ふるさと納税制度は2008〔平成20〕年4月に導入決定）、「地方分権改革の総仕上げである道州制実現のための検討の加速」等を盛り込んだ「経済財政改革の基本方針2007〜『美しい国』へのシナリオ〜」（骨太の方針2007）が閣議議決定された。

9月に発足した福田内閣は、推進委員会の「第一次勧告——生活者の視点に立つ『地方政府』の確立」を受け、「地方分権改革推進要綱（第一次）」を決定した。しかし2008（平成20）年の推進委員会「第二次勧告——『地方政府』の確立に向けた地方の役割と自主性の拡大」を受けたのは9月に成立した麻生内閣であった。翌年、麻生内閣は6月に、「推進委員会勧告を踏まえた地方分権改革の着実な推進」「定住自立圏構想による定住促進」などを含んだ、「経済財政改革の基本方針2009〜安心・活力・責任〜」（骨太の方針）を閣議決定したが、9月の総選挙で敗北し退陣した。

B 民主党政権と地域主権改革

2009（平成21）年に誕生した鳩山内閣は「地域主権改革」に着手し、地域主権推進担当大臣（総務大臣兼務）を置き、10月の所信表明演説で「地域主権の確立」と「新しい公共」を強調した。また推進委員会の「第三次勧告——自治立法権の拡大による『地方政府』の実現へ」を受け、翌年3月に「国と地方の協議の場に関する法律案」「地域主権改革の推進を図るための関係法律の整備に関する法律案」「地方自治法の一部を改正する法律案」（地

域主権関連三法・第一次改革推進一括法）を提出したが継続審議となった。11 月には「地域主権戦略会議」を設置した。また「第四次勧告——地方財政権の強化による『地方政府』の実現へ」も受けている。翌年 3 月の合併特例法の改正で平成の大合併（786 市、757 町、187 村：1,730 市町村）は終了し、新たな広域行政制度として「定住自立圏」制度が創設された。

　6 月に菅内閣が成立し「地域主権戦略大綱」が閣議決定された。菅内閣は国庫補助負担金（「ひも付き補助金」）の段階的廃止を目指し、予算に「地域自主戦略交付金」を計上したが、2 年後の政権交代で廃止された。2011（平成 23）年 3 月 11 日に東日本大震災が発生しその対応に追われた。4 月に地域主権関連三法（第一次改革推進一括法）が大幅修正（「地域主権改革」は用いない等）のうえ成立し、8 月には第二次改革推進一括法が成立した。

　9 月に成立した野田内閣は地域主権改革の推進と財政再建に着手した。2012（平成 24）年 2 月に「社会保障・税一体改革」を閣議決定し、8 月に税制抜本改革法（「消費税法等の一部改正」、「地方税法及び地方交付税法の一部を改正」等）を成立させ、消費税を 2 年後から 8%（国税分 6.7%・地方分 1.3%）に、3 年後からは 10%（国税分 7.8%・地方分 2.2%：延期）とすることを決定した。人口 200 万人以上の指定都市または指定都市と近隣市町村で構成される大都市地域での特別区設置を認める法律（大都市地域特別区設置法）を成立させ、政令指定都市の選択肢を増やした。

C　第二次安倍内閣と地方分権改革

　2012（平成 24）年 12 月の総選挙の結果安倍内閣が成立し、内閣府地域主権戦略室を内閣府地方分権推進室に改編し、地方分権改革本部や地方分権改革有識者会議を設置した。2013（平成 25）年 6 月に野田内閣の法案を一部改正した「地域の自主性及び自立性を高めるための関係法律の整備に関する法律」（第三次改革推進一括法）を成立させ分権改革を進めた。2014（平成 26）年 7 月の国土交通省の「国土のグランドデザイン 2050」をうけ、連携中枢都市圏制度を創設して広域行政の多様化の推進や、小さな拠点（地域運営組織等）等で集落等の再生にも対応している。安倍首相は「地方創生と人口減少に対する取り組み」を表明し、「まち・ひと・しごと創生本部」を通じて分権改革を継続している。

70 ■ 第5章 ■ 地方分権改革の歴史

知識を確認しよう

〔問題〕 次の文章の誤りを正しなさい。

(1) 明治政府は、1869（明治2）年の版籍奉還で藩を府県にかえ、郡区町村編制法で大都市を郡、集落を規模に応じて区と町村に区分したが、1878（明治11）年の戸籍法で郡を廃止し、基礎自治体はすべて区とした。

(2) ドッジは経済安定九原則で経済成長に向けたインフレ政策の導入を提言し、シャウプ勧告は国家地方警察と自治体消防の設置を提言、神戸委員会は行政事務再配分に関する勧告をした。

(3) 第二次臨時行政調査会は、増税なき財政再建を「選択と集中」で実現することを提言した。地方の時代を前提に大平内閣は「ふるさと創生」推進を目的に市町村に規模に応じて資金を交付した。

(4) 省庁改革関連法で総理府と総務庁の残存が決まり、地方分権一括法では自治事務と法定受託事務が機関委任事務となった。小泉内閣は特例市を廃止し中核市に統合した。

(5) 第一次安倍内閣は「まち・ひと・しごと創生本部」を創設し、鳩山内閣は地域主権改革のモデルとして「ふるさと納税」制度を導入し、野田内閣は消費税増税には着手しなかった。

解答への手がかり

(1) 1871（明治4）年の廃藩置県で府県が、戸籍法で地方の単位区が創設され、1878（明治11）年の郡区町村編制法で区町村となった。

(2) 経済安定九原則は GHQ の提言であり、ドッジはデフレ政策を提言し、国家地方警察や自治体消防は GHQ の指導下で導入された。

(3) 第二次臨時調査会のスローガンは「選択と負担」であり、大平内閣は「田園都市構想」を提唱したが金銭支援はしなかった。

(4) 省庁改革関連法で総務省が誕生し、地方分権一括法は機関委任事務を廃止した。小泉内閣は特例市を創設した。

(5) 第一次安倍内閣は地方分権改革委員会を創設し、福田内閣がふるさと納税を導入し、野田内閣は消費税増税に踏み切った。

第6章 都市制度と政策展開

本章のポイント

1. 都市自治体の行政運営はアングロ・サクソン諸国の思潮である NPM（ニュー・パブリック・マネジメント）の影響を受けている。

2. NPM に基づく、効率的、有効的、経済的な行政運営を実現する仕組の1つとして行政評価制度がある。

3. 新しい公共空間の拡大のなかで、パブリック・プライベート・パートナーシップがますます重要となっているが、その1つとして2003（平成15）年の地方自治法の一部改正で誕生した指定管理者制度がある。

4. 住民の身近なところに権限移譲し、住民自治の充実のためのまちづくりの手法として都市内分権がある。都市内分権には「行政内部の分権」と「地域への分権」がある。

5. 都市が歪な発展をしないよう都市を適正に発展させる制度として、都市計画制度がある。

6. 大都市の一体性を保つものとして、地方自治法は「特別区」制度を設けている。

1 NPM と自治体経営

A NPM とはなにか

NPM（ニュー・パブリック・マネジメント）とは、民間部門の行動原理である市場原理を取り入れ、顧客志向、経済性、効率性を自治体経営に働かせようとするもので、公共サービスの質的向上と、財政負担を軽減しようとする理論である。つまり NPM は民間の理念や経営手法を取り入れるという行政改革を進めるための指導理念である（橋本, 2010）。NPM は、1980 年代のアングロ・サクソン諸国で導入された考え方で、それまでの大きな政府から小さな政府への転換を基調とする新自由主義の流れのなかにある。

日本においては後述する行政評価、指定管理者制度や、PFI、市場化テストがこの指導原理に基づいて展開されている。NPM の考え方は、バリュー・フォー・マネー（納税者が支払った税金に見合ったサービスの提供）に加えて、ベスト・バリュー（顧客満足度や有効性を目指すもの）とされている。以下、自治体経営における NPM による変化を眺めてみよう。

B 自治体経営の変化

[1] 顧客志向の運営

自治体が提供する行政サービスの起点を、「顧客」としての住民のニーズに求めようとする考え方である。この考え方の根底には、住民が求める行政に対する真のニーズを把握し、いわば「顧客」としての住民の満足度を向上させていくことこそが自治体経営の基本である、という思想がある。顧客満足度（CS）を高めるには、ただ単に公共サービスを提供した（アウトプット）というのでは不十分であり、住民が満足した、地域社会が変わったなどの成果（アウトカム）を志向するマネジメント・サイクルの構築が必要である。

[2] 協働による運営

自治体が、企業や NPO などの住民組織と協働を図りながら政策展開していこうとする考え方である。そして政策を公私分担論ではなく、公私共

担論の考えに立脚して展開する。これまで、公共サービスの供給は行政組織が担うものという考え方が常識化していたが、根本的な転換が求められている。住民ために良質の公共サービスを提供できる主体を行政組織に限定せず、民間組織が創意工夫した方策や実施を民間部内（民間組織）に委ねることで、地域課題の解決に向けて有効な手段となる場合もある。各アクターのもつ強みが、相互に弱みを補完し協力することで課題解決が可能となる。決して協働は、財政状況が逼迫していることへの対応という消極的な理由のみによるものではない。

さらに、協働という考え方は、いうまでもなく住民を中心に支えられている。政策形成プロセスへの住民参加や、住民からの政策提言（アドボカシー機能）といった試みが、本格的に各地で展開されている。

[3] 効果的・効率的な運営

効果的・効率的な運営とは、効果的かつ効率的に行政サービスを提供するための具体的な仕組みを確立していこうという考え方である。すなわち、これは運営・人事・組織の改革、財政改革などの多面的な見直しを意味し、市場メカニズム的な思考など様々な思考・手法を用いながら運営することである。一過性ではなく、日常的に、マネジメント・サイクルを定着させることが求められる。

C　変わる自治体と住民

このように、NPMによる自治体経営の改革は、いかに住民の視点に立ち、効果的かつ効率的な行政サービスを提供するのかという点に求められる。また、先述したように、住民も地方自治に対して果たすべき役割と重大な責任を負っている。「地方自治」の本質からすれば、これらは自明の原理である。しかし残念なことに、これまでこの自明の原理が適切に認識され、実践されることが少なかった。自治体は国からの企画や指示を待ち、その誘導に従って行動する。住民は、いわば「地方自治」のプレーヤーというよりも、どちらかといえば自治体というプレーヤーの行動を見守るだけに留まらず、自分の意に沿わなければヤジをとばす観客に近い存在になっているのではなかろうか。

2　行政評価

A　行政評価とはなにか

　行政評価とはなにか。世間では様々な定義がされているが、総務省によれば、行政評価とは「政策、施策、事務事業について、事前、事中、事後を問わず、一定の基準、指標をもって、妥当性、達成度や成果を判定するもの」である（総務省「地方公共団体における行政評価の取組状況」）。国の各府省が使う政策評価は、各府省自らがその政策の効果を把握・分析し、評価を行い、つぎの企画立案や実施に役立てるものとされ、政策評価という文言は自治体で使用する行政評価と同義と考えられる。したがって、後述するが、政策評価という場合は広義の政策評価と狭義の政策評価があるといえよう。前者は府省で一般的に使用されることが多い用語法である。

B　自治体を取り巻く環境

　行政評価は自治体が国に先んじて導入した制度である。それは1990年代半ば、地方への交付税の正当性を確保するために自治省（当時）の指導もあって、地方行政改革を進めなければならない社会事情にあった。三重県、静岡県、北海道が導入したのを契機に、全国の自治体に普及した。ここで、全国に広まった他の要因を眺めてみよう。

[1] 財政の悪化

　日本経済は右肩上がりの成長期から成熟期となり、これに加え高齢化による社会保障費の増大、少子化に伴い将来の歳入増加が見込まれない閉塞感がある。加えて、行財政システムが硬直化している現状を鑑み、抜本的に行財政運営の効率化のために、行政活動全般を見直す必要があった。

[2] 地方分権の推進

　2000（平成12）年4月に地方分権一括法の施行以来、自治体の自己決定権の拡大、自己責任は重くなるばかりである。自治体自らが政策策定、決定するためには、政策形成のための支援ツールが必要不可欠となった。

[3] 行政に対する信頼の低下

　年金問題、汚職、不正支出など、住民の行政への信頼に揺らぎがみられる。また、住民の納税者意識の高揚により、政策の策定や実施過程を透明化し、住民に対するアカウンタビリティを求められるようになった。

[4] 行政ニーズの高度化

　住民のニーズは多様化し、それに加え高度化している。そのため、自治体による一方的な公共サービス供給では十分ではなく、顧客満足度（あるいは成果）を意識した行政運営が強く要求されるようになった。

[5] ローカル・ガバナンスの形成

　地域経営には、住民、NPO、企業などの地域アクターとの協働が不可欠で、これを推進する必要がある。そのための環境整備には政策過程全般にわたり、地域アクターが参加しやすい仕組みを制度化する必要があった。

　以上のように自治体を取り巻く環境、複合的な問題を解決する手段として行政評価が注目を浴びた。行政評価は予算面での経費削減のための行政改革ツールとして注目されがちであるが、新しい行政運営の仕組みとして標準装備すべきツールとしての意義を理解すべきであろう。

C　評価の基準

　行政評価には、客観性と一貫性を担保するために、基準を設定する必要がある。もっとも基本的な指標が、効率性（efficiency）、有効性（effectiveness）、経済性（economy）であり、その頭文字から「3E基準」と呼ばれている。

　効率性は、産出された財またはサービスとそれらを産出するために使用された資源との関係である。効率的であるというのは、ある一定量の資源のインプットで最大のアウトプットを産出すること、または提供する一定の量および質のサービスに対してインプットを最少にすることである。有効性は、設定した目標やその他の期待される効果をいかに適切に達成できたかという基準である。経済性は、政策実現のために必要な人的・物的資源を、品質と数量ともに適切かつ最低コストで獲得できたかという基準で

ある。

D 今後の展開

[1] 評価結果の活用

　従来から行政評価を実施する効果は認められるが、その評価結果が十分に反映されていないとの指摘がある。とりわけ、評価担当、財政担当、組織管理担当の各部局の連携が不十分な場合には、評価結果が活かされない事例が見受けられる。議会もまた行政を監視する専権領域を侵害されたかのごとく、評価結果を軽視する自治体もある。

　全庁的に連携をとることと、議会の理解（議会が討議資料として活用するなど）を得ることで自治体が戦略的なツールとして結果を活用すべきであろう。

[2] 協働の視点

　行政評価は、1次的には事業の担当部局自らが評価を行い、2次的にはとりまとめ部局が評価するという自己完結型の評価がみられたが、組織外の視点を導入すべきであるという問題意識から、外部評価委員会の設置などの改善策が見られる。今後、外部評価委員会の構成、外部への発信も含め、評価のあり方、実施について地域アクターとの協働の視点が必要である。

3　住民と行政のパートナーシップ（PPP）―指定管理者制度

A　PPPとは

　福祉国家化の潮流のなかで自治体の役割は拡大し、もはや地域経済の一部を担うようになっている。一方、公共セクターが担ってきた事業でも、収益性が高く、公的関与がなくてもサービス供給が適切に行われる事業については民営化する方向が打ち出されている。また、収益性が低いものの、公益性を維持する必要があることから、民間セクターに委ねると廃止される可能性があり、民間移管が困難な事業などについては官民のパートナーシップで公共サービスの提供を行うようになってきている。

もっとも、この背景には、先述したように公私分担論から公私共担論への思考転換がある。従来型の考えでは、行政機関が公共サービスの唯一の担い手であるが、公私共担論では公共サービスの担い手は官民の両者である。従来も公共領域と民間領域の間の"中間領域"では、行政と民間が連携した第3セクターのように官民パートナーシップの試みが存在したが、今日の新しいパートナーシップの形態は"公共領域"において、行政、NPO、企業などが連携した官民パートナーシップ（Public Private Partnerships＝PPP）である。したがって、公共領域における公共サービスの担い手は必ずしも行政機関とはならない。今後、新しい公共空間の拡大傾向に伴い、ますます民間セクターが担うべき空間は拡大しているといえよう。

B　背景

では、PPP手法の導入の背景はどのようなものであろうか。

第1に、財政悪化がもたらす諸種の制約があげられよう。従来、地方経済は財政支出に過度に依存し維持されてきたが、逼迫した地方財政状況では、従来型の地域経済の構造の継続は困難である。財政支出に依存しない民間投資の継続的かつ拡大サイクルを作りだし、公共投資依存型経済構造を大幅に転換する地域自立型システム構築が必要なのである。

第2に、地域で活動する様々なアクターがその特性を発揮し公共サービスにおいても高品質なサービスを効率的に供給することが可能となっている。そのため、新たなパートナーシップを機能的にデザインする必要がある。

C　アウトソーシング

このように、行政が外部資源を効率的かつ有効的に地域のためにいかに活用するかが重要である。アウトソーシングは、行政組織の外部資源を活用することを意味し、地方行政分野でも事業の一部を民間企業などに委託し、行政目的を効果的に達成している。近年、この概念は拡大的に使用され、NPM思潮と同義に使用されるようになっている。

D　指定管理者制度

[1] 指定管理者制度とは

　アウトソーシングの代表的な手法として指定管理者制度がある。指定管理者制度は、2003（平成15）年9月、地方自治法の一部改正により、それまで地方公共団体やその外部団体に限定していた公の施設の管理運営を民間事業者などがもつノウハウを積極的に活用し、住民サービスの質の向上を図るための制度である。ここで公の施設とは、住民の福祉を増進する目的をもってその利用に供するために自治体が設ける施設のことをいう（自治244条1項）。

[2] 指定管理者の指定

　指定管理者制度の導入は、自治体がそれぞれの施設については、公共サービスの水準を確保するうえで、最も適切なサービスの提供者を議会の議決を経て指定するものであり、単なる価格競争型の入札制度ではない。指定管理者の指定には、自治体は条例により選定基準、管理基準、業務範囲などを定められ、プロポーザル方式や総合評価方式などで選定される。

　指定期間は一定期間とし、適切な管理が実施されているか定期的に見直される。その際、安全性の確保が最重視され、協定の締結などには、施設ごとに必要な体制、リスク分担に関する事項を盛り込むことが通常である。

E　指定管理者制度の課題

　質を確保した価格競争が指定管理者間に求められるが、結局のところ、そのしわ寄せがその施設で働く労働者に派及し、官製ワーキングプアなど新たな労働問題を生む可能性が指摘されている。

　また、指定期間についても法定制限がないために、短期間では安定的管理運営や人材育成ができず、長期間では緊張感がなく、民間活用という趣旨が形骸化するという問題もある。

　さらに、自治体がどのように効率的かつ効果的なモニタリングをするかが問題である。自治体の直営に対して、高い価値と低い費用が求められるため、高い費用対効果の評価が必要となろう。

4 都市内分権

A 都市内分権とは

都市内分権とは、都市内部においてなるべく住民に近いところに権限の移譲をするまちづくりの手法である。都市内部の分権により、行政は住民ニーズに対してきめ細かな行政運営が可能になる。また、住民と行政の協働のまちづくりが進み、それぞれの主体の特性を踏まえ、創意工夫することができるまちづくりの体制を築くことができる。

[1] 近隣政府と都市内分権

都市内分権は欧米の近隣政府論（Neighborhood government）に類似の発想をみることができる。近隣政府とは、欧米諸国の地域コミュニティをヒントに、「住民自治・市民自治の基層単位である自治的コミュニティ形成の動きと都市内分権の潮流とを繋げるもの」（日本都市センター，2004）である。「参加と協働」を軸としたコミュニティ政策を発展させ、「近隣政府」を新たに構想しようとする自治体の試みの1つである。

[2] 行政内部の分権と地域内への分権

都市内分権は、「行政内部の分権」と「地域内への分権」の二つの側面がある。「行政内部の分権」は、本庁舎に集中している権限を、支所や出張所など地域にある機関に分権化するものである。これに対して、住民自らが満足度を向上できるよう、自らが地域づくりに取り組みやすいような体制づくりを「地域内への分権」ということができる。

B 都市内部の分権の必要性

そもそも、なぜ都市内分権が必要とされるのであろうか。

第1に、都市の拡張があげられる。大都市圏では人口の社会増が進み、地方圏の都市では平成の大合併を機に地理的拡大が行われた。そのため、住民と行政の距離が実質的にも心理的にも遠くなった。また、行政サービスは域内では画一的で、多様化・複雑化する住民ニーズに対応しにくい。

第2に、地域コミュニティの質的変化があげられよう。地域課題の解決の主体としての町内会・自治会など地縁団体への住民の未加入、活動への不参加による機能不全がある。それを補填するかの如く、新たな担い手としてNPOなど市民団体の活動や地域企業の貢献活動が活発化している。

第3に、支所、出張所などでの単純な窓口サービス機能はIT化によって縮小傾向にある。一方、新たに地域特性にあった自主性・自立性を重視し、地域需要に対応した機能を創設・拡張していく必要がある。

C　行政内部の分権

行政内部の分権は住民との協働によるまちづくりと総合的な行政サービスを提供するために、本庁に集中している権限をより住民に近い支所などの行政機構に、専決権と事務をともに分権し、創意工夫や処理を完結することのできる体制を整備することである。これにより、地域の個性や特徴を活かしたまちづくりを進めやすくなる。より身近な場所で企画立案し、その計画を実現することを可能にさせ、さらに住民との協働を実現するための体制を構築する。都市基盤整備（ハード面）が一定程度進んだ結果、本庁からの集権的な指示による区域内で一律的な施策の展開をする必要性が減り、地域特性を踏まえた政策決定と施策の展開が必要であろう。

D　地域への分権

行政内部の分権によって、支所などが住民に身近な行政を担い、実質的な政策決定権をもつ改革が進められる一方、それぞれの地域は、行政だけでなく住民が参加・協働することが重要である。ここでは、地域ごとに、公選の議員がいる本庁とは異なる独自の政策形成のプロセスと参加のしくみが必要とされる。一例をあげれば、市民会議、コミュニティ会議などを設置する自治体もある。

E　都市内分権とコミュニティ政策

分権の議論は行政庁間の権限移譲の問題とするのが一般的である。しかし分権の本来の目的は住民自らが住む地域の現在、将来について考えやすい環境整備をするために、エンパワメントすることであろう。住民参加し

やすい環境、自己決定を保障する体制整備が求められる。すなわち、身近な地域に対する権限移譲と地域コミュニティ政策は密接不可分の関係にある。

5 都市計画

A 都市計画とはなにか

[1] 都市計画の必要性

　都市計画とは、都市の健全な発展と秩序ある整備を図るための土地利用、都市施設の整備および市街地開発事業に関する計画をいう（都計4条1項参照）。都市には様々な人々や地域で活動する団体があり、それぞれの意向が異なるため、計画的なまちづくりをしなければ都市は歪な発展をすることとなる。そこで、目標とする都市のカタチを明確にして、その実現のため土地の利用、建物、都市施設などを一体的に整備したり、誘導したり制限したりすることが必要となる。

　日本の都市計画は平城京、平安京などにもみられるが、近代的な都市計画は、1888（明治21）年の東京市区改正条例がはじめである。明治政府は首都となった東京の都市づくりを実施するために都市計画の決定権者や財源を明確にした。のちに、この法規が適用される区域が東京中心部から拡大し、1919（大正8）年に都市計画法、同時に建築に関する法律、市街地建築物法が制定された。

　その後、高度経済成長期に、農村から都市部への人口流入が進み、市街地の無秩序な外延化（スプロール現象）が課題となった。この課題への緊急な対応に迫られた政府は、1968（昭和43）年新都市計画法として同法を再編したのである。さらに幾度の改正がなされ現在に至っている。

[2] まちづくりと都市計画

　まちづくりという語を目にすることが多いが、それは都市計画と類語のようにも使われる。しかし、まちづくりの明確な定義はなく、様々な状況・場面でなんとなく使われているのが実情であろう。もっとも、その場合で

も、共通項が存在し、都市形成のための目標に向かい、多くの人々が合意形成あるいは協働するプロセスを意味している。したがって、公園の整備について、整備のみを指す場合は、狭義の「街づくり」ということになる。

　"まちづくり"をひらがなで著すことも重要である、"街づくり"がハード面で専門家による都市形成を意図するのに対して、"まちづくり"はソフト面も含めて住民が政策形成にかかわる面が強調される（田村明, 1999）。

B　都市計画の内容

[1] 都市の将来像

　都市計画マスタープラン（市町村の都市計画に関する基本的な方針）は 1992（平成 4）年に都市計画法の改正により規定された（都計 18 条の 2）。それは、市町村議会の議決を経て、その都市の将来像、長期的な基本方針を明示するものである。2000（平成 12）年には都市計画法が改正され、都道府県はすべての都市計画区域において「整備、開発及び保全の方針」を策定する。

[2] 都市計画の内容

（1）都市計画区域

　都道府県は、一体の都市として総合的に整備、開発、および保全する必要がある区域を都市計画区域に指定する。都市計画区域では計画的な市街化を進めるため、都市計画区域を市街化区域と市街化調整区域に区分する。

　市街化区域は、市街化を促進する区域で、既成市街地とおおむね 10 年以内に市街化を図るべき区域である。これに対して、市街化調整区域は、市街化を抑制すべき区域である。

　このほかにも、都道府県は、都市計画区域外の区域のうち、相当数の住居その他の建築物の建築またはその敷地の造成が現に行われ、または行われると見込まれる一定の地域で、そのまま土地利用を整序することなく放置すれば、将来における都市の発展に支障が生じるおそれがあると認められる地域を準都市計画区域に指定する。さらに、都市計画に含まれない区域は白地地域などと呼ばれる。

（2）地域地区

　地域地区とは、都市計画区域内の土地をその利用目的によって区分し、

建築物に対する規制を設け、土地の合理的な利用を図るものである。その種類は 20 種類である。そのうち、最も基本的な規制が用途地域である。用途地域は、住居系、商業系、工業系の土地利用の大枠を定めるもので 12 種類がある。

6　大都市制度と特別区制度

A　大都市制度

　わが国の地方自治制度は、二層制を採用している。しかし、全人口の約 10% が一極集中する東京などには大都市特有の問題があり、二層制による事務配分では的確な対応が困難である。そのため、地方自治法は、大都市制度として「政令指定都市制度」と「特別区制度」の特別規定を設けている。政令指定都市は市が府県並みの事務を担うのに対し、特別区は一般的に市町村が行う事務を行うものの、都も大都市行政の一体性および統一性を確保するために必要な市町村の事務の一部を担うというものである。

B　特別区制度

[1] 都の権限

　東京都には「都区制度」が適用され、特別区を都にのみ存在する「特別地方公共団体」と位置づけている。都区制度とは、一般に市町村が担う事務を都が担う制度である。たとえば、市町村消防の原則があるが、東京 23 区の消防事務は東京消防庁が担っている。このような市が行う事務のうち事務配分の特例に対して、都は財源として市町村税の一部を賦課、徴収する特例をもっている。

[2] 区の権限

　1947（昭和 22）年 3 月の地方自治法要綱では「都は基礎的地方公共団体ではなく、道府県と同様に基礎的地方公共団体を包括する地方公共団体である」とされ、その延長線上に区が自治体として認められた。

その後、地方自治法の制定に伴い、区は、都の一体性を損なわない限り市町村に準じた自治機能の拡充が行われ、区民の参政権、自治立法権、財政自主権など区の位置づけは大きく変化した。とりわけ、1998（平成10）年の地方自治法の改正で、特別区は、法令で都が処理することが決められている場合を除き、原則として市町村に関する規定が適用されている。

C　特別区の事務

[1]　特別区の処理する事務

基礎的自治体が処理する事務は、広域自治体である都道府県が処理する「広域事務」「連絡調整事務」「規模、性質において処理することが適当でない事務」以外である。特別区は、一般市と同格であるが、都市の一体性を保持する必要性から、都には調整条例制定権があり、都条例により都の区に属する事務を処理するなど特別な地方団体としての性格が残っている。

[2]　特別区優先の原則

特別区は基礎的自治体として都が処理するとされている事務以外の事務を処理する。したがって、法の定めない任意の事務が存在、発生した場合には、その事務が性質上、都において処理することが必要であると認められない限りは特別区が都に優先して事務を処理する。

D　都・特別区・特別区間の相互調整

大都市行政を維持するために、都は特別区に対して都道府県と市町村の調整権限のほかに特別な調整措置がある。

[1]　助言・勧告権

都知事は特別区に対し都と特別区および特別区相互の間の調整上、特別区の事務の処理について、その処理の基準を示すなど必要な助言または勧告をすることができる。

[2]　特別区財政調整交付金

都は、都と特別区および特別区相互間の財源の均衡化を図り、ならびに

特別区の行政の自主的かつ計画的な運営を確保するため、政令の定めにより、条例で、特別区財政調整交付金を交付する（自治282条1項）。

　それは、固定資産税、特別土地保有税および市町村民税法人分（「調整三税」という）の収入額に条例で定める割合を乗じて得た額で特別区が等しくその行うべき事務を遂行することができるように都が交付する。

[3] 都区協議会

　都と特別区は、地方自治法に基づき、相互の連絡調整を図るため、都区協議会を設置している。協議会は、具体的な執行権限はなく、諮問機関に類似した性格を有する。都知事は、都区財政調整条例を制定、改正する場合には、あらかじめ都区協議会の意見を聞かなければならない。また、重要な諸問題について、都区共同の協議機関としての役割を果たす。

E　都区制度改革と都区財政調整制度

　2000（平成12）年に特別区を基礎的な自治体に位置づけ、その自主性、自律性を強化する都区制度改革が行われた。この改革で、清掃事業を都から移管するなど特別区の事務機能の強化が図られるとともに、固有財源の拡充や都区財政調整制度の法定化など、財政自主権の強化が図られた。

　また、改革の適切かつ円滑な実施と、都および特別区の適正な行政運営に資するため、改正法令および都区協議の合意の概要をまとめた都区制度改革実施大綱が、都区協議会で決定された。

F　大都市地域における特別区の設置に関する法律

　2012（平成24）年8月29日に「大都市地域における特別区の設置に関する法律」が成立した。「総務大臣は、この法律の定めるところにより、道府県の区域内において、特別区の設置を行うことができる。」（同法3条）と定め、住民投票等の一定の手続きを経て、道府県においても特別区を置くことができるようになった。特別区が設置された道府県は法制度上は「都」として扱われる。政令指定都市と隣接自治体の人口が計200万人以上の地域が、市町村を廃止して特別区を設置する。

86 ■ 第6章 ■ 都市制度と政策展開

知識を確認しよう

問題

(1) 指定管理者制度は、「公の施設」の管理運営を民間事業者などが持つノウハウを積極的に活用し住民サービスの質の向上を図るものである。

(2) 都市内分権とは行政内部の分権を意味するもので、地域内への分権までも含むものではない。

(3) 市町村は都市計画区域を指定する。

(4) 用途地域は、住居系、商業系、工業系の土地利用に大別され、12種類の地域がある。

(5) 大都市地域における特別区の設置に関する法律の成立によって、道府県の区域内において住民投票などを得ずして特別区を設置することができる。

(6) 特別区は人口が100万の政令指定都市に存在する。

解答への手がかり

(1) ○

(2) 市民会議やコミュニティ会議など地域内への分権までも含むものである。

(3) 都市計画区域を指定するのは、都道府県である。

(4) ○

(5) 住民投票の手続きを必要とする。大阪都構想で行われた住民投票はその一例である。

(6) 政令指定都市の区は行政区であり、特別区は「都の区」である。

第7章 住民による自治体行政への民主的統制

本章のポイント

　本章では、住民による民主的統制を確保する
制度を考えていくことで、住民自治の重要性を
再確認する。
1. 行政部に対する制度上の統制を超える、民
　　主的統制の必要性を理解する。
2. 住民が行政情報の的確な判断をする必要性
　　を考える。
3. 住民の意見の重要性について考える。
4. 行政運営の改善策を考える。
5. 行政運営と住民の関係について考える。

1 行政の民主的統制

　現在、行政活動への統制の論点においては、民主主義の理念が強調され、行政活動は行政と国民との直接的な結びつきを強化し、国民自身による民主的統制を受けるべきとの考え方が重要になっている。理由は、国・地方を含め行政活動の範囲が著しく大きくなり、その内容が高度化・専門化しているからである。そして、こうした行政の専門化は、本来行政を統制していく立場であり、いわば行政の専門家ではない行政の部外者である議員や裁判官が有効で適切な統制を加えることを、非常に困難な状況としている。

　そして日本の場合、特に地方自治では地方議会の役割が問題とされ、いわば国レベル以上に行政に対するチェック機能低下の指摘が多くなされている。これは具体的にいえば、地方議会の首長に対するチェック機能であるが、民主主義の学校である地方自治体で、住民を主体とする制度的・外在的な行政統制を検討し展開することは、行政過程の民主化を促進する第一歩として重要性が増してきているということである。

2 情報公開条例と情報公開法

　情報公開法で使われる情報公開という用語は、主権者である国民の信託を受けて活動を行う政府が、主権者に対するアカウンタビリティ（説明責任）の観点から、政府情報を公開していくことを意味している。つまり、国民に対する政府の「説明責任」が、情報公開を支える重要な概念なのである。これは、地方自治体・国でも同じであるが、主権者である国民（住民）が、行政機関の保有する情報を求める場合、行政機関は、主権者が意味ある情報を獲得できるように、さらに適切な判断と批判能力を作り上げていけるように、さまざまな問題を説明する責任を果たさなければならないことを意味する。つまり、行政が何らかの意思決定を行う場合、行政の判断だけ

表 7-1　地方公共団体における情報公開条例の制定状況

(単位：団体)

	都道府県 (47団体)		政令指定都市 (20団体)		市区長村 (1,721団体)		一部事務組合 (1,601団体)	広域連合 (114団体)
		議会対象		議会対象		議会対象		
導入済団体数	47 (47)	47 (47)	20 (20)	20 (20)	1,719※ (1,727)	1,710 (1,715)	760 (623)	101 (101)
構成比	100.0% (100.0%)	100.0% (100.0%)	100.0% (100.0%)	100.0% (100.0%)	99.9% (99.8%)	99.4% (99.1%)	47.5% (39.6%)	88.6% (87.8%)

注) 括弧内は前年度調査 (2010年10月1日現在)　　　　　　　　　　　　　(2014年10月1日現在)
※未制定団体 (北海道乙部町、福井県池田町)
出典) 総務省資料：(http://www.soumu.go.jp/main_content/000350962.pdf) 2018年1月17日アクセス.

ではなく、国民の総意に基づいて行われなければならないという、憲法に定める「国民主権」の原理を全うすることが、情報公開の目的である。

　また、情報公開法や情報公開条例との関連で用いられている広義の情報公開のなかには、政府の裁量で行われる情報提供制度、私人の開示請求権の行使を前提としない情報公表が義務付けられている情報公表義務制度、開示請求権の行使に応じて行われる情報開示請求制度が含まれている。

　この行政情報の公開制度は、わが国においては、自治体での取組みが先行しており、市町村では山形県金山町が1982 (昭和57) 年に、都道府県では神奈川県・埼玉県が同年に、また、政令指定都市では川崎市が1984 (昭和59) 年に、それぞれ最初に条例を制定している。このように、情報公開は、国よりも先に地方自治体において住民の民主的統制の制度として誕生した先導的施策の1つである。現在の制定状況は、表7-1の通りである。

3　パブリック・コメント

　パブリック・コメントは、行政が政策や制度を決定する前に、原案段階で一般市民の意見を募り、それを考慮したうえで意思決定を行う仕組み (パブリック・コメント手続) において、市民から寄せられた意見のことをいう。ただし今日、パブリック・コメントは、パブリック・コメント手続 (制度)

そのものを指す言葉としても用いられることが多く、パブリック・コメント＝意見公募手続として理解されることが多い。こうしたことから、パブリック・コメントとは、基本的には、行政機関が重要な決定をしたり、法令を制定したりするとき、あらかじめ国民から幅広く意見を公募し、その意見を参考にして、最終的な判断を行うことと理解することができる。

A　制定過程

　1993（平成5）年に行政手続法が制定（翌年から施行）されるが、この法律では、行政運営における公正の確保と透明性の向上を図り、国民の権利利益の保護に資することを目的として、国民の権利義務に直接関わる処分・行政指導などに関する手続に関し、共通する事項が規定されていた。しかし、同法にはパブリック・コメントに関する規定は存在しなかった。

　そこで政府は、規制の制定または改廃に伴い政令・省令を策定する過程において、国民などからの多様な意見・情報・専門的知識を行政機関が把握するとともに、制定過程の公正の確保と透明性の向上を図ることが必要であるとし、1998（平成10）年3月に「規制緩和推進3か年計画」（「規制の制定、改廃に係るパブリック・コメント手続の在り方」）を閣議決定した。そして2004（平成16）年3月には「規制改革・民間開放推進3か年計画」が閣議決定され、そのなかで、パブリック・コメント制度の法制化の検討が掲げられた。これを受けて同年4月には、行政手続法を見直し、第3次臨時行政改革推進審議会で将来の課題とされた行政立法手続の法制化などについての専門的な検討を行うことを目的として「行政手続法検討会」が発足している。同検討会は、同年12月に報告書を提出し、この報告書をふまえて、2005（平成17）年3月に行政手続法改正案が国会に提出され、可決成立した。この行政手続法の一部を改正する法律により、「命令等制定機関は、命令等を定めようとする場合には、当該命令等の案（命令等で定めようとする内容を示すものをいう。以下同じ。）及びこれに関連する資料をあらかじめ公示し、意見（情報を含む。以下同じ。）の提出先及び意見の提出のための期間（以下「意見提出期間」という。）を定めて広く一般の意見を求めなければならない」（改正行政手続法39条1項）とされ、国レベルにおいても意見公募手続が法制化されるに至った。

B　自治体へのパブリック・コメントの広がり

　地方レベルにおいては、1999（平成11）年3月の「規制の設定又は改廃に係る意見提出手続について」の閣議決定を受けて、1999年6月に鳥取県で「意思決定前の政策案の公表事業」が導入されたのを皮切りにして、「滋賀県県民政策コメント制度に関する要綱」（2000〔平成12〕年4月制定）、「横須賀市市民パブリック・コメント手続条例」（2001〔平成13〕年9月制定）、「石狩市行政活動への市民参加の推進に関する条例」（2001年9月制定）など、一部の先進的な自治体で制度化され、その後多くの都道府県や市町村で要綱や条例などによりパブリック・コメント制度が導入されていく（表7-2）。

　なお、国レベルでは、1999年4月から命令など（政省令および行政規則である審査基準、処分基準、行政指導指針）を制定する際には、国民からの意見を広く募集する手続がとられることになっている。

　ただ、同じパブリック・コメント制度でも、国と自治体では性格がやや異なり、自治体のパブリック・コメントの特徴は、①自治体政策を策定する際の公表（情報公開）、②策定しようとする政策への意見募集・意見提出（参加手続）、③意見などへの対応・結果の公表（説明責任）の3つの要素が盛り込まれている点にあるとの指摘がある。これは情報公開、参加手続、説明責任の3要素が、いずれも分権時代の自治体行政における必要条件との認識が背景にあり、その結果として各自治体においてパブリック・コメントの導入に向けた動きが進んできたといえる。

表7-2　地方公共団体における意見公募手続制度の制定状況

（単位：団体）

	都道府県 （47団体）		政令指定都市 （20団体）		中核市 （43団体）		特例市 （40団体）		その他の 市区町村 （1,638団体）		合計 （1,788団体）	
	団体数	構成比	団体数	構成比	団体数	構成比	団体数	構成比	団体数	構成比	団体数	構成比
制定済	46 (46)	97.9% (97.9%)	20 (19)	100.0% (100.0%)	43 (40)	100.0% (100.0%)	39 (38)	97.5% (92.7%)	854 (736)	52.1% (44.5%)	1,002 (878)	56.0% (48.9%)
検討中	0 (1)	0.0% (2.1%)	0 (0)	0.0% (0.0%)	0 (0)	0.0% (0.0%)	0 (3)	0.0% (7.3%)	130 (688)	7.9% (41.7%)	130 (692)	7.3% (38.5%)
予定なし	1 (0)	2.1% (0.0%)	0 (0)	0.0% (0.0%)	0 (0)	0.0% (0.0%)	1 (0)	2.5% (0.0%)	654 (227)	39.9% (13.8%)	656 (227)	36.7% (12.6%)

注）括弧内は前年度調査（2010年10月1日現在）　　　　　　　　（2015年1月5日現在）

出典　総務省報道資料「地方公共団体における意見公募手続制度の制定状況」（http://www.soumu.go.jp/main_content/000364668.pdf）2018年1月17日アクセス.

4 オンブズマン

　ここでいうオンブズマンとは、公的なオンブズマン制度を指す。したがって、民間の自発的な活動である市民オンブズマンは含まない。公的なオンブズマン制度は、1809年にスウェーデンで始まったとされ、世界各国でも導入されている。オンブズマンは、その起源であるスウェーデンを見るならば、議会によって任命され、その代理人として、行政を監視する役割を担ってきた。オンブズマンの権能は、各国への広がりのなかで国によって異なるようになるが、基本的な役割として、第三者的な公平な立場から、市民などからの苦情を受けて行政の実態を調査し、その結果を踏まえて改善策を公表・勧告することとされている。

A　自治体オンブズマン

　最も早くオンブズマンを設置した自治体は、1990（平成2）年10月に実施した中野区の福祉オンブズマンと同年11月に導入した川崎市の総合オンブズマンである。これを見ると、自治体オンブズマンについては、中野区のように福祉、環境、人権、男女などに対象を絞った専門オンブズマンと、川崎市のような行政全般を対象とする総合オンブズマンに分類することができる。

　これら自治体におけるオンブズマン制度導入の背景には、総合オンブズマンに関しては、政治や行政における不祥事の発生が契機になっているものが多い。その代表例が1990（平成2）年の川崎市市民オンブズマン制度の導入であり、リクルート疑惑問題など一連の不祥事の発生によって行政監視、職員倫理の確立について市民の関心が高まり、市長選挙においてもオンブズマン制度の導入が1つの焦点とされ、これが契機となり導入された。

　一方、福祉関係分野のオンブズマン制度の導入については、いずれも福祉行政の不公正に関する問題が具体的に発生したことを契機とするものではなく、「福祉サービスの権利を適切に擁護していくために、苦情をより中立・公平かつ簡便・迅速に処理する仕組みが必要である」とする福祉団体の要望や当時の首長の判断が強く影響したと指摘されている。現実を考え

ると、多くの場合、社会的に弱い立場の人が福祉制度を利用しており、これらの人々の権利や利益を積極的に擁護するべきではないかとの考え方が、わが国の特殊オンブズマン分野における福祉オンブズマン制度の増大の背景にあったといえる。

表7-3　わが国の公的オンブズマン一覧
(2016年2月末現在、※は既に廃止されたもの)

通番	地方公共団体名	公的オンブズマンの名称	対象行政分野
1	北海道	北海道苦情審査委員	行政全般
2	秋田県	秋田県県民行政相談員	行政全般
3	宮城県	宮城県県政オンブズマン※	行政全般
4	山梨県	山梨県行政苦情審査員	行政全般
5	高知県	高知県行政オンブズマン※	行政全般
6	沖縄県	沖縄県行政オンブズマン	行政全般
7	北海道札幌市	札幌市オンブズマン	行政全般
8	北海道函館市	函館市福祉サービス苦情処理委員	行政全般
9	北海道北見市	北見市オンブズマン	行政全般
10	北海道留萌市	留萌市保健福祉苦情処理委員会	福祉
11	北海道千歳市	千歳市保健福祉オンブズマン	福祉
12	北海道北広島市	北広島市子どもの権利救済委員会	人権
13	茨城県つくば市	つくば市オンブズマン	行政全般
14	埼玉県川越市	川越市オンブズマン会議	行政全般
15	埼玉県東松山市	東松山市介護サービスオンブズマン※	福祉
16	埼玉県鴻巣市	鴻巣市オンブズマン※	行政全般
17	埼玉県上尾市	上尾市市政相談委員	行政全般
18	埼玉県新座市	新座市オンブズマン	行政全般
19	埼玉県越谷市	越谷市保健福祉オンブズパーソン制度	福祉
20	埼玉県久喜市	久喜市福祉オンブズパーソン	福祉
21	埼玉県美里町	美里オンブズマン※	行政全般
22	千葉県我孫子市	我孫子市保健福祉サービス調整委員	福祉
23	東京都千代田区	千代田区保健福祉オンブズパーソン	福祉
24	東京都港区	高齢者福祉サービスの苦情解決及び質の向上に関する委員会	福祉
25	東京都港区	障害者サービス苦情解決委員会	福祉
26	東京都新宿区	区民の声委員会	行政全般
27	東京都目黒区	目黒区保健福祉サービス苦情調整委員	福祉
28	東京都大田区	大田区福祉オンブズマン	福祉
29	東京都世田谷区	世田谷区保健福祉サービス苦情審査会	福祉
30	東京都中野区	中野区福祉サービス苦情調整委員	福祉

31	東京都杉並区	杉並区保健福祉サービス苦情調整委員	福祉
32	東京都板橋区	板橋区保健福祉オンブズマン	福祉
33	東京都練馬区	練馬区保健福祉サービス苦情調整委員	福祉
34	東京都足立区	足立区福祉サービス苦情等解決委員会	福祉
35	東京都葛飾区	葛飾区福祉サービス苦情調整委員	福祉
36	東京都三鷹市	三鷹市総合オンブズマン	行政全般
37	東京都府中市	府中市オンブズパーソン	行政全般
38	東京都昭島市	昭島市総合オンブズパーソン	行政全般
39	東京都調布市	調布市オンブズマン	行政全般
40	東京都小金井市	小金井市福祉サービス苦情調整委員	福祉
41	東京都日野市	日野市福祉オンブズパーソン	福祉
42	東京都国分寺市	国分寺市オンブズパーソン	行政全般
43	東京都清瀬市	清瀬市オンブズパーソン	行政全般
44	東京都多摩市	多摩市総合オンブズマン	行政全般
45	神奈川県横浜市	横浜市福祉調整委員会	福祉
46	神奈川県川崎市	川崎市人権オンブズパーソン	人権
47	神奈川県川崎市	川崎市市民オンブズマン	行政全般
48	神奈川県藤沢市	藤沢市オンブズマン	行政全般
49	新潟県新潟市	新潟市行政苦情審査会	行政全般
50	新潟県上越市	上越市オンブズパーソン	行政全般
51	富山県富山市	富山市行政苦情オンブズマン	行政全般
52	岐阜県岐南町	岐南町子どもの人権オンブズパーソン※	人権
53	岐阜県御嵩町	御嵩町福祉オンブズパーソン	福祉
54	岐阜県御嵩町	御嵩町環境オンブズパーソン	環境
55	静岡県御殿場市	御殿場市オンブズパーソン※	行政全般
56	愛知県西尾市	西尾市行政評価委員会	行政全般
57	京都府宇治市	宇治市高齢者保健福祉オンブズマン	福祉
58	大阪府豊中市	豊中市健康福祉サービス苦情調整委員会	福祉
59	大阪府吹田市	吹田市保健福祉サービス苦情調整委員	福祉
60	大阪府枚方市	枚方市福祉保健サービス苦情調整委員	福祉
61	兵庫県明石市	明石市行政オンブズマン	行政全般
62	兵庫県三田市	三田市オンブズパーソン	行政全般
63	兵庫県川西市	川西市子どもの人権オンブズパーソン	人権
64	福岡県北九州市	北九州市保健福祉オンブズパーソン事業	福祉
65	福岡県八女市	八女市総合オンブズパーソン※	行政全般
66	長崎県諫早市	諫早市市政参与委員※	行政全般
67	熊本県熊本市	熊本市オンブズマン	行政全般

出典）『地方公共団体における公的オンブズマン制度の実態把握のための調査研究報告書』一般財団法人行政管理研究センター，2016 年 3 月（http://www.soumu.go.jp/main_content/000423175.pdf）2018 年 1 月 17 日アクセス．
注）国立市では，2017 年に「一般オンブズマン」と「子どもの人権オンブズマン」の両方の機能を備えた「国立市総合オンブズマン」を創設している．

B 自治体オンブズマンの機能

　オンブズマン制度は、世界的にみると、議会の附属機関として議会が任命しオンブズマンを設置する議会型と行政の長が任命し行政の側に設置する行政府型があるが、日本の自治体では、いずれも執行機関（行政）に設置される行政府型という特質がある。さらにオンブズマンを設置している自治体をみると、条例によるものと要綱によるものとがほぼ半々になっており、組織上の位置づけは、条例を根拠とするものは附属機関、要綱などを根拠とするものは執行機関の補助機関（諮問機関など）となっている。そして、これら自治体オンブズマンは、行政機関を法的に拘束することはできず、是正勧告や意見表明を行うにとどまる。

　現状において、こうしたオンブズマン制度を自治体に導入する場合、地方自治法上のオンブズマンの位置づけは、①執行機関の1つとして設置する、②地方自治法138条の4第3項に基づく附属機関として設置する、③現行の市民相談室などの類似制度を強化する制度として導入する、④地方自治法174条により専門委員として設置するなどが考えられる。しかしながら、このうち①は、地方自治法180条の5の規定に抵触する疑いがあり（自治法の解釈上、首長から独立した執行機関として自治体オンブズマンを設けることができない）、②については附属機関、③・④については、いずれも補助機関であり（条例に基づく附属機関または要綱などに基づく附属機関類似の組織として自治体オンブズマンが設置されている）、職務執行の独立性の確保が不十分となることなどが指摘されている。

　オンブズマンは、本来その権威性や独立性が高いものとして位置づけられるもので、首長によって任命される自治体オンブズマンが、第三者的な立場を堅持し、期待される役割を果たせるかが重要となる。だからこそ、自治体オンブズマンを公正・有効に機能させるためには、オンブズマンの独立性の保障と高い権威が重要になる。こうしたオンブズマンの権能制約の問題に対し、現在オンブズマンの職務の対象となる執行機関側（行政）は、行政の責務として、オンブズマンの職務遂行に関しオンブズマンの「独立性を尊重する」、オンブズマンに対して「積極的な協力援助に務めなければならない」という義務を負う。また、オンブズマンの調査結果などに基づく勧告や意見表明については、行政側が「尊重しなければならない」とす

96　第7章　住民による自治体行政への民主的統制

る趣旨の規定が程度の差はあるにしても各オンブズマンの設置条例や設置要綱に必ず設けられている（図7-1）。しかし現在、オンブズマン制度を導入した多くの自治体が、廃止する状況もみられる。こうしたオンブズマン制度を導入・廃止した自治体の多くは、その廃止理由として、オンブズマンが取り扱う市民からのさまざまな苦情は、専門家の見識を必要とする水準ではない、あるいは案件が少なく最少費用の側面からしてオンブズマンのコストが高いという理由が多い。このような状況を考えると、どこまでオンブズマンが関わるのか、またオンブズマン制度に係る費用の仕組みを検討していく必要もある。そしてさらには、自治体オンブズマンがその意義を示すことができるかどうか、その運用方法をさらに検討していく必要

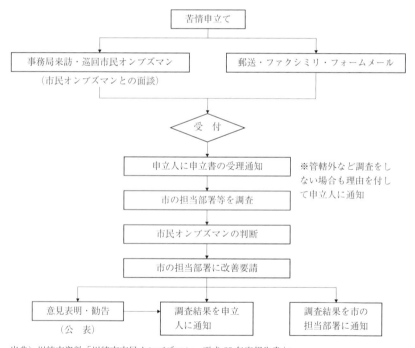

出典）川崎市資料「川崎市市民オンブズマン　平成23年度報告書」：
（http://www.city.kawasaki.jp/75/75sioz/home/jimu/23houkokusyo/o-nenji_015.pdf）
2012年10月9日検索．

図7-1　川崎市市民オンブズマン苦情申立てから解決までのフロー

もある。

5 特色ある取組み事例

A 京都府府民簡易監査制度

　府民簡易監査制度は、府民からの府政に対する意見や疑問について簡単な手続で受け付け、府の関係機関を調査し、その結果を回答するとともに、意見を参考として監査に活かす制度として2006（平成18）年に設置されている（図7-2）。具体的には、府民からの苦情・意見などを監査の端緒として活用することにより、監査委員による府政の改善・是正機能を強化し、府政運営の透明性の確保に資する目的がある。すなわち、この制度では、監査に結び付けることと、さらには府民の行政への参画をえることを重要な目的としている。この2つの目的は、簡易監査制度の設置背景ですでに

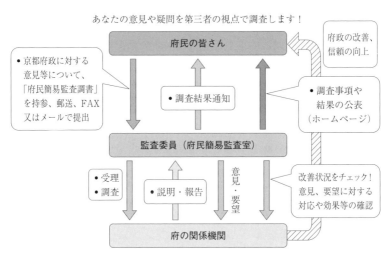

出典）京都府ウェブサイト：(http://www.pref.kyoto.jp/kansa/kani-kansa.html) 2012年10月9日検索.

図7-2　府民簡易監査の流れ

みられ、具体的には、現在行われている通常の監査が府民にとってハードルが高く、専門化されているため、府民に対して監査のハードルを低くしたいという認識から、知事および代表監査委員のコラボレーションで作られたという経緯がある。

この簡易監査制度は、前述のように、あくまで監査、すなわち本来行政の財務をチェックする仕組みに、いかに住民に簡単に関わってもらえるかという考えからできたものである。しかし申立内容については、財務とは関係のない苦情が多いという側面も見られ、本来の財務に対する監査に結びつけるという目的から逸れてしまっている部分もある。しかしながら、府民簡易監査制度の本来の目的の1つが、「住民自治」による府政チェックであり、その意味ではオンブズマンではないものの、第三者の立場として苦情申立てがあった場合、担当部署に対して要望・意見が言えること、処分権限はないが処分を促すことができる点で、有効に機能している。具体的には、不服審査の前段階として申立てがある場合などもあり、第三者的役割として、部局として、担当部長に対して意見などを直接言える立場にある。

B　鳥取県県民の声

鳥取県における「県民の声」制度は、県政に対する提言、要望、苦情などを広く県民から募集（郵便、メール、FAX、県民の声募集用紙など）し、行政への県民参加を推進するとともに、県民からの提案、意見を積極的に施策へ反映させる目的で設置されている。その効果は、県行政の広聴窓口として県民に認知され、意見の申出がしやすい環境を醸成している。また、公表・公開を原則として取り組むことで、各職員も緊張感をもって公平公正で真摯な県政運営に努める効果を生み出しており、こうした情報の公開が、庁内における情報共有を生み出し、職員各人に担当外の事務についても県の考え方を把握することができるという、一体感をもたらす効果を生んでいる。

担当課に課せられる具体的職務としては、県民の意見・提言、苦情などを真摯な態度で聴取することであり、その責務としては、県民から寄せられた県政についてのあらゆる意見、提言などを、的確に把握し、真摯に受

けとめ、迅速に処理・公表し、その提言などを積極的に施策に反映することである。

「県民の声」は、そもそも県政への反映・業務改善を目的として運用されたものであり、事業化のためとして特段のシステム化はされていないが、「県民の声」に寄せられた意見は、各所属において、適宜適切に予算化の必要性を検討し対応されている。なお、予算への反映状況は、当初予算の公表資料として作成されており、報道機関への情報提供のほか、鳥取県公式ウェブサイト「とりネット」上で年度別、部署別にまとめて公開することで、住民との共同作業で県政の道筋づくりの初期段階を作り出す重要な機能を果たしている。

100 ■ 第7章 ■ 住民による自治体行政への民主的統制

知識を確認しよう

・・・・・・・・・・・・・・・・・・・・・・・・・・・・・

問題

以下の文章について、正誤を述べなさい。

(1) 国レベルにおける、パブリック・コメントは実施されていない。

(2) 民間の自発的活動である市民オンブズマンは、公的オンブズマンに含まれる。

(3) 自治体オンブズマンには、対象を絞った専門オンブズマンと、行政全般を対象とする総合オンブズマンとがある。

(4) 自治体におけるパブリック・コメントの広がりは、中央集権化の目的がその背景にある。

(5) 情報公開とは、行政側が自主的に情報を公開する制度である。

解答への手がかり

(1) ×　2005（平成17）年に導入されている。

(2) ×　市民団体などがその活動を活性化のために独自に設置する「自称オンブズマン（市民オンブズマン）は、その根拠となる法律や条例が存在せず、制度的、すなわち法律や条例に基づく公的オンブズマンとは異なる。

(3) ○

(4) ×　自治体におけるパブリック・コメントの広がりの背景には、地方分権がある。

(5) ×　情報公開は、主権者である国民（住民）が、行政機関の保有する情報の開示請求を求めるものである。

第 8 章

地方財政制度の概要と課題

本章のポイント

1. 日本の地方財政は、中央政府の財政との関係が強い。地方自治体の一般財源は、地方財政計画と地方交付税制度により財源が保障され、財政調整が行われている。

2. 日本の地方自治体の主な歳入は、地方税、地方交付税、国庫支出金、地方債に大別できる。このうち、歳入の基軸となるべきは地方税であるが、日本において歳入に占める地方税の割合は低い。

3. 地方自治体の歳出は、主に目的別歳出、性質別歳出により分類される。目的別歳出でみると都道府県は教育費の、市町村は民生費の比率が高くなり、性質別経費でみると都道府県は人件費の、市町村は扶助費の比率が高くなっている。

4. いわゆる「夕張ショック」を受けて地方財政の健全化についての指標が整備されるようになった。また、それらを受けて公会計制度の見直しも進められている。

5. 「地方分権」というスローガンのもとで国から地方への事務の移譲が進んでいるが、国の財政も厳しいため、それに伴う財源の保障は不十分である。地方自治の観点から地方財政制度の再点検が必要である。

1 日本における政府間財政関係

A 地方財政計画

　総務省は、地方財政計画を「多種多様な地方公共団体の財政の複合体である地方財政の規模や収支見通しを全体として捉えたもの」、としている。ここでは、まず、国と地方の予算編成の連動性から理解しよう。

　国が予算を編成する過程において、地方財政対策という総務省と財務省との折衝を経た次年度の地方財源の補てん策が決定される。地方財政計画は、地方財政対策を踏まえて総務省により策定される。これは、地方交付税法7条を根拠に作成される歳入歳出の総額の見込額として国会に提出され公表される。地方財政計画の役割は、①地方自治体が標準的な行政水準を確保できるよう地方の財源を保障し、②国の財政や国民経済との整合性を確保し、③地方自治体の毎年度の財政運営の指針を示すことである。

　以上の役割と図8-1をみながらもう少し具体的な理解へ進もう。

　図8-1の右端にある地方財政計画（歳入）と同じく（歳出）にすべての都道府県も市町村も含めた地方自治体全体の金額が見積もられるが、このとき、歳出には①の観点から標準的な行政に必要な支出がもれなく盛り込まれる必要があり、また、②の観点から国の政策上地方が取り組むことが期待される施策が盛り込まれることになる一方、国家公務員の水準を超えて支給される給与など国からみた標準的な水準を上回る経費は個々に計上されない。歳入に関しても、①の観点から地方税法の標準税率を適用せず独自に行った増減税分や税目が地方税法に定められていない法定外税については反映しないこととなっている。こうして見積もられた地方財政計画の内容を各地方自治体は注視し、それが予算の算定等に影響を与える（③の役割が果たされる）ことになるのである。

　地方自治体の予算は、経済状況の変動や災害などにより年度の途中で修正される（補正予算が編成される）ことがあるが、地方財政計画は年度の当初に見積もられ、原則として変動することはない。地方財政計画により、発行すべき地方債の総額や必要となる地方交付税の総額が決定されることから、これを「マクロの財源保障」と呼ぶことができる。

1 日本における政府間財政関係　103

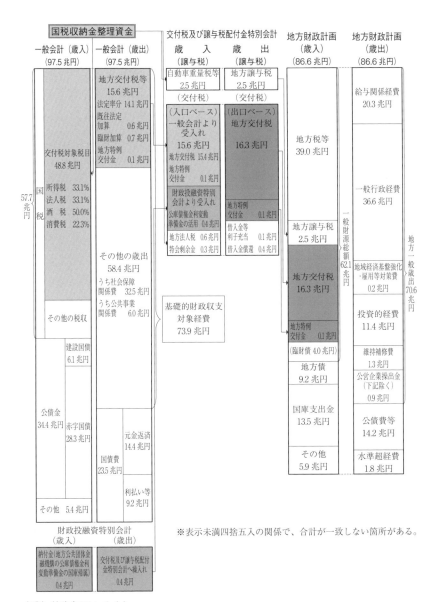

出典）総務省 Web サイト

図 8-1　国の予算と地方財政計画（通常収支分）との関係（平成 29 年度当初）

B　地方交付税制度

　さらに、図8-1 の左側を眺めつつ地方交付税制度について理解しよう。

　再び総務省によると、地方交付税は、本来地方の税収入とすべきであるが、団体間の財源の不均衡を調整し、すべて地方団体が一定の水準を維持しうるよう財源を保障する見地から、国税として国が代わって徴収し、一定の合理的な基準によって再配分する、いわば「国が地方に代わって徴収する地方税」（固有財源）である、と説明されている。

　地方交付税の総額は、所得税・法人税の33.1%、酒税の50%、消費税の22.3%、地方法人税の全額と地方交付税法6条で規定されている。ここで、いくつかの疑問が浮かぶのではないだろうか、まず、先ほど、必要な地方交付税の額は、地方財政計画においてすでに明らかになっているはずであること、次に、図8-1 の左端をみると交付税対象税目として地方法人税を除く4税しか記載されていないこと、などである。

　前者の疑問は、地方財政計画で見積もられた必要な地方交付税の額を、地方交付税法6条に規定した国税（法定率分）の一定割合により賄えれば問題はないのだが、現実には後者が不足する。そこで、図8-1 の中央部分等が必要となってくる。すなわち、左から2番目の柱において国の一般会計から法定率分以外に財源を加算し、さらに、中央部左側において国の特別会計から資金を借り入れる等することにより、必要な地方交付税等の金額を確保するのである。

　後者の疑問については、地方法人税は中央左側に充当されている。これは、地方法人税が、もともと地方税（法人住民税法人税割）であったものを一部減税し、その減税分を国税として徴収するかたちで創設された税であるため、国の一般会計の歳入とせずに特別会計に「直入」していることに関係している。すなわち、地方法人税という国税のみは、同じ地方交付税法6条に掲げられているが、他の国税とは役割を異にしているのである。

　次に、各地方自治体における地方交付税（普通交付税）の算定の仕組みをみておこう（図8-2）。

　普通交付税は、基準財政需要額を基準財政収入額によって満たすことができない団体に対して交付されるものであるが、ほとんどの地方自治体が普通交付税を交付されている。図8-2 の例では、基準財政需要額が100億

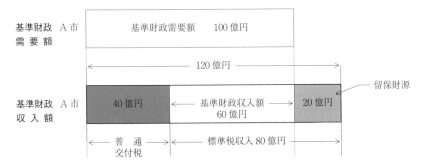

基準財政需要額は、各地方団体ごとの標準的な水準における行政を行うために必要となる一般財源を算定するものであり、各算定項目ごとに次の算式により算出されるものである。

「基準財政収入額」とは、各地方団体の財政力を合理的に測定するために、当該地方団体について地方交付税法第14条の規定により算定した額である（地方交付税法第2条第4号）。
　具体的には、地方団体の標準的な税収入の一定割合により算定された額である。

| 標準的な地方税収入 | × | 75/100 | + | 地方譲与税等 |

出典）総務省 Web サイト

図 8-2　普通交付税の仕組み

円の地方自治体において、標準的な税収入が80億円であった場合を取り上げている（地方譲与税等は無視している）。
　ここでは、簡単に基準財政需要額が求められているが、各行政項目の基準財政需要額を積み上げていくには、膨大な作業が必要となっている。図8-2で、測定単位とは、人口や道路の延長、生徒数、などといった費用を測る指標であり、単位費用とは、標準団体（人口、面積などが平均的であり、自然的・地理的条件などが特異でない団体を想定する）における測定単位1単位当たりの金額である。補正係数とは、単位費用が、全国すべての自治体に一律に適用されるのに対し、自然的・社会的条件の違いを考慮して測定単位の数値を割り増したり割り落としたりするための係数を設定するものである。なお、一部の算定項目について、人口と面積を測定単位として簡素に算定する包括算定経費が2007（平成19）年度の算定から導入されている。
　基準財政収入額については、超過課税や法定外税（次項参照）は含まず、

標準的に徴収される地方税がその基礎となる。ここでは、図 8-2 にある留保財源について言及しておこう。図 8-2 からわかるように、留保財源は、標準的な税収入のうち、基準財政収入額（75%）に組み込まれなかった 25% 分に相当する財源である。

留保財源を設ける理由として、主に以下の 2 点が挙げられている。すなわち、第 1 には、標準的な税収入であっても、地方独自の施策等に用いるための財源を確保するためであり、自治体が自ら税収を増やそうとする努力を阻害しないためである。第 2 には、いくら精緻に基準財政需要額の算定を行おうとしても自然的・社会的条件の大きく異なる日本の地方自治体の状況をすべてカバーできるとは限らないため、標準的な行政サービスを提供するにあたっての独自の財政需要に備えるためである。

この節では、地方財政計画と地方交付税制度を通じて日本における政府間財政制度を概観してきた。日本の地方財政制度を正しく認識するためには、図 8-1 に示される国の予算と地方財政計画との関係の理解と、図 8-2 に示される地方交付税制度の理解が不可欠である。しかし、この節だけで複雑な図 8-1 の関係をすべて説明するのは困難である。

したがって、以下においても適宜、図 8-1 との関連を補足しながら本章全体を通してその概要を理解しよう。また、以下の節では、各自治体における歳入・歳出等に焦点を当てながら日本の地方財政制度の全体像への接近を試みよう。

2　地方自治体の歳入

A　地方税の概要

政府部門にとって、理論的に唯一の収入源は租税である。租税とは、政府部門の活動に必要な経費を賄うため、民間部門から強制的かつ一方的に徴収する貨幣のことである。租税は、その性質等によりさまざまに分類できる。たとえば、課税権者によって国税と地方税とに分類することができるし、課税によって得られた収入の使途をあらかじめ決めず一般財源とす

るか、特定の事業等に使途を限定するかで普通税と目的税に分類することができる。租税は、公平に徴収されることが重要であるが、その際、納税者の負担能力（担税力）に応じて課税することが求められる（応能原則）。一方、特に地方税においては、行政サービスから受ける利益に応じた課税（応益原則）も重視される。

国税と地方税の比率については、租税総額98.3兆円に対して、国税60.0兆円（61.0%）、地方税38.3兆円（39.0%）となっている（2015〔平成27〕年度決算）。また、地方税において代表的な目的税は、都市計画税である。

地方税のうち、都道府県が課税権者となるものを都道府県税、市町村が課税権者となるものを市町村税という。図8-3で左側の円グラフでは、「道府県税」と表現されているが、これは、特別区の市町村税の一部については東京都が都税として課税していることに関係する地方税法上の呼称であ

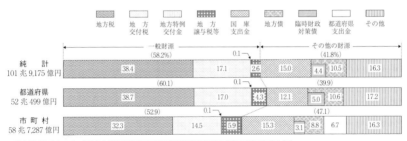

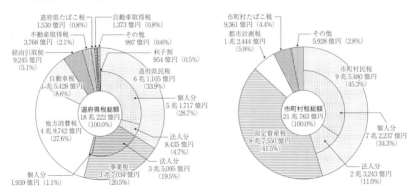

図8-3　歳入決算額の構成比と道府県税・市町村税収入額の状況（平成27年度）

り、この円グラフには、東京都税も含まれている。

図8-3の円グラフを見比べてみると、道府県税は、道府県民税、事業税、地方消費税が、市町村税は、市町村民税、固定資産税が基幹的な役割を果たしている。個別の税目を取り上げて紹介する紙幅はないが、これらのうち、事業税や固定資産税は、応益原則が重視された税目とされている。

地方税の税率は、地方税法により通常よるべき税率（標準税率）が定められているもの、一定の税率が定められているもの（一定税率）、それを超える水準を設定できない税率（制限税率）、税率は定めず地方自治体に税率設定を委ねているもの（任意税率）があるが、標準税率を採用している税目が最も多い。たとえば、住民税においては、森林環境保全などの目的で独自の超過課税が行われているほか、独自に減税している地方自治体もある。

また、地方税法に定められていない税目を一定の手続きを経て地方自治体独自に設定することができる。これを法定外税というが、法定外普通税と法定外目的税とに分類される。

B　国庫支出金

図8-3の地方自治体の主な歳入のうち、地方税については前項で、地方交付税については前節で触れた。ここでは、地方交付税と同様に国からの移転財源であるところの国庫支出金について理解しよう。

地方交付税も国庫支出金も国から財源を移転する点では共通であるが、異なるのはその使途である。前者が地方自治体の使途を特定しない（一般財源）のに対し、後者は、特定の事業等を実施するのに際して交付されるもの（特定財源）である。

地方財政法10条から10条の4によると、義務教育教職員の給与や公営住宅の建設に要する経費などについては、国が経費の全部または一部を負担し、災害救助事業に要する経費などについては、国がその一部を負担し、国会議員の選挙等のように、専ら国の利害に関係のある事務については、地方自治体は負担しないこととなっている。

主として以上のような事務に要する経費について法律や政令で定めた負担割合に基づいて国庫支出金が交付されることとなる。国庫支出金は、全国で同水準の事業を実施する際には有効である反面、国による政策誘導が

懸念される。

　国庫支出金をめぐっては、国の財政が厳しさを増すごとにその整理合理化が議論の俎上に載せられてきた。たとえば、1983（昭和58）年3月に提出された臨時行政調査会「行政改革に関する第五次答申（最終答申）」においても、すでに他の答申においても取り上げられてきたことに触れつつ、新規補助金等の抑制や補助率の総合的見直し等が答申されている。

　第4節において取り上げる三位一体の改革や「一括交付金」も国庫支出金に関連する事項である。

3　地方自治体の歳出

A　国と地方の経費分担

　前節において、国と地方の租税収入の比率がおおむね6：4となっていることに触れた。では、国と地方が行政サービスに係る経費をどのように分担しているのであろうか。当然、行政サービスの内容によってもその負担割合は異なり、たとえば、防衛や年金などに係る経費は全額国が負担している一方、保健所やごみ処理などの経費（衛生費）は99%が地方自治体の負担である。これらを合計すると、国の負担の割合が42.0%、地方の負担の割合が58%となっている（2015〔平成27〕年度決算）。すなわち、税収では国の比率が高いにもかかわらず、負担割合では地方の方が高くなっており、ここからも、地方交付税や国庫支出金といった国と地方の間の財政関係が重要であることがわかる。

B　目的別歳出

　地方自治体の歳出は、ここで取り上げる目的別歳出と次項で取り上げる性質別歳出により分類されるのが一般的である（図8-4）。目的別歳出は、どのような政府活動のために支出されるかについて着目した分類である。

　総務費は、給与や徴税のために係る経費など地方自治体を維持するための経費を、民生費は、福祉施設の整備や運営等の経費を、公債費は、借入

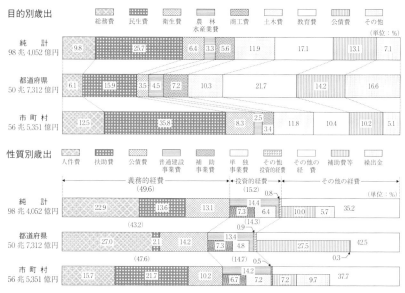

図 8-4 歳出決算額の構成比

金の元金・利子等の支払の経費をそれぞれ指している。それ以外の費目はおおよそ見当がつくのではないだろうか。

図 8-4 で目的別歳出をみると、都道府県では教育費の、市町村では民生費の比率がそれぞれ最も高くなっていることがわかる。これは、都道府県と市町村の役割の違いを反映している。都道府県は、高等学校等の多くが都道府県立であるし、小中学校の教職員の給与について 3 分の 2 を都道府県が負担しているため教育費の比率が高くなる（ただし、2017〔平成 29〕年度から政令指定都市においては、義務教育の教職員の給与等の負担が都道府県から移譲されている）。市町村は、住民に身近な行政サービスを主として担うことから、福祉関連の事務を市町村が多く担っているため民生費の比率が高くなるのである。

C 性質別歳出

次に、性質別歳出を取り上げよう。性質別歳出は、地方自治体がどのよ

うな財やサービスを購入するかという経済的な性質に着目した分類である。

扶助費は、福祉の制度に基づいて家計部門に移転される貨幣支出のための経費である。道路や施設の新設・増設のための経費である普通建設事業費のうち、補助事業費は国等の補助を受けて、単独事業費は補助を受けないでそれぞれ実施する事業を指す。

ここでも、**図8-4**で都道府県と市町村を比較してみよう。都道府県では人件費が市町村を上回り、市町村では扶助費が都道府県を上回っている。この結果となる要因は前項と概ね共通している。すなわち、都道府県は、教職員や、警察職員などについての負担により人件費の比率が市町村より高くなる一方で、市町村は福祉関係の事務を担う関係で扶助費が都道府県より大きくなるのである。

都道府県と市町村の差異の要因が同様であるからといって、どちらか片方の分析で十分であろうか。答えはノーである。公共事業からの脱却を謳い、土木費を減らし教育費を増加させた首長がいたとき、実は、普通建設事業費は美術館や博物館等のハコモノ建設のために増加させている可能性があるためだ。可能な限り、両分類をクロスさせて分析することが望ましい。

総務省ウェブサイトにおいて公開されている「地方財政統計年報」には、全地方自治体の純計の他、都道府県全体や市区町村全体、さらには、政令指定都市や特別区といったカテゴリーごとのデータが掲載されている。また、同じく総務省ウェブサイトに公開されているいわゆる「決算カード」を参照すれば、個別地方自治体の目的別・性質別歳出が確認できるので分析に活用しよう。

4　地方財政制度の改革と地方財政健全化

A　三位一体の改革

第5章において詳述されている地方分権改革は、当然のことながら地方財政制度にも大きな影響を与えた。たとえば、第一次分権改革に際しては、地方債が許可制から協議制に移行、法定外目的税が創設されるなどした。

また、それ以前においても、現状に至るまでの間にさまざまな制度改正などを経ている。ここでは、2000年代以降の主な改革を取り上げつつ、地方財政制度を理解するうえで必要な説明を補足的に加えていく。

一連の改革のうち代表的なものが三位一体の改革であった。これは、端的にいうと、国庫支出金と地方交付税と地方税を一体的に改革するもので、国庫支出金を廃止・縮減しつつ地方交付税を改革し、国税から地方税へと税源の移譲を進めるというものであった。本来、国庫支出金による政策誘導をなくし、地方自治体が自ら工夫した施策を自らの財源で実施できるようにすべきものであったはずだが、結果は、移譲された税源よりも削減された国庫支出金や地方交付税の方が大きかった。三位一体の改革を含め、地方分権改革と地方財政制度との関係においては、国の厳しい財政状況を背景として、地方分権の名のもとに国から地方へと仕事を移して身軽になりつつ、財源の移転は不十分にしか行わないことによって国の財政再建につなげようとしたものであるとの評価が根強い。

B 臨時財政対策債の創設と継続

図8-1の理解に必要な情報を若干補足しておこう。地方交付税は、地方の固有財源であるという性格を有していることからすれば、地方財政計画において必要となる地方交付税の額は、国税の一定割合（法定率分）で不足する場合であっても国においてその財源が措置されるべきものである。

しかし、国の一般会計からの繰出し（既往法定加算）、投資的経費に対する地方債の追加発行（財源対策債）を越える財源不足に対しては、「折半対象財源不足額」として国と地方が折半するルールが適用されている。この折半対象財源不足額を賄うために国の一般会計からは「臨財加算」が地方財政計画の歳入には「臨財債」（＝臨時財政対策債の略）が計上される。なお、両者の額が同一でないのは、後者は、過去に発行した臨時財政対策債の償還分の発行を含むためである。なお、財源対策債も臨時財政対策債も後年度の基準財政需要額に算入し、交付税措置（臨時財政対策債の元利償還に必要な財源を全額基準財政需要額に算入する）が行われる。

C 「夕張ショック」と地方財政の健全化

　北海道夕張市は、2007（平成19）年3月に財政再建団体に指定された。ここに至る経緯には、第三セクター（地方自治体と民間企業が共同出資した法人等）の問題や地方自治体の会計間の資金操作の問題などさまざまな問題がある。関心がある読者は是非調べてみよう。ここでは、その後において地方財政の破綻を防止するために整備された法制度等に焦点をあてよう。

　「夕張ショック」を受けて制定されたのが、地方公共団体の財政の健全化に関する法律（以下、健全化法）である。健全化法では、①実質赤字比率、②連結実質赤字比率、③実質公債費比率、④将来負担比率を監査委員の審査に付したうえで、議会に報告、公表しなければならないこととなった。これらの指標が、一定の水準以上に悪化するとその度合いに応じて早期健全化計画や財政再生計画の作成が義務づけられることとなる。「夕張ショック」との関連でいうと、4つの指標のうち②以降は、普通会計（後述する）を越えて、最も広くは、地方公営企業や一部事務組合、第三セクター等をもその対象とする点であり、地方自治は、これらの経営についてもより厳密にチェックすることを求められるようになった。

D 補助金の「一括交付金」化の試み

　2009（平成21）年に当時の民主党を中心とする政権が実現した際の「三党合意」には、地方が自由に使えるお金を増やす旨の記述があり、それが地域自主戦略交付金（いわゆる一括交付金）へと結実した。これは、従来の補助事業の一部について、内閣府に一括して予算を計上し、地方自治体が自主的に選択した事業に対して交付金を交付するもので、2011（平成23）年度に都道府県分を対象に創設、翌2012（平成24）年度には対象事業の拡大・増額と政令指定都市もその対象とする拡充が行われたものである。

　国庫支出金を大くくりにして使い勝手を良くする試みとして評価されるが、一般財源を保障する制度としての地方交付税制度との関係をどのように整理するかなどの課題を解決できないまま、再度の政権交代に際して廃止されている。

5　地方自治体の予算と会計

　ここでは、歳入と歳出を経理する仕組みとしての予算と会計について簡単に触れておく。まずは、地方自治体の予算等について補足をしておきたい。地方自治体の予算（本予算）は、地方財政計画の内容などをにらみつつ4月1日の会計年度開始までに成立させるよう議会の議決を得るのが通常であるが、何らかの理由で年度開始までに議会において議決が得られない場合、行政サービスの維持に最低限必要な予算を計上した暫定予算を編成することがある。この暫定予算は、本予算成立とともにそれに吸収される。

　年度の途中において、災害が発生したり、経済状況が変化したり、あるいは、国の政策が変更されたりする場合など、本予算の執行が不可能ないし不適当となるような場合においては補正予算を編成し、本予算を修正する。

　以上は、地方自治法に定められた予算の形式であるが、国の予算編成が遅れたり、首長の改選を控えている場合などに慣例として本予算を骨格予算として編成することがある。これは、政策的な経費を盛り込まずに編成しておいて、後に補正予算により補完するものである。

　なお、予算に関して、首長に原案執行権や専決処分権が認められるなど国よりも弾力的な運用が可能となっている。

　地方自治体の会計は一般会計と特別会計とに区分される（自治209条）。地方自治体の通常の歳入・歳出は一般会計で経理されるが、特定の事業を行う場合等には特別会計を設置する。特別会計を設置するか、一般会計において経理するかは、各地方自治体の条例によるため決算情報を統一的に把握する統計上の区分として、普通会計と公営事業会計という区分もある。

　現在、地方公会計は、発生主義・複式簿記の導入、固定資産台帳の整備により客観性・比較可能性を担保した「統一的な基準」による財務書類の整備が進むなどしており、これらをより活用した予算編成や施策の展開が求められている。このような動きに呼応して、地方公営企業の会計制度も大きく見直されて2014（平成26）年度の予算および決算から新しい会計基準が適用されることとなっている。

6 現代日本における地方財政制度の課題

　本章では、国と地方の財政関係を起点に日本の地方財政制度について概観してきた。とりわけ、地方財政計画と地方交付税制度は、地方自治体の一般財源を保障するという意味で重要な役割を果たしている。しかし、国においても地方自治体においても財政状況が深刻さを増しているなか、これらの制度が十分に機能しているかについては常に注意を払う必要がある。

　ここでは、2016（平成28）年度に導入された「トップランナー方式」を例に、地方交付税制度における政策誘導の懸念を示しておきたい。同方式は、基準財政需要額算定における単位費用に関するもので、学校用務員や清掃等の業務について、民間委託等が進んでいるとして単位費用を切り下げたり、算定の際の経費区分を見直したりするものである。

　本来、当該事業を民間委託するか直営で行うか等については当該地方自治体で決定すればよく、基準財政需要額の算定方式によって影響を受けるべきものではない。このことは、総務省サイドも国会答弁等で認めている。さらにいえば、同方式導入以前から単位費用の額には年度による差異が見受けられるのである。しかし、従来と単位費用の算定方式を変更するということは、地方自治体を民間委託へと誘導していると判断される懸念は残る。というのは、地方交付税法2条6において単位費用は、「標準的条件を備えた地方団体が合理的、かつ、妥当な水準において地方行政を行う場合又は標準的な施設を維持する場合に要する経費を基準と」することとされているため、同方式の導入により、民間委託が「合理的、かつ、妥当」であると解釈することを全くの誤解と断じることができるだろうか。

　少子高齢化や人口減少というこれまで日本が経験したことのない局面に立ち入ろうとしているなか、すべての地方自治体で共通してその提供が保障されるべき行政サービスはどのようなもので、どの程度まで保障されるべきであろうか。紙幅の制限もあり、本章では現状の制度理解に終始したが、本章により地方財政度に関心を持ったならば、本書の知識に加えて参考文献等も駆使して以上のような問題意識をさらに深めていこう。

116 ■ 第8章 ■ 地方財政制度の概要と課題

知識を確認しよう

・・・・・・・・・・・・・・・・・・・・・・・・・・・・・・・・

問題

地方財政制度に関する以下の記述について、正誤を答えなさい。

(1) 地方財政計画は、財務省によって策定される。

(2) 日本の多くの地方自治体は、地方交付税の交付を受けていない。

(3) 福祉に関する施策は主として都道府県が担うため、関連する歳出も都道府県の方が比率が高い。

(4) 地方財政の健全化基準は、一般会計のみでそれ以外には影響がない。

(5) 何らかの理由で年度開始までに議会において予算の議決が得られない場合には補正予算が編成される。

(6) 国も地方も厳しい財政状況に直面するなかで、政府間財政関係の制度が十分に機能しているか再確認する必要がある。

解答への手がかり

(1) × 総務省により策定され閣議決定の後、国会に提出される。

(2) × ほとんどの地方自治体は普通交付税の交付を受けている。

(3) × 福祉に関する施策を担うのは主に、市町村である。

(4) × 地方公営企業や一部事務組合、第三セクター等を含む指標もある。

(5) × この場合編成されるのは、暫定予算である。

(6) ○

第9章 日本の地方公共団体の実態

本章のポイント

　日本の地方公共団体の望ましい方向性を、明治維新期からの変遷と現状分析を柱に探り、広域行政と身近な行政の望ましい組み合わせを、市町村合併と広域連合を中心に考える。

1. 地方公共団体の設定基準を「図」を通して分析し、日本の地方公共団体の設定の意図や改変の目的などを、「明治の大合併」「昭和の大合併」「平成の大合併」の分析を通して考える。

2. 四次にわたる「全国総合開発計画」の目的や内容を分析することで、「昭和の大合併」と「平成大合併」の端境期の地方自治制度の改革の変遷を分析する。

3. 「平成の大合併」期の新しい全国総合開発計画の目標や内容を分析し、21世紀に向けた新しい地方自治制度の実態を考える。

4. 「平成の大合併」期の新しい地方自治制度の内容や方向性などを、「定住自立圏」、「地域自治区」他、「道州制特区」などの分析を通して考える。

1　地方公共団体の編成基準と明治の地方自治制度

A　地方公共団体の変遷

　地方公共団体は、国家と家族の間に何らかの基準を前提にして設定されるものである。日本では明治初期に廃藩置県によって誕生した府県が広域自治体となり、戸籍法に合わせて設置された行政村である大区と小区が基礎自治体となったが、自然村である町村に戻された。市町村は3回の大合併を経て多様化が進展してきている。ただし行政需要の拡大や複雑化は、合併後の事務の広域的共同処理を目的とした一部事務組合や広域連合、(旧)広域市町村圏に類似した定住自立圏などの設定を促進している。さらに身近な行政を前提とした地域審議会や地域自治区や合併特例区なども設定され始めている（図9-1）。

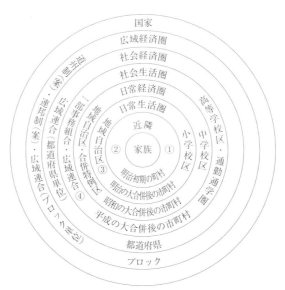

①村落（集落）・コミュニティ　②町内会・自治会　地域自治区
③モデル・コミュニティ　④定住自立圏・（〔旧〕広域市町村圏など）

図9-1　地域設定の基礎単位

B　明治期の改革と自然村および行政村

　明治維新後の日本では、1871（明治4）年の廃藩置県で3府306県となった広域自治体が1890（明治23年）に3府43県に統合された。基礎自治体は、1871（明治4）年の戸籍法にあわせて区を設置し、官選の戸長・副戸長をおいた。行政村である区は、1874（明治7）年には907大区・7,699小区が存在した。717郡と自然村である78,820町村は利用されなかった。

　明治政府は自然村と行政村の並立による混乱解消を目的に、1878（明治11）年に三新法（「郡区町村編制法」「府県会規則」「地方税規則」）を、1880（明治13）年には「区町村会法」を制定し、基礎自治体の標準を自然村とした。三新法では戸籍法の行政村としての区を廃止し、現在の市にあたる区域を「区」とし、府県の下に郡と区を、郡の下に町村を配置した。

　1883（明治16）年に37区12,194町59,284村の71,515存在した区町村は、1889（明治22）年の明治の大合併の推進と「市制町村制」の制定の結果、39市15,820町村の15,859市町村となり、約5分の1まで減少した。市制町村制は1899（明治32）年に「市制」と「町村制」となった。1890（明治23）年の「府県制及び郡制」は、府県と郡には国の行政区画と地方公共団体の地位と役割を付与した。地方公共団体である郡は1922（大正11）年に、国の行政機関である郡長と郡役所は1925（大正14）年に廃止された。

　市制は人口2万5千人以上の市街地に施行された。ただし、東京市、京都市、大阪市の三大都市では、府知事と書記官が市長や助役の職務を行うこととされ、府と市を一体とする特例が適用された。その後、名古屋市、横浜市、神戸市の三市が加えられ六大都市となった。1922（大正11）年に公布された「六大都市行政監督ニ関スル法律」により、知事の監督権の緩和が図られたが、大きな改革はなされなかった。ただし、東京府に関しては1943（昭和18）年の地方自治関連法規の改正を受けて、東京府と東京市が統合され東京都制が施行された。

　明治の大合併は、原則として、近隣（コミュニティ）を単位とした市町村を、日常生活圏を単位とするものに変更した改革ともいえる。なお、市町村合併は自然村同士の併合とも捉えられるが、視点を変えればスケール・メリットなどを前提とした行政村の新設と考えることもできる。

2 第二次世界大戦後の市町村の変遷

A 昭和の大合併とその後

　戦後日本の地方自治制度は、1947（昭和22）年の日本国憲法と地方自治法の施行に伴う地方分権の推進を前提に確立された。地方分権化の代表的なものが都道府県知事の公選であったが、知事の公選は機関委任事務の増加をもたらした。

　社会の発展やスケール・メリットの追求などを前提にして実施された昭和の大合併は、1953（昭和28）年の3年間の時限法である「町村合併促進法」と、1956（昭和31）年の5年間の時限法である「新市町村建設促進法」によって実施された。1953（昭和28）年の286市1,903町7,616村の9,805市町村は、約3分の1まで減少し、1961（昭和36）年には556市1,946町968村の3,470市町村となった。昭和の大合併は、原則として、基礎自治体を日常生活圏から日常経済圏へ拡大させるものであった。

　1947（昭和22）年の地方自治法には、東京都を除く五大都市を想定した「特別市」制度が置かれた。特別市は、法律で指定される人口50万人以上の市で、都道府県の区域から独立し、原則として都道府県の権能・事務と市の権能・事務を合わせもつ特別地方公共団体とされた。これは、府県と大都市の二重行政や二重監督の排除と大都市行政の統一的で合理的な運営を目的とするものであった。また特別市の内部に配置される区の区長は公選とされていた。ただし、五大都市と関係府県の対立を受け、1956（昭和31）年の地方自治法の改正で廃止され、指定都市制度となった。

　高度経済成長と交通通信手段の充実は、人々の行動範囲を社会生活圏に拡大させ、広域的で効率的な行政サービスの提供が求められた。1965（昭和40）年には10年の時限法である「市町村の合併の特例に関する法律」が制定されたが、連続した市町村合併の推進が困難とされ、事務の共同処理方式の中心である一部事務組合が、1967（昭和42）年の2,202組合から1974（昭和49）年には3,039組合まで増加した。同年の地方自治法の改正により、特別区の区長公選制度や「複合一部事務組合」制度が導入された。その受け皿となったものが「広域市町村圏」であった。

B 平成の大合併

平成の大合併は、2000（平成12）年施行の「市町村の合併の特例に関する法律」（旧合併特例法・5年間の時限法・第1期）と、2005（平成17）年施行の「市町村の合併等の特例に関する法律」（新合併特例法・5年間の時限法・第2期）の制定を受けて、2010（平成22）年3月31日まで実施された。10年の時限法の旧合併特例法は2000（平成12）年に5年の時限法として再改正された。小泉内閣は「三位一体の改革」と「道州制移行」を前提に合併を促進した。

平成の大合併は648件2,161市町村で実施され、1999（平成11）年3月31日の670市1,994町568村の合計3,232市町村が、2010（平成22）年3月31日に786市757町184村の合計1,727市町村となった。時系列でみると、平成11～15年度にかけて42件142市町村で実施され3,132市町村となり、平成16年度には215件826市町村で実施され2,521市町村に、平成17年度は325件1,025市町村で実施され1,821市町村に、平成18～23年度にかけて66件168市町村で実施され1,719市町村となった。

2005（平成17）年の合併促進法の改正後は、合併を推進した地域と広域連合を設立した地域がみられた。2012（平成24）年10月1日現在、788市747町184村の合計1,719市町村（他に23特別区が存在）となっている。平成の大合併の単位は社会生活圏であった。

平成の大合併は市町村全体の約65％にあたる2,102市町村で実施され、約70％減で589市町村となった。参加市町村では約4分の1に減少したが、1,130市町村と東京23区は合併せず、全体では約2分の1になった。合併市町村の平均人口は約9万人で平均面積は約357㎢であり、非合併市町村の平均人口約5万人、平均面積約137㎢に比べると、約2倍の規模となっている。

地方自治法では市となる人口要件は5万人以上であるが、合併特例法では2010（平成22）年までは3万人に緩和されていた（2010年の法改正で廃止）。政令市も指定都市に加えて、1994（平成6）年には中核市制度が、1999（平成11）年には特例市制度が導入され、広域化した自治体に自治権の拡大と財政的優位性を付与することで市町村合併が誘導されていった。

3 平成の大合併後の地方自治制度

A 地方公共団体の実態

　2017（平成29）年1月1日現在、日本の市町村は、791市744町183村の合計1,718市町村である。そのなかで政令市は104市（指定都市20、中核市48、施行時特例市36）で市全体の約13%、指定都市は約2.5%、中核市（施行時は人口30万人以上、現在は20万人以上）は約6%、施行時特例市（2015〔平成27〕年3月31日までは特例市：人口20万人以上…2020年3月31日まで人口20万人未満であっても中核市の指定を受けることができる）は約4.6%である。また人口5万人以下の市は167市で、市全体の約21%となっている。最大人口の市は375万人強の横浜市で、最小人口の市は3,500人強の歌志内市（北海道）である。

　町の最低人口は都道府県条例で決定されるが、人口1万人以上が1都3県、8,000人以上が1府9県、人口5,000人以上が1府1道15県、4,000人以上が1県、3,000人以上が2県となっている。そのなかで、人口5万人以上の町が3（府中町、那珂川町、東浦町）、人口3,000人以下の町が40存在している。最小人口の町は、約1,000人の早川町（山梨県）である。また人口4万人以上の村が1（読谷村）、3万人台が1（東海村）、2万人台が2（中城村、西郷村）、となっており、最小人口の村は青ヶ島村（東京都）の160人である。なお村が存在しない県が13存在している。

表 9-1　地方公共団体の分布

人　口	市	区	町	村	合計	人　口	市	区	町	村	合計
300万人台	1				1	3万人台	101		46	1	148
100万〜200万人台	10				10	2万人台	66		88	2	156
50万〜90万人台	16	8			24	1万人台	20		258	8	286
30万〜40万人台	44	5			49	8,000〜9,000人台	2		76	10	88
20万人台	39	7			46	5,000〜7,000人台			136	23	159
10万人台	155	2			157	3,000〜4,000人台	1		80	41	122
6万〜9万人台	180				180	1,000〜2,000人台			40	67	107
5万人台	79	1	3		83	1,000人未満				30	30
4万人台	77		17	1	95	合　計	791	23	744	183	1,741

出典：総務省自治行政局編【総計】平成29年住民基本台帳人口・世帯数、平成28年度人口動態（市町村別）、総務省Webサイト

B 市区町村の実態

指定都市は人口 70 万人以上が前提となっているが、20 の指定都市のなかには統計によっては若干問題が指摘されている市も存在する。また人口 70 万人以上の特別区も 3 区（世田谷区、練馬区、大田区）存在する。人口 20 万人以上の市は 110 市、特別区は 17 区存在している。48 の中核市はすべて人口要件を満たしているが、36 の施行時特例市のうち 7 つの市は人口要件を満たしていない。この 7 つの市は特例により 2020 年までであれば、このままで中核市に移行が可能である。また松戸市や市川市の他 12 の市は、人口要件は満たしているものの一般の市にとどまっている。

C 地方公共団体の再編の必要性

法令上の要件を満たさない地方公共団体の存在は、市町村再編の必要性を強調する。政令指定都市や中核市の増加、連携中枢都市圏や定住自立圏の拡充、国土形成計画における広域地方計画の策定等は、市町村の再合併や道州制の導入等を要求する傾向がある。逆に地域の絆や共助等を重視する立場は、コミュニティの再生といった身近な行政を要求することになる。このバランスをどのようにして保つかが今後の課題といえる。

大都市のあり方に関しては、横浜市や神戸市等の都道府県から独立した大都市制度の導入を求める考えと、大阪市などが提唱する大都市を特別区に解体し広域行政は都道府県が担当する大阪都構想のような考え方に分かれている。また指定都市には一般職の職員が区長となるいわゆる行政区ではなく、市長が議会の同意を得て 4 年の任期で選任する特別職の区長を配置する総合区の設置も認められている。

村の存在しない県が増加している反面、人口が 1,000 人未満で議会の設置さえ困難と考える自治体も出てきている。議会に代わる住民総会の設置は可能であるが、その運用上の明確な規定は存在しない。平成の大合併後間もないが、実情に応じた新たな対応が必要となってきているのである。

124 ■ 第9章 ■ 日本の地方公共団体の実態

4　全国総合開発計画

A　全国総合開発計画の概要

　日本は戦後復興策や 1960（昭和 35）年の池田内閣による高度経済成長策
によって経済発展をとげた。統計上の高度経済成長期は、1955（昭和 30）年
から 1975（昭和 50）年までの 20 年間であった。このなかで示された太平洋
ベルト地帯構想は、太平洋ベルト地帯以外の地域を食料と労働力の供給基
地とみなしたことから、徐々に三大都市圏が発展し、過密・過疎現象を発
生させた。その解決策として政府が採用した政策の 1 つが、四次にわたる
全国総合開発計画と複数の広域行政圏を通じた広域行政の推進であった。

B　全国総合開発計画（池田内閣、1962〜1970）

　1962（昭和 37）年 10 月に、池田内閣は「地域間の均衡ある発展」を基本目
標とする「全国総合開発計画」（全総）を閣議決定した。拠点開発方式を前
提に、新産業都市建設促進法（1962 年）と工業整備特別地域整備促進法（1964
〔昭和 39〕年）を制定し、太平洋ベルト地帯外に 15 の新産業都市を、太平洋
ベルト地帯内に 6 つの工業整備特別地域を設定し、三大都市圏外の地域の
経済的発展を求めた。しかし新産業都市と工業整備特別地域以外の地域は
あまり発展しなかった。

C　新全国総合開発計画（佐藤内閣、1969〜1985）

　1969（昭和 44）年に佐藤内閣は、「豊かな環境の創造」を基本目標とする
「新全国総合開発計画」（新全総）を策定した。大型プロジェクト構想が導入
され、高速鉄道、高速道路、本四架橋、本土と北海道を結ぶ海底トンネル
などの整備あるいは建設が実施された。新全総でも「地域間の均衡ある発
展」は重視され、豊かな環境の創造を広域的な展開を目的に、広域市町村
圏と大都市周辺地域広域行政圏（24：後に広島が加わり 25）と単数もしくは複
数の広域市町村圏で形成する、地方生活圏等が設定された。

　新全国総合開発計画はエリア（圏域）全体の発展を前提とした政策を展開
した。人口 10 万人以上を標準に設定された 336 の広域市町村圏は、平均

人口 19 万人・平均面積 1,063 ㎢・平均圏域市町村数 8.9 で、一部事務組合の圏域に類似したものであった。また建設省（現国土交通省）は人口 15〜30 万人を標準に、単数あるいは複数の広域市町村圏を単位とする 179 の地方生活圏（305 の二次生活圏が内在）を設定した。

D　第三次全国総合開発計画圏

1973（昭和 48）年のオイルショックは、高度経済成長から安定成長への転機となった。それを受けて福田赳夫内閣は、1977（昭和 52）年に「人間居住の総合的環境整備」を基本目標とする第三次全国総合開発計画（三全総）を策定した。基本目標は「人間居住の総合的環境整備」であり、地方生活圏や広域市町村圏などの圏域と調整されたモデル定住圏が北海道と沖縄県と神奈川県を除く都府県にそれぞれ一圏設定された。

「定住構想」は、三大都市圏に集中する人口と産業を地方圏に分散させることを目的とした。地方圏への産業の分散策の 1 つとして、1983（昭和 58）年の「高度技術工業集積地域開発促進法（テクノポリス法）」が制定され、全国 26 ヵ所に「テクノポリス」が指定された。

E　第四次全国総合開発計画

1987（昭和 62）年の第四次全国総合開発計画（四全総）は、「総合保養地整備法（リゾート法）」制定 1 ヵ月後に、「東京一極集中の是正」と「国土の均衡ある発展」を基本に、「多極分散型の国土の形成」を基本目標として中曽根内閣で閣議決定された。前年には「民間事業者の能力の活用による特定施設の整備の促進に関する臨時措置法（民活法）」が制定されている。こうした政策がバブル経済と、第三セクターの急増を招いた。

1989（平成元）年には「平成元年度ふるさと市町村圏推進要綱」が出され、広域市町村圏政策のモデルとしてふるさと市町村圏が選定された。147 のふるさと市町村圏のうち 23 はモデル定住圏でもあった。

1992（平成 4）年には「地方拠点都市地域の整備及び産業業務施設の再配置の促進に関する法律（地方拠点都市整備法）」が制定され、44 道府県（東京都と大阪府と神奈川県を除く）のブロックの中枢都市や県庁所在地などの地方中核都市圏域外に、「地方拠点都市地域」が 85 圏域設定された。

5 21世紀の新しい全国総合開発計画

A 21世紀の国土のグランドデザイン

　四次にわたる全国総合開発計画は、1950（昭和25）年に制定された「国土総合開発法」に基づいて作成されたものである。第四次全国総合開発計画の目標年次が「おおむね2000（平成12）年」であったことから、全国総合開発計画は第四次で終了するとされていたが、橋本内閣は「国土総合開発法」により、「21世紀の国土のグランドデザイン」を策定した。

　1998（平成10）年3月に橋本内閣は、「多様な広域ブロックが自立的に発展する国土を構築、美しく、暮らしやすい国土の形成」を基本目標とする「21世紀のグランドデザイン（五全総）」を閣議決定した。東京一極集中の要因を「一極一軸型の国土構造」とみなし、「経済的豊かさとともに精神的豊かさを重視する、多軸型国土構造の形成」を目指した計画であった。そこでは首都機能移転も計画され、候補地が3ヵ所に絞られたが、東京の反対や大型公共事業への批判もあって実現しなかった。

B 「国土総合開発法」から「国土形成計画法」へ

　2005（平成17）年には、「国土総合開発法」が「国土形成計画法」と改正され、「国土形成計画法」が1950（昭和25）年に制定された法律の新しい名称となった。この対象は北海道（北海道開発法による「北海道総合開発計画」）と沖縄（沖縄振興開発特別措置法による「沖縄振興計画」）を除く45都府県と札幌市を除く17（現在は19：著者注）の政令指定都市である。全国総合開発計画は「国土形成計画」として策定されることになった。

C 国土形成計画

　2008（平成20）年7月の福田康夫内閣による「国土形成計画（六全総：おおむね10年間）」の閣議決定前の5月に、総務省は人口5万人程度以上（少なくとも4万人超）の中心市と近隣市町村が相互に役割分担し、連携・協定することにより、圏域全体として必要な生活機能等を確保する「定住自立圏」創設に着手した。これは、地方圏における「定住の受け皿」となる圏域設

定を目的としたものであり、三大都市圏外の都府県を原則とする地方圏の人口流出を食い止める「ダム機能」の確保を目的としたものであった。

　なお、2017（平成29）年7月現在、定住自立圏は119存在している。それらは平成の大合併で誕生した市を圏域とする合併一市圏域型と、平成の大合併未実施地区や合併圏域より広域な圏域を対象とする、県境を越えて形成される県境型、他の圏域と重複する圏域重複型、2つの市を中心市とする複眼型に大別できる。

　7月に福田康夫内閣は、「多様な地域ブロックが自立的に発展する国土を構築」を基本目標にとする「国土形成計画」を閣議決定した。それは全国計画と広域地方計画を通じた新しい国土像の形成を目的としたものであり、北海道と沖縄を除く、東北圏（新潟県を含む7県）、首都圏、北陸圏、中部圏、近畿圏、中国圏、四国圏、九州圏の8圏域を対象としていた。なお、中部圏と北陸圏、中国圏と四国圏には広域地方計画合同協議会が設置された。

　2014（平成26）年には、地方圏の指定都市や新中核市（人口20万人以上）の61市を対象とした、相当の規模と中核性を備える圏域における市町村の連携組織である「連携中枢都市圏」制度を挿入した。「一定の圏域人口を有し活力ある社会経済を維持するための拠点」を築くことが目標とされた。2017（平成29）年3月現在23存在する。最多人口230万強の広島広域都市圏から、合併一市で27万人弱の下関連携中枢都市圏までの多様性はあるが、平均人口は82万人強である。

D　国土形成計画の変質

　2014（平成26）年6月には、地域の活力の維持・東京一極集中への歯止め・少子化と人口減少の克服を目的に含む「経済財政運営の改革の基本方針2014（骨太の方針）」や、「国土強靭化基本計画」が閣議決定された。7月には「国土のグランドデザイン2050」が公表された。9月には「まち・ひと・しごと創生本部」が設置され、地方創生担当大臣が任命された。地方創生では、過疎集落等の維持・活性化を目的とする「集落ネットワーク圏（地域運営組織）」が設置された。こうした改革を取りまとめる形で、2015（平成27）年8月に安倍内閣は「第二次国土形成計画（七全総）」を策定した。

6 地方創生と新しい自治制度

A 国土のグランドデザイン2050

2014（平成26）年7月に政府は「国土のグランドデザイン2050〜対流促進型国土の形成〜」を公表した。これは「2050年を見据え、未来を切り開いていくための国土づくりの理念・考え方を示す」ことを目的としたものであり、その課題として（1）急激な人口減少、少子化、（2）異次元の高齢化の進展、（3）国家間競争の過激なグローバリゼーションの進展、（4）巨大災害の切迫、インフラの老朽化、（5）食料・水・エネルギーの制約、地球環境問題、（6）ICTの劇的な進歩など技術革新の進展が挙げられている。

2050年に日本の人口は1億人を割り、高齢化率約40％という世界でも類を見ない超少子高齢社会をむかえると予測されている。そのための基本戦略として（1）国土の細胞としての「小さな拠点」と、高次地方都市連合等の構築、（2）攻めのコンパクト・新産業連合・価値創造の場づくり、（3）スーパー・メガリージョンと新たなリンクの形成、（4）日本海・太平洋2面活用型国土と圏域間対流の促進、（5）国の光を観せる観光立国の実現、（6）田舎暮らしの促進による地方への人の流れの創出、（7）子どもから高齢者まで生き生きと暮らせるコミュニティの再構築、（8）美しく、災害に強い国土が示された。

B 地方創生

地方創生の先駆けとなったものが、2005（平成17）年に制定された「地域再生法」による地域再生制度である。また2008（平成20）年には、地域再生の支援を目的の1つとする「ふるさと納税」制度も導入された。ふるさと納税制度は、納税者が地方公共団体を選択して応援や支援を目的に行う寄付であり、寄付額の一部が所得税や住民税から控除されるものである。国民は地方公共団体の取り組みを考慮し寄付先を選択するので、地域間競争を推進するものでもあった。返礼のあり方が問題となってはいるが、地域再生に寄与することが予定された制度でもあった。

政府は2014（平成26）年9月に「まち・ひと・しごと創生本部」を設置し、

地方創生担当大臣を任命し、11月には「まち・ひと・しごと創生法」を成立させ、地方再生から地方創生への政策転換を強調した。政策転換に合わせて、地域再生法の2015（平成27）年改正で「小さな拠点（コンパクトビレッジ）の形成」や「企業の地方拠点強化の促進」等が、2016（平成28）年の改正で「地方創生推進交付金」「地方創生応援税制（企業版ふるさと納税）」「生涯活躍のまち制度」等が創設された。小さな拠点は「集落ネットワーク圏（地域運営組織など）」の形成へと進み、財政支援の他、人材活用の手段として「地域おこし協力隊」や「集落支援員」の配置と支援などを行っている。

C　第二次国土形成計画

　2015（平成27）年8月に安倍内閣は、「対流促進型国土の形成」を基本目標とする「第二次国土形成計画（七全総）」すなわち「本格的な人口減少社会に正面から取り組む国土計画」を策定した。対流促進型国土は、多様な個性を持つ「農山村地域」、「研究・境域地域」、「都市地域」が相互に連携して生じる地域間のヒト、モノ、カネ、情報の双方向の活発な動きである対流と海外との対流を重視する政策である。

　計画期間は2015（平成27）年から2025年の10年間である。この期間を政府は、2020年の東京オリンピック・パラリンピック競技大会の前後にわたる「日本の運命を決する10年」としている。計画策定の背景は「国土のグランドデザイン2050」とほぼ同じであり、この長期計画の一時期を担う計画であることがわかる。

　計画が示す具体的方向性の第1は「ローカルに輝き、グローバルに羽ばたく国土」の形成であり、具体的には「個性ある地方の創生」、「活力ある大都市圏の整備」、「グローバルな活躍の拡大」である。第2は「安全と・安心と経済成長を支える国土の管理と国土基盤」であり、具体的には「災害に対し粘り強くしなやかな国土の構築」・「国土の適切な管理による安全・安心で持続可能な国土の形成」、「国土基盤の維持・整備・活用」である。第3は「国土づくりを支える担い手の育成」、「共助社会づくり」である。そこには「広域地方計画の策定・推進」と「国土利用計画との連携」とあり、地方の計画に対する国の関与の強さがうかがえる。

130 ■ 第9章 ■ 日本の地方公共団体の実態

知識を確認しよう

【問題】

次の各小問の誤りを正しなさい。

(1) 江戸時代は幕藩体制維持を目的に、地域を政治的に分けて村をつくり役人を派遣した。明治政府は自然的な集落を区と称して事務を管轄させた。江戸時代の村落を行政村、明治維新期の区を自然村という。

(2) 戦後復興期を対象にした全総は地方生活圏を、高度成長期を対象にした新全総は地方拠点都市地域を、安定成長期を対象にした三全総は広域市町村圏を、バブル経済期を対象にした四全総は新産業都市の建設を前提に策定された。

(3) 21世紀のグランドデザインは「地域間の均衡ある発展」を、国土形成計画は「多様な地域ブロックの構築」を基本目標に策定された。前者は「多軸型国土構造」を、後者は「多様な広域ブロックが自律的に発展する国土の構築」を目標としている。

(4) 平成の大合併を対象にした2000年の旧合併特例法は地域自治区（合併特例）を、2004年の改正地方自治法は地域自治区（一般制度）を、2005年の新合併特例法は地域審議会と合併特例区を導入した。

【解答への手がかり】

(1) 江戸時代は自然村を前提に、明治時代は当初行政村を設置して統治を行ったが、その後自然村を対象に統治が行われた。

(2) 全国総合開発計画は1962年から展開され、全総は新産業都市などを、新全総は広域市町村圏や地方生活圏を、三全総はモデル定住圏を、四全総は地方拠点都市地域を設定した。バブルは四全総の結果である。

(3) 21世紀のグランドデザインは「多軸型国土構造の形成」を、国土形成計画は「多様な地域ブロックの構築」を基本目標としている。「地域間の均衡ある発展」は全総の基本目標である。

(4) 旧法は地域審議会を、新法は合併特例区と地域自治区（合併特例）を設置した。

第10章 地域と多元的アクターの新しい関係

本章のポイント

1. 地方分権が進展するなかで、自治体は地域内外に将来の指針を示す自治基本条例の制定の動きを活発化している。
2. 政策は自治体だけの独占物ではなく、住民などとの協働によってつくるものである。
3. コミュニティが弱体化しつつあり、新しいコミュニティの形を模索しなければならない。
4. コミュニティビジネスは住民による地域課題の新しい解決手法である。
5. 安全安心のまちづくりの手法として環境設計手法がある。ハード面、ソフト面の両面での防犯対策が望まれる。
6. 地域の国際化には、外への国際化と内なる国際化がある。

1 自治基本条例

A 自治基本条例とは

近年、全国の自治体に自治立法の気運が高まっている。その1つに自ら
の将来への指針を明確に定めようとする自治基本条例の制定がある。この
動向は、かつては川崎市などごく一部の先進自治体で議論されるにすぎな
かったが、北海道ニセコ町を嚆矢として制定への動きが活発化している。
自治・分権という時代の潮流から、お任せ民主主義や安易な増分主義の自
治体運営は通用しない。この条例は自らの責任で最良の政策選択を行い自
治体運営をしようとする自治体内外への意思表明である。それは、美辞麗
句を並べた宣言的な都市憲章とは異なり、自治体の基本原理や組織体制な
ど基本ルールを定め、具体的に実効性をもつ条例として規定される。

もっとも、基本事項を定める条例であるが、法律上の概念はなく、明確
な定義やその名称も統一されていない。たとえば、「自治基本条例」「まち
づくり基本条例」や「行政基本条例」などとその名称はさまざまである。

B 背景
[1] 制度環境の整備

地方分権一括法の成立により国地方関係は「上下・主従関係から対等・
協力関係へ」と変化した。この制度改革の効果が名実ともに成就するには、
時間を要するものの、自治体のなかには、自己決定権への意識を強め、制
度改革のメリットを最大限活かそうとする動きが活発である。とりわけ機
関委任事務制度が廃止されたことは、自主立法への意識を覚醒させた。す
なわち、自治体は、地域特性を活かし、地域の総合行政体として社会の変
化や住民ニーズに応えるために、地域の法体系を再編し、基本的価値を示
すツールとして自治基本条例の必要性を唱えるのである。

分権は、自治体に裁量権と同時に重い責任を負わせるものである。住民
や首長、議員の軽易な思いつきで政策の展開はできない。そのため、自治
体は責任ある地方政府としての政策の決定プロセス、自治立法ないしその
運用の基準である基本条例を策定せざるをえない。

[2] 内発的要素

内発的要素として、地域差はあるものの、地域住民の自治意識の高揚があげられよう。制度変革のみならず、戦後半世紀の歳月を経て、住民が住民自治の本質への理解を深め、まちづくりへの参加意識や、協働することへの意識が高まった。住民においては、自治体が政策過程を独占するのではなく、行政と他の地域のアクターが協働して政策の形成、実施をするべきとの意識が拡大している。これは、ローカル・ガバメントの時代は終焉を迎え、ローカル・ガバナンスの時代へと変遷したことを意味している。その主要なアクターとして、住民が台頭し条例づくりにも積極的に参加する傾向が見られる。

C 自治基本条例の意義と課題

自治体の内外の環境変化のなか、政策主体としての自治体は、自治体としての普遍的に確保すべき事項について、条例を制定し永続的な指針をもつべきである。自治体運営の根幹となるべき事項の体系的整序が求められている。自治基本条例は国法上は他の条例と効力に優劣の関係をもつものではないが、自治体内部の最高規範として位置付け、矛盾のない条例づくりが求められる。

2 住民参加と協働

A 自治と協働

第27次地方制度調査会答申で「協働」という言葉が取り上げられてから、それは「自治体と住民の関係性の再編を軸に、地域の変革と自治体の変革をめざす」民主主義の新しい形として注目され、都市計画や各施策の策定などにその例を見ることができる。また、全国の自治体の条例のなかにも協働やパートナーシップの文言が見られる。

それは、公共領域において、行政のみならず地域の多様な主体の双方がその特性（強み）を踏まえて役割を分担する、あらゆる協力体制を包含する

概念と考えられる。地方分権の進展や住民ニーズの高度化・多様化に伴って公共領域の範囲が拡大し、自治体は住民、NPO、企業などと協力・連携し、真の地方自治の実現、住民ニーズの対応が求められている。住民と行政の関係は画一的、一方通行的であったことから、相互に責任を明確にしたうえで柔軟かつ双方的な関係へと転換することが必要となっている。

B　住民などとの協働

協働は事業の執行段階での住民が参加する意味合いが強かった。真の協働は、事業の計画・決定、執行、評価の各段階において、多様な主体が各段階に参画する機会が提供され、住民をはじめとする各種主体と行政が相互に連携することである。

これからは計画・決定段階での参加も重要とされ、公の施設の管理・サービスの提供などの計画の検討や決定に参画する機会が提供され、その意見をきめ細かく反映させることが重要とされる。

C　協働の原則

①**目的の共有化**　協働の意義を協働主体の双方が共通理解し、目的を共有することが重要である。

②**対等性**　上下関係がない自立した主体同士が、対等なパートナーの関係であることを常に意識し、協働を推進することが求められる。

③**信頼関係の構築**　相互理解を基盤とし、主体相互間でコミュニケーションを密に図り、情報を共有し、信頼関係を築くことが必要である。

④**役割・責任の明確化**　協働主体が、自らの特性を理解し、適切な役割分担や責任を明確化して協働することが必要である。

⑤**透明性の確保**　協働のプロセスを公開し、参加機会の平等の確保、協働関係の固定化・長期化による癒着などの弊害が生じないよう緊張感ある協働体制を築く必要がある。

D　協働の方法

ここでは、協働の取組みとして昨今の一例を眺めてみよう。

[1] アダプト・プログラム

アダプトとは、英語で「養子縁組する」を意味し、そのプログラムは、住民、企業、市民団体などが契約のもと、契約団体として無償で自治体などの所有する公共空間の管理にかかわる仕組みをいう。アメリカで始まった仕組みであるが、日本では1998（平成10）年に徳島県神山町で初めて導入されてから全国に広まった。このプログラムの特徴として、ボランティア活動を基盤とすること、住民と行政が相互に役割分担を明確にした合意に基づきパートナーシップを構築すること、アダプトした区域には表示を出すことで責任と誇りをもち世話することがあげられる。

[2] 公募市民・プラーヌンクスツェレ

審議会などに、住民が参加できるように、一定数の委員について一般公募の形が採られている。しかし、この方法では地域に関心の高い一部の住民の参加に留まる傾向がある。そこで、無作為抽出でまちづくりへの住民参加を促す手法として「プラーヌンクスツェレ」がある。

[3] パブリック・コメント

行政機関が政策案などを事前に公表し、それに対して広く住民から意見や情報の提供の機会を設け、行政機関は提出された意見などを考慮して最終的な意思決定を行うというものである。

[4] パブリック・インボルブメント

住民に計画策定段階から参画を求めるもので、住民に政策への学習機会を与え、住民との合意形成まで踏み込んだものである。

[5] 1% 支援制度

ハンガリーの1%法を参考にしたもので、住民が個人住民税の前年度納税額の1%分を登録した活動団体に対して、寄付できる仕組みである。

3 コミュニティ、NPO、自治会

A コミュニティとはなにか
[1] コミュニティの要素
　コミュニティとは「市民としての自主性と責任を自覚した個人及び家庭を構成体として地域性と各種の共通目標を持った開放的でしかも構成員相互に信頼感のある集団」(国民生活審議会調査部会, 1969) である。すなわち、その基本的要素としては「地域性」、「共通目標」、「信頼性」がある。

[2] コミュニティの規模
　共同生活の場としてのコミュニティは、小さなものから大きなものまでいくつかのコミュニティを考えることができる。
　第1に、最小のコミュニティは近隣の単位である。第2に、近隣社会よりやや大きなものとして町内会・自治会がある。それは、住民の交流や地域の日常生活の基盤となる伝統的なコミュニティの代表的なものである。基礎的な組織でありながら、高齢化、加入世帯の減少などの課題を抱えている。第3に、複数の町内会・自治会から構成される学区というコミュニティである。学区はもともと教育行政のために設置されたものである。

B 自治会・町内会
　伝統的なコミュニティ組織であるが、住民の任意組織である。町または字の区域その他の市町村内の一定の区域に住居を有する者の地縁団体である。日常生活レベルにおいて住民相互の連絡、地域的な共同活動を行う。名称については、自治会、町内会、町会、区会などの名称があるが、名称による機能的な差異はない。従来は「権利能力なき社団」に該当するものと位置づけられたが、1991 (平成3年) 年の自治法改正により一定の要件に該当すれば市町村長の許可を受け、法人格を取得することができる。

C NPO
　NPO はその組織の使命 (ミッション) を達成するために、この共通目的の

下で活動し、結成される団体である。テーマ型コミュニティ組織であり、昨今、特定のテーマを掲げ、まちづくりを展開する有志組織である「活動目的によるコミュニティ」としてのNPOがある。

　最近、コミュニティと同様に「地域性」、「共通目標」、「信頼性」を有し、地域にかかわる「包括的機能」を備えた、いわゆるコミュニティ的NPOが登場している。ここで「包括的機能」とは、NPO法の別表に掲げる分野を網羅した活動を行うことを意味する。それは地域コミュニティという限られたエリアの課題解決を目指すNPO法人である。

　当該地区における公益活動を目的としながらも、①地区の包括的な課題の解決を目指すNPO法人と、②地区住民総参加型のNPO法人に分けられる。どちらかといえば前者は都市型で、後者は農山村型のNPO法人としての特徴が強い。

D　課題

①これまでコミュニティにおいて中心的な役割を果たしてきた自治会などに、新規の加入者がないため構成員の固定化やリーダーの高齢化などの組織疲労が見られる。過疎化・高齢化が進む地域では、自治会を維持していくことすら困難なところもある。災害などへの備え、地域の安心安全の確保やまちづくり分野などでコミュニティに対する期待が高まっているにもかかわらず、そのコミュニティが弱体化している。

②現代社会は多様性社会であり、多様な価値観、生き方が尊重され、コミュニティに対する考え方も一様ではない。大都市圏は、都市化が進み、地縁的な結びつきが弱く、自治会などへの加入率も地方圏に比べると低い。さらに、最近ではプライバシー意識が高まり、隣近所との付き合いを避ける傾向がある。地方圏においては、地縁的なつながりが強いところもあるが、市町村合併などにより従来の共同体意識が拡散する地域も見られる。

③今までは、コミュニティとNPOやボランティア・グループなどの市民活動組織とのかかわりは薄かった。しかし、これらの活発な活動をする市民活動組織との協働関係をいかに構築していくかが課題である。

4 コミュニティビジネス

A 定義

コミュニティビジネスには定まった定義があるわけではない。代表的な定義に従えば、それは、「地域の課題を地域住民が主体的に、ビジネスの手法を用いて解決する取り組み」をいう（関東経済産業局, 2009）。最近では、「ソーシャルビジネス」という類語が使用されることもあるが、それが社会的課題全般の解決を目指すのに対し、「コミュニティビジネス」は地域的な課題に特に着目している点で異なる。すなわち、ソーシャルビジネスはコミュニティビジネスを包含する概念である。

B 背景

コミュニティビジネスが注目される背景には以下のものが考えられる。

第1に、住民ニーズは、高度化・多様化・複雑化しているため、公平性の観点から画一的な行政サービスでは対応できない。第2に、とりわけ地方都市では非自発的・構造的離職者が増加している。第3に、生活スタイルが多様化・広域化し、「地域性」「共同性」といった住民意識が低下している。第4に、高齢者・障害者・専業主婦などの就業機会が不足している。元気な高齢者が増加しているが、「生きがい」「社会参加」を実現できる就業機会がない。また、障害者は、企業などで社会的弱者として福祉的就労が与えられるのではなく、専門スキルを活かせる就業機会が必要である。さらに子育てを終えた主婦の力を有効利用する機会が必要である。

C コミュニティビジネスの特徴

コミュニティビジネスの特徴は、第1に地域的な課題を解決することをミッション（使命）としている。第2にビジネスとして継続することを前提としている。すなわち、事業の運営のためのビジネス手法により、事業を安定的・継続的に行うために必要な対価を徴収する。ミッションを達成するために必要な範囲で、最低限の利益を上げる。第3にその利益は、地域課題の解決のための活動の継続や新たな地域的な課題の解決に向けられ、

営利企業のように株主配当はしない。第4に地域住民が主体となってこれらの課題を解決するために活動する。第5にここでいうコミュニティとは、地域的課題をもつ特定地域を指し、行政区域を意味するわけではない。

D　中間支援組織

コミュニティビジネスが発展するためには、「中間支援組織」が必要である。中間支援組織には国や県、市区町村または商工会議所や商工会などがその担い手となり、つぎのような方法で支援している。

第1に、「資金」援助による支援である。コミュニティビジネスの起業資金を補助し、運営資金を融資する。第2に、「場所」による支援である。商店街の空き店舗などの遊休施設を活動場所として提供する。第3に、「人」による支援である。起業にはさまざまな専門知識を必要とすることから、専門家の派遣や人材育成などがある。第4に、「モノ」による支援である。リサイクル物資などの提供である。第5に、「情報」による支援である。起業、運営のために相談業務や、情報提供をすることである。

E　コミュニティビジネスに期待される効果

第1に、従来の行政や企業では解決することができなかった地域社会の問題について、地域の実情に合わせたきめ細かい対応が可能となる。第2に、住民がコミュニティビジネスに携わることによって、活動を通じた生きがいをもち、自己実現を図ることができる。第3に、原材料、労働力、技術・ノウハウなど地域の資源を活用して取り組むことから、地域産業の活性化に貢献する。第4に、雇用の創出機能がある。地域の新しい担い手による創業・創出が期待できる。第5に、地域経済の自立促進機能がある。

F　課題

第1に、確定した定義がないことからわかるように、社会的認知度が低い。第2に、必ずしも事業性の高いとはいえない領域での活動であるため、資金調達が困難である。第3に、社会性と事業性を同時に確保する経営ノウハウが不足しており、成功事例の蓄積も少ない。第4に、人材が不足しており、それを支援する人材も不足している。

5 安全安心のまちづくり

A 安全安心のまちづくりとは

安全安心とは、客観的な確率論を「安全」といい、主観的判断を「安心」ということができる。社団法人日本建築協会は、「安全」とは「自分の外から（客観的に）保証されている」ということであって「安心」とは「安全であることを知ることにより自分のなかから（主観的に）保証している」と定義している。

まちづくりにおいて、住民の安全が図られていることは当然であるが、同時に住民が心理的にも安心感をもって平穏に生活できることが重要である。自治体はリスク情報を的確に住民に提供し、地域、住民・企業との連携を図りつつ、それぞれの課題や特性に応じた取組みを進める必要がある。

そこで、「安心安全のまちづくり」の主要な政策として、防災政策と、防犯政策をあげることができる。

わが国は、2011（平成23）年に東日本大地震という大規模な自然災害を被った。もともと自然災害を被りやすい環境にあり、とりわけ地震については、海洋プレートと大陸プレートの境界に位置しているため、世界全体で発生するマグニチュード6以上の地震回数の約2割を占める。また、近年局地的な集中豪雨が頻発して起こることによる土砂崩れ、中小河川の氾濫や低地の浸水による被害が発生している。このように、災害が起こりやすい自然的状況のなかで、いかに安全を確保したうえで、安心感をもたせるかが肝要である。

一方で、重大犯罪の増加に伴う不安を軽減するための防犯に配慮したまちづくりや、さらに高齢者や障害をもつ人に配慮したバリアフリー化などの安全・安心な生活環境の確保などが課題となっている。

この節では、とりわけ防犯まちづくりについて考察してみよう。

B 犯罪の背景

(1) 都市化とコミュニティの崩壊

新興住宅地やマンションの増加、生活様式の多様化により、近隣と接触

する機会が減少し、さらに周囲に対し無関心になってきていることなどから、地域社会の一体感・連帯意識が希薄になり、従来有していた地域社会における犯罪抑止機能が低下していると考えられる。

(2) 遵法意識の低下

公共の場所で他人の迷惑を考えないなど、社会の基本的なルールを守らない風潮がある。このような遵法意識の低下が、犯罪増加の一因になっている。また、自己中心主義の風潮が広がりつつあり、個性的に生きることと取り違えている人が増え、地域社会に対する帰属意識を低下させている。

(3) 犯罪の実行を容易にする社会環境

インターネットの発達や携帯電話の普及によって犯罪の用具や犯罪のための情報の入手など、情報システムが犯罪に悪用されることがある。

(4) 犯罪の低年齢化および不良外国人の増加

家庭、学校、地域社会の少年に対する教育力の低下、犯罪抑止力の低下などがある。加えて、国際化による来日する不良外国人による犯罪が急速に増加している。

(5) 不況による経済情勢の悪化

失業者の増加、雇用不安、生活困窮による犯罪が増加している。

C 対策

[1] 防犯環境設計手法

防犯環境設計は、欧米では、CPTED（Crime Prevention Through Environmental Design：環境設計による犯罪予防）と呼ばれ、1970年代から進められている。防犯環境設計手法とは、建物や街路の物理的環境の設計（ハード的手法）と、住民や警察、自治体などによる防犯活動（ソフト的手法）とを合わせて総合的な防犯環境の形成を目指すものである。

防犯環境設計は、直接的な手法として「被害対象の回避・強化」と「接近の制御」、間接的な手法として「自然監視性の確保」と「領域性の確保」がある。被害対象の回避・強化は犯罪の被害対象になることを回避するため、犯罪誘発要因の除去や対象物の強化を図ることである。接近の制御は犯罪企図者が被害対象者（物）に接近しにくくすることである。自然監視性の確保は多くの人の目が自然に届く見通しを確保することである。領域

性の確保は領域を明確にすることで部外者が侵入しにくい環境を整備することである。以下、具体的な対策について考察してみよう。

[2] 具体的な防犯のまちづくり

(1) ハード面の対策

①**住宅対策**　侵入盗の対象物ある既存住宅を強化する。そのために、防犯対策情報の提供、防犯診断を促進する。

②**商業施設などの防犯対策**　防犯対策情報の提供、特に、商店街内の施設へは防犯カメラなど防犯機器の設置を促進する。

③**公園などの安全対策**　樹木の剪定や照明灯の設置により、道路や公園の見通しを確保し、犯罪の発生しにくい環境づくりに努める。

④**公共施設の安全点検**　公共施設は、防犯上の安全点検、犯罪発生時の対策のマニュアル化を行い、市民の安全確保に努める。

(2) ソフト面の対策

「地域安全マップ」の作成など、地域が一体となり防犯上の課題を発見する取組みがある。地域で共有した課題をまちづくり活動や計画などに反映させ、防犯意識を向上させる。また、防犯のまちづくりのためにアドバイザーやコアとなる人物を育成する。

防犯活動に近道はなく、住民と自治体・警察が連携して、情報や意識を共有し、地域で継続的で地道な防犯活動が望まれる。

6　地域の国際化

A　地域の国際化とは

国際関係に関する仕事は「国際社会における国家としての存立にかかわる事務」であり、基本的には中央政府が担う役割である（自治1条の2）。しかし、グローバリゼーションの進展に伴い、自治体レベルでも国際化に対応した政策を展開する必要が出てきた。それは、外への国際化と内なる国際化に大別することができる。

B　外への国際化

外への国際化とは、他国の自治体、企業、住民らと交流、協力を行い、友好関係を築くという活動である。たとえば、姉妹都市提携、途上国援助、国際的イベントの誘致、経済交流支援などがある。

とりわけ、姉妹自治体交流は自治体が行う国際交流を推進する基礎的な施策とされ、住民が参加する機会を提供しやすいことから、国際交流施策の中核となっている。姉妹自治体交流には、相互理解や国際親善の推進、地域の振興・活性化、さらには国際社会の平和と繁栄への貢献といったことが期待されている。地球レベルでの自治体同士の国際協力、国際交流に大きな役割を果たしている。

日本初の姉妹自治体提携は、1955（昭和30）年12月に長崎市とアメリカ合衆国セントポール市との間に締結された。その後、姉妹自治体提携数は年々増加し、現在では1,700組以上になっている。

使用される名称には「姉妹都市」「友好都市」「友好交流都市」などがあり、都市間交流についてつぎの3点の基準を満たすものをいう。すなわち、①両首長による提携書があること、②交流分野が特定のものに限られていないこと、③交流するにあたって、何らかの予算措置が必要になるものと考えられることから、議会の承認を得ていることである（自治体国際化協会ウェブサイト）。日本の提携相手先は、多い順にアメリカ、中国、韓国、オーストラリア、カナダと続いている。

C　内なる国際化

内なる国際化とは、自治体内に居住する外国人を対象とするものである。自治体が、在住外国人に対して公共サービスを提供したり、日本人住民の意識改革を促進したりすることで、より住みやすい地域社会の環境を整備する活動である。広報活動、就労支援・子女教育などさまざまな公共サービスの提供、差別防止など基本的人権の尊重に向けた取組みがある。地域内に居住する外国人の基本的人権を法的に保障し、より住みやすい地域社会をつくる責任を自治体は負っているとの考えに基づくものである。

D 自治体の国際化政策の意義

第1に、日本人、外国人双方に対する教育的効果である。海外交流、協力は異文化を実体験し、日本人の他国への理解を深めることに有効である。反対に相手国の住民も日本国の存在を知っていても、日本人そのものについて理解が乏しいことが多い。日本人の生活習慣などを知り、等身大の日本および日本人を知る絶好の機会となろう。こうした異文化交流は、住民間に一種の活気を与えることにもなる。

また、国際化政策の比重は単なる国際交流から国際協力へ移行し、日本人、外国人双方が協力して新しいものを創造することも珍しいことではない。このような活動も、相互理解と共生の基盤になるだけでなく、中央政府レベルの国家間関係を補完するものともなっている。

第2に、地域社会に安定をもたらすことである。自治体が地域内でのいかなる差別をもなくし、日本人、外国人間の意思疎通をすすめる環境を整備することは、多文化共生意識を創出する。日本人、外国人が交流なく雑居している状態では、誤解や不信感が芽生え、些細なことでも深刻な衝突につながりかねない。両者が共生意識をもち、コミュニティを形成することは、地域を安定させ、同時に文化面でも個性豊かな活気をもたらす。

第3に、経済的利益を地域にもたらす点である。国際的イベントの誘致や経済交流支援は経済的利益と直結している。自治体の多くが地域経済の停滞、それに伴う税収減に苦しむ状況では、こうした活動は地域発展のための起爆剤になろう。この経済的利益は、自治体のみならず、それを支える住民、企業にも魅力的であり、こうした活動に熱心に参加させる動機になる。それゆえ、経済的利益は活動を長続きさせる秘訣といえよう。

今後、自治体や住民には「地球規模で考え、地域で行動する（think globally, act locally）」という発想がますます必要となっている。世界は関係が密になり、極めて狭いものになっている。自治体の地域政策も国際関係を無視できない状況にある。

知識を確認しよう 145

知識を確認しよう

［問題］

つぎのうち、各選択肢に正誤をつけなさい。

(1) 自治基本条例を初めて制定したのは北海道ニセコ町である。

(2) プラーヌンクスツェレとは、審議会の委員を公募により選出する。

(3) 自治会は「権利能力なき社団」であり、法人格を取得できない。

(4) コミュニティビジネスは、自治体が直接行う地域ビジネスをいう。

(5) 自治体による「外なる国際化」の例として姉妹都市交流がある。

［解答への手がかり］

(1) ○

(2) ×　審議会の委員などを無作為抽出で選出する方法である。

(3) ×　地方自治法の改正により一定の要件により法人格を取得できる。

(4) ×　住民によるビジネスである。

(5) ○

第11章

環境政策と廃棄物政策

本章のポイント

　本章においては、我々の身近な問題であり、行政サービスでも重要である環境政策および廃棄物政策について学ぶ。

1. わが国の環境政策の成立のきっかけとなった公害問題およびそれへの自治体の対応について学ぶ。

2. 高度経済成長に伴う産業公害の増加とそれ以後の経済低成長期、国際化の進展などといった社会の変化とそれに対する環境政策の変化について学ぶ。

3. 我々が生活するうえで避けることのできない問題であり、公共の問題である廃棄物行政の歴史等について学ぶ。

4. 廃棄物行政に関する自治体の役割やその仕組み等について学ぶ。

5. 資源の問題や最終処分の問題に伴い単純な廃棄物処理から資源循環型社会への変遷等について学ぶ。

6. 近年の環境政策の動向について学ぶ。

1 公害問題と自治体の対応

A 公害の発生とその対策

　戦後、経済の復興に伴い、重工業中心の開発政策が進められるなか、工場等を起因とする公害が増加した。工業化に伴い都市化も急速に進展し、自然環境の破壊や生活環境の悪化が社会問題となっていった。高度経済成長期に入ると、急速な産業経済の発展により、大気汚染、水質汚濁、地盤沈下など深刻な公害問題が各地に発生した。これらの地域では公害反対の住民運動が活発化した。

　しかしながら、こうした公害の発生に対して、環境政策は国、自治体ともに不完全であった。この頃は、公害に対する住民運動への対応のため、国に先行し自治体では、公害問題への対策を進めていた。しかし 1949（昭和 24）年の東京都の東京都工場公害防止条例をみても、事業主に対する公害防止の義務づけや公害発生のおそれがあるときの立入検査などが盛り込まれていたが、明確な排出基準もなく効果は薄かった。その後、大阪府（1950〔昭和 25〕年）、神奈川県（1951〔昭和 26〕年）などでも公害防止条例が導入され、東京都でも 1954（昭和 29）年に「騒音防止に関する条例」、翌年に「ばい煙防止条例」を制定したが、その抑止力は弱かった。こうした対策が採られたが、1958（昭和 33）年に東京都江戸川区の製紙工場からの汚水による漁業被害に対し、漁民が乱入した事件や 1963（昭和 38）、1964（昭和 39）年に静岡県三島市・沼津市・清水町への石油化学コンビナート建設計画に対する反対運動など、公害に対する住民運動は生じていた。

　国は、1958（昭和 33）年に水質保全法、工場排水規制法、1962（昭和 37）年にばい煙規制法などの規制法を制定した。これらは指定地域に限った対症療法的な対応であり、全般的な取組は進まなかった。また、法律には、生活環境の保全と経済発展の調和を図る規定（いわゆる調和条項）があり、あくまでも産業の発展が優先され、公害対策として十分とは言えなかった。

　その結果、水俣病、新潟水俣病、四日市ぜんそく、イタイイタイ病など重化学工業による産業公害が各地で発生した。このようななか、予防措置による公害防止の基本的理念の確立の必要が求められていった。

B 公害対策の進展

　自治体の政策が国に先行し進められた背景には革新自治体の存在があった。1964（昭和39）年には横浜市で自治体と事業者間の合意に基づく協定による公害防止協定が採り入れられ、その後、革新自治体を中心に多くの自治体でも協定が採用されていった。そうしたなかで1960年代後半になると産業公害の深刻さが広く認識された。特に各工業地帯で生じた大気汚染などの問題が全国にも広がり、四大公害訴訟（水俣病、新潟水俣病、四日市ぜんそく、イタイイタイ病）では排出した企業の法的責任が明確にされた。

　1967（昭和42）年には公害対策の本格的な動きとなった公害対策基本法が制定された。この法律は「公害」を大気汚染、水質汚濁、土壌汚染、騒音、振動、地盤沈下、悪臭の7種と定義し、その対策の基本的な方向を定めていた。この法律をもとに、「大気汚染防止法」（1968〔昭和43〕年）をはじめとした法律の整備が進められた。

　1969（昭和44）年には東京都は公害防止条例を制定し、工場設置の認可制と立地規制、法律以上の基準の設定などを盛り込んだ。当時は、法律よりも厳しい規制を行う上乗せ条例や横出し条例が問題とされていたが、のちに法律上での適法性が明示的に認められた。

　1970（昭和45）年11月、公害関係法制の抜本的な整備を図ることを主目的にした臨時国会（いわゆる公害国会）において、公害対策基本法（「調和条項」の削除等）、大気汚染防止法等の改正や、水質汚濁防止法、公害防止事業者負担法等公害関係14法が制定された。これらにより、公害対策、公害規制の基本的構造が形成された。

　また、高度経済成長期を通して国土開発が進められ、開発による自然環境の破壊から自然を保護するための取組も広がっていった。1972（昭和47）年には自然環境保全法が制定された。自治体においては、1970（昭和45）年に北海道で「自然環境等保全条例」が制定され、1972年には富山県自然環境保全条例が制定されるなど、全国の各自治体に自然環境保全条例制定の動きが広がっていった。

　こうした環境問題に対する国民意識の高まりの影響を受けて、1971（昭和46）年に、各庁の公害行政を統合するため環境庁が設置された。

150 ■ 第 11 章 ■ 環境政策と廃棄物政策

2 環境政策の展開とその多様化

A 停滞期

1970 年代には石油危機を経て、経済が停滞し、産業公害は低減した。一方、人口の都市への集中、交通インフラの急速な進展等により、自動車の排気ガスによる大気汚染、生活排水による水質汚濁などの生活公害が深刻化した。産業公害ではその責任は排出企業にあったが、生活公害ではその原因を特定することは難しく、新たな対策が求められることになった。

この時期に国は、自動車排出ガス対策、総量規制方式の導入など法制度の充実に努めたが、十分な効果は見られなかった。また、1983 (昭和 58) 年には産業界等の反対もあり環境アセスメント法案は廃案となった。1980年代後半は、バブル経済を背景に都市部の再開発や農村部、山間部におけるリゾート施設の開発などによる景観の確保や自然破壊等が問題となった。

自治体においては、革新自治体は徐々に減少し、環境政策も停滞していたが、1976 (昭和 51) 年には、川崎市が環境影響評価に関する条例を制定し、環境アセスメントに関する政策については、国に先行した対策を用いた。また、1978 (昭和 53) 年に神戸市では神戸市都市景観条例が、1979 (昭和 54)年に滋賀県で「琵琶湖の富栄養化の防止に関する条例」が、1985 (昭和 60)年には宮城県でスパイクタイヤの規制に関する条例が制定されるなど、地域の特徴に応じたさまざまな条例も制定されていった。

B 環境問題の多様化

1990 年代に入ると、地球温暖化やオゾン層破壊など地球規模の環境の保全が問題になっていった。他方、国内でも市民の環境意識なども高まり、環境問題への対策を含め環境政策の範囲が拡大した。

1987 (昭和 62) 年には国連の「環境と開発に関する世界委員会」(ブルントラント委員会) による報告書により「持続可能な発展」(Sustainable Development) の概念が国際社会に普及した。また、1992 (平成 4) 年には地球サミットが開かれ、これを契機にわが国でも翌年には環境基本法が制定された。

環境基本法に基づき環境基本計画が策定され、総合的に環境問題への取

組が行われることになった。また、1997（平成9）年には、環境影響評価法が制定された。

　環境基本法制定以前にもいくつかの自治体では条例が制定されていたが、法制定後は自治体における環境基本条例の制定が進んだ。環境政策の課題が拡大するなか、環境評価条例、廃棄物処理・リサイクルに関する条例などさまざまな環境条例が制定され、自治体の役割も多様化してきた。そして、第一次地方分権改革後は、条例制定権の範囲外であった機関委任事務が廃止されたこともあり、地域特性に応じた対応が可能になった。

　1997（平成9）年には地球温暖化への対応策として京都議定書が採択された。それに合わせて日本では、翌年に地球温暖化対策推進法を制定し、自治体においても温室効果ガス削減の取組が進められることになった。

3　廃棄物行政

　廃棄物の収集や処理等は、我々の日々の生活のなかで欠かすことのできない行政サービスであり、その実施は個人では困難なため公共政策として重要な政策の一つである。まさに廃棄物行政は、我々に身近な基礎自治体である市区町村の扱う環境行政の代表的な政策である。

A　廃棄物政策の歴史

　わが国最初の廃棄物関係法は、1900（明治33）年に制定された「汚物掃除法」である。この法律によって家庭ごみの処理は市の責任であることが明らかにされた。また、焼却主義が示された。制定の背景には、都市化の進行等と不十分なごみ処理による伝染病の流行があり、目的は公衆衛生の観点からの「汚物」（「塵芥汚泥汚水及屎尿」）処理であった。

　戦後になると、1954（昭和29）年に「清掃法」が制定された。同法では公衆衛生の確保、向上が目的とされ、ごみ処理は市町村の責務であること、清掃区域を定めて計画的に汚物の収集、処理を行うことなどが定められた。

　高度成長時代を迎える頃には、ごみ量が増大し、公害の原因ともなった。

工場から排出されるさまざまなごみについては、規制する十分な制度が確立していなかった。

　また家庭からの一般廃棄物の処理も大きな問題となっていた。東京都では、1966（昭和41）年に杉並清掃工場の建設計画が発表され、翌年、都市計画事業決定が行われると、周辺住民による建設反対運動が起こった。また、ごみの受け入れを行っていた江東区では、埋立処分場への清掃車輛の通行などにより生活環境が脅かされており、1971（昭和46）年には、埋立地の拡大計画に反対し、東京都と22区に対し「自区内処理」や「迷惑の公平負担」を主張し、ごみ搬入に対する実力行使を表明した。このような事態に対し、同年9月美濃部都知事は「ごみ戦争」を宣言した。

　1970（昭和45）年のいわゆる公害国会において、清掃法が廃止され、「廃棄物の処理及び清掃に関する法律（以下、廃掃法）」が制定された。廃掃法では公衆衛生という観点に加えて、生活環境の保全が目的として規定され、汚物に変え、廃棄物という概念を導入した。また、一般廃棄物（産業廃棄物以外のごみ。家庭から出されるごみ等）と産業廃棄物（事業活動に伴って生じたごみ。法律等で指定される）に区分し、市町村に一般廃棄物の収集・処分を義務付け、事業者に対して事業活動に伴って生じた廃棄物の適正な処理を義務付けた。都道府県は産業廃棄物処理の管理等を担うこととなった。

　その後、廃棄物をめぐる問題は深刻化し、大都市を中心に最終処分場の残余量の逼迫および最終処分場確保の困難さ、また、処分場付近における浸出水による水質・土壌汚染、大気汚染などが生じ、地域住民の同意を得ることが困難になっていた。さらに、廃棄物の不法投棄等も頻発していた。

　1990年代に入ると、地球環境問題が注目され、廃棄物の抑制等は先進国共通の課題となっていた。1991（平成3）年に「再生資源の利用の促進に関する法律（再生資源利用促進法）」が制定された。その目的は、「資源の有効な利用の確保を図るとともに、廃棄物の発生の抑制及び環境の保全に資するため、使用済物品等及び副産物の発生の抑制並びに再生資源及び再生部品の利用の促進に関する所要の措置を講ずる」（1条）こととされた。

　そして、同年、廃掃法の改正が行われ、「廃棄物を適正に処理」が「廃棄物の排出を抑制し、及び廃棄物の適正な分別、保管、収集、運搬、再生、処分等」へと内容が大幅に修正された。また、国民の責務として、排出抑制、

分別排出等により、国、自治体のごみ減量政策への協力が義務付けられた。

その後、1995（平成7）年には、「容器包装リサイクル法（以下、容リ法）」など各種リサイクル法が、2000（平成12）年には「循環型社会形成推進基本法」、「国等による環境物品等の調達の推進等に関する法律」が制定され、再生資源利用促進法は「資源の有効な利用の促進に関する法律（資源有効利用促進法）」に改正された。このように廃棄物政策は、単なる廃棄物の処理からその発生抑制やリサイクルなど循環型社会の理念のもとに行われるようになった。

B　市町村の役割

市町村は一般廃棄物処理計画を定め、その計画に従って生活環境の保全上の支障が生じないうちに、その区域内における一般廃棄物を収集・運搬・処分しなければならない。この作業は民間に委託することもできるが、市町村は、一般廃棄物の処理にあたり、家庭などから排出されるごみについて、その発生から最終的に処分されるまでの分別、保管、収集、運搬、再生、処分等を行う責務を負っている。この過程は、一般的には、収集、運搬、中間処理、最終処分に区分される。中間処理とは、焼却処理や破砕処理、さらには選別、圧縮等を行ったうえでの、ごみの減容化、資源化等を指す。最終処分は最終的に残った焼却灰等の残さの埋め立て等を指す。市町村の策定する一般廃棄物処理計画では、分別収集するごみの種類や分別の区分、収集回数、処理方法などについて定めることとされている。

容リ法に基づき、市町村はびん、缶、ペットボトルやプラスチック製容器等について分別収集を行っている。また、法律に基づく場合は、分別収集計画を策定し、国に提出する必要がある。

C　都道府県の役割

都道府県は、廃棄物処理計画を定め、産業廃棄物の処理施設の整備に関する事項を定める。ただし、都道府県が処理施設整備を行うのではなく、民間で行われる。そして、都道府県が産業廃棄物処理業者、産業廃棄物処理施設の許可や適正処理等の確認の立入調査・指導等その活動の監督や規制を行う。

従来、産業廃棄物に関する都道府県の事務は機関委任事務であったため、

独自の判断で産業廃棄物処分場の建設を許可しないことなどは難しかったが、地方分権改革後、機関委任事務の廃止等により、産業廃棄物税制度の導入や規制・監督の裁量の幅が大きく広がった。たとえば、2002（平成14）年、三重県では産業廃棄物税を導入している。

D 住民と自治体

　自治体において廃棄物政策を行うには、住民との協力も重要になる。沼津市は、全国に先駆けて資源化分別収集を導入し、1975（昭和50）年には、燃えるごみ・埋立てごみ・資源ごみの3種類での分別収集（沼津方式）を行った。この方式の実現に至るには、職員の努力と市民の協力が大きな鍵を握った。沼津市では1970年代前半には、ごみ問題（埋め立て処分地の確保、新焼却場の建設反対運動）が深刻化していた。そこで清掃事業の現場の職員が資源化分別収集の導入という政策提案を行い、自治会への説明や広報紙等によるPR活動等を行った。その結果、市民のなかにも理解者や同調者等が現れ、多くの人々の支持・協力を得たことから、この方式の実現に至った。

　廃棄物処理施設の立地や、これに伴う住民との合意形成は、廃棄物行政においてしばしば問題となる。焼却施設や最終処分施設などの建設に際しては、周辺住民からの反対運動が起こりやすい。こうした施設の建設の際には、その計画の段階から市民が関わることなどが重要である。

　1984（昭和59）年に稼働した武蔵野市のごみ焼却施設（クリーンセンター）の建設に至る市民参加は重要な事例である。当初、市が発表した用地に関して、市民は反対の意思を示していた。その後、新市長の下、市民参加による用地選定を行うことが決定され、「特別市民委員会」では用地選定のほか、処理施設、環境保全、地元還元施設などの検討が行われ、その後市民への中間報告の提示、広報紙の全戸配布、アンケート調査、市民集会などが行われ、施設の建設へと至っている。

　そのほかにも、自治体においては、ごみ減量やリサイクルなどの推進のために、資源集団回収への支援、生ごみ処理機の購入助成、リサイクル活動の拠点としてのリサイクルプラザの整備等、行政と市民、事業者が一体となった取組が行われてきている。

4 廃棄物と資源

A 廃棄物

　廃棄物は「ごみ、粗大ごみ、燃え殻、汚泥、ふん尿、廃油、廃酸、廃アルカリ、動物の死体その他の汚物又は不要物であつて、固形状又は液状のもの（放射性物質及びこれによつて汚染された物を除く。）をいう」(廃掃法2条) と定義されている。廃棄物は主に産業廃棄物と一般廃棄物に区分される。

　産業廃棄物とは「事業活動に伴つて生じた廃棄物のうち、燃え殻、汚泥、廃油、廃酸、廃アルカリ、廃プラスチック類その他政令で定める廃棄物」(廃掃法2条4項の1) であると定められ、その他に政令で指定する品目を加えた20種類である。先述のように、この産業廃棄物に関する監督や規制は都道府県によって行われ、また、汚染者負担原則（PPP：Polluter-Pays Principle）に基づき各事業者の責任によって処理しなければならない。

　一般廃棄物は、この産業廃棄物以外を指し、一般廃棄物の処理責任は市町村が担うものとされる。なお、産業廃棄物以外の事業系の廃棄物は一般廃棄物（事業ごみ）であり、事業者の自己処理責任を前提として市町村が計画的に処理を行う責任がある。そのため、一般には収集運搬は市町村が許可した民間業者が行い、処理処分は市町村の施設で行われている。収集費や処理費は適切な料金を徴収することが原則である。

B 各種リサイクル法と自治体

　容器包装ごみは、容積比でごみ量全体の6割、重量比で2〜3割を占めていた。また、再生資源利用促進法は、再生資源の利用促進を意図しており、廃棄物の発生抑制に関しては実効性が乏しいという批判もあった。そこで、容リ法は、1997 (平成9) 年の施行以降、びん、缶、ペットボトルなどを、2000 (平成12) 年からはプラスチック製の容器包装などを市町村が分別収集し、関連事業者にそれらを引き取らせ再商品化することとした。また、消費者は分別収集に協力することが定められた。

　このような経緯を経て、多くの自治体では、3、4種類〜15種類程度の分別に取り組んでいる。それ以後も、一般廃棄物の減量や再生資源の有効利

用を図るために各種リサイクル法が導入されている。1998（平成10）年には家電リサイクル法が、2000（平成12）年には食品リサイクル法、建設リサイクル法が、2002（平成14）年には、自動車リサイクル法が制定された。また、2012（平成24）年には、小型家電リサイクル法が制定された。

C 廃棄物の減量

1990年代には、最終処分場を始めとする産業廃棄物処理施設の容量が逼迫した。住民の不信感からその設置に対する反発運動が多発し、設置・運営が非常に困難な状況であった。そこで、2000年の廃掃法の改正で、都道府県廃棄物処理計画の創設など廃棄物の減量化の推進が進められた。

自治体では、資源化の推進のため、ごみの種類ごとの分別収集を行っている。また、経済的手法によりごみ減量化のインセンティブを与える点から住民にごみ処理に手数料を課す（いわゆる有料化）市町村もある。こうした有料化は、高度経済成長期における都市化の進展とそれに伴うごみの急増を背景とし市町村において取り入れられてきた。

1980年代後半にはバブル景気を背景にごみ量が急増したため、ごみの減量の必要性が生じ、1990年代には再び有料化を実施する市町村が増加した。有料化によるごみの減量効果は見られる一方、有料化導入時にはごみ量が減少するが、その後増加するというリバウンド傾向も指摘されている。

5 資源循環型社会へ

A リサイクル政策

石油危機以降、ごみの減量やリサイクルの取組は全国的な「省エネルギー・省資源」運動等により盛り上がっていた。1990年代に近づくと、地球環境問題とともに、持続可能な社会の形成が求められるようになり、これまでの廃棄物政策では、排出された廃棄物の適正処理に注力されていたが、それに加え廃棄物の発生抑制など3Rの重要性が指摘された。3Rとは、①廃棄物の発生抑制・リデュース（Reduce）、②再利用・リユース（Reuse）、③

再生利用（再資源化）・リサイクル（Recycle）であり、これらを具体化する法制度の整備が進められた。

国は、1991（平成3）年に廃掃法を改正し、廃棄物の排出抑制、分別および再利用等を廃棄物処理として明示した。また、再生資源利用促進法を制定し、3R の考えを盛り込んだ。1993（平成5）年には環境基本法において、製品の製造・加工・販売等を担う事業者に対し、廃棄物の適正処理や発生抑制・循環的利用に関する責務を規定した。また、1995（平成7）年の容リ法以降、各種リサイクル法が制定されている。

2000（平成12）年には循環型社会形成推進基本法が制定され、循環型社会形成についての基本原則や行政、事業者、国民の責務などが規定された。同法は個別リサイクル法を体系化するとともに、拡大生産者責任（EPR）も盛り込んだ。同年の資源有効利用促進法は、事業者に対して省資源や再生利用促進の対象となる業種や製品を指定し、3R 対策、分別回収のための識別表示等を求めた。

2010（平成22）年には、廃棄物の適正な循環的利用の促進を目指して廃掃法改正が行われた。排出抑制の徹底、適正な循環的利用の確保、焼却時の熱利用の促進などが盛り込まれた。こうした状況のもと、各自治体では、地域の資源循環やリサイクルに関する条例、資源循環型社会に向けて基本理念や施策体系等を定めた条例等が制定されていった。

B 廃棄物処理の広域化

1990 年代中頃はごみ焼却施設周辺から高度のダイオキシン類が検出されたとの報道により、ダイオキシン問題に注目が集まった。その後、1997（平成9）年に厚生省は「ごみ処理に係るダイオキシン類発生防止等ガイドライン」を発表し、複数の市町村による広域処理化を図ることや、焼却炉の集約化と大型化・高度化を推進することを表明した。

こうしたダイオキシン問題に加え、最終処分場の逼迫等により、ごみ焼却施設の燃焼方式の改善や焼却灰の高度処理の必要性などから、近隣自治体との連携による廃棄物処理の広域化の促進が図られた。また、容リ法など個別リサイクル法の制定等により、資源物を中心に広域的な処理が法的にも位置づけられた。

C　ゼロ・エミッション

　1997（平成9）年、旧通産省はエコタウン事業を開始した。本事業では、すべての廃棄物をほかの産業分野の原料とし、廃棄物をゼロにする「ゼロ・エミッション構想」の実現が目指された。自治体は推進計画（エコタウンプラン）を構想し、国の承認を得ることによって、計画に基づくリサイクル関連施設の建設費や環境産業のマーケティング事業費等の補助金を受け取る。1997年には、北九州市や川崎市がエコタウン事業第1号承認地域として承認され、ゼロ・エミッション化推進事業を実施した。

6　近年の環境政策

A　地球温暖化対策

　わが国は、2002（平成14）年に京都議定書を批准（2005〔平成17〕年発効）し、地球温暖化対策の批准に関する法律の一部改正（京都議定書目標達成計画策定等）等を行った。自治体には、京都議定書目標達成計画を勘案し、総合的かつ計画的な施策の作成が求められた。2004（平成16）年、京都市は京都市地球温暖化対策条例を制定した。また、2008（平成20）年には東京都が東京都環境確保条例を改正し、2010（平成22）年から一定規模以上の事業者に対して温室効果ガス排出総量削減の義務づけと排出量取引制度を導入した。廃棄物分野では、3R推進、直接埋立抑制、ごみ発電の推進等が温暖化対策となる。また、オゾン層保護対策として、都道府県知事に、フロン類の廃棄者等への指導等の権限が付与されている。

　また、2016（平成28）年11月には、産業革命前からの世界平均気温の上昇を2℃より十分下方に抑える等の「2℃目標」や、今世紀後半の温室効果ガスの排出と吸収の均衡の達成などを掲げた「パリ協定」が発効した。

B　エネルギー政策

　2002年には、電気事業者による新エネルギー等の利用に関する特別措置法（新エネルギー法）が制定され、電気事業者に対して、一定割合の新エネル

ギーを利用した発電を求めた。2011（平成23）年には、再生可能エネルギー
電力の固定価格買い取り制度を規定する「電気事業者による再生エネルギー
ー電気の調達に関する特別措置法」が制定（本法の制定により新エネルギー法は
廃止）された。自治体においても、省エネルギーの取組を推進する啓発活
動や太陽光発電、太陽熱利用、風力発電、水力、廃棄物発電、バイオマス
エネルギー、地熱発電などの新エネルギーの導入の推進等が行われている。
太陽光発電施設の普及のための補助金交付はその代表的な例といえる。

C　災害廃棄物

　これまでも、阪神・淡路大震災以降、災害廃棄物についての対策は行わ
れてきたが、東日本大震災等の教訓・知見から、災害の発生に備えた対応
への課題を踏まえて、2015（平成27）年廃掃法及び災害対策基本法の改正が
行われた。廃棄物処理法では、①国、地方公共団体及び事業者等が、災害
により生じた廃棄物について相互に連携・協力し、主体的に取り組む責務、
②国、地方公共団体の定める廃棄物処理の基本方針等に基づき、平時から、
災害廃棄物の適正な処理と再生利用の確保のための備えをすること、③廃
棄物処理施設の迅速な新設または柔軟な活用のための手続の簡素化などを
定めた。

D　SDGs

　2015（平成27）年国連で、ミレニアム開発目標等に代わる、「持続可能な
開発目標（SDGs）」が中核をなす「持続可能な開発のための2030アジェン
ダ」が採択された。SDGsでは、「ゴール12」として、「持続可能な生産消費
形態を確保する」が掲げられた。そこでは、天然資源の持続可能な管理お
よび効率的利用、食品ロス・食品廃棄物の削減などがターゲットとして挙
げられている。自治体においても、環境基本計画等へSDGsの考えを盛り
込む動きが見られている。ちなみに、持続可能性の観点から、コンパクト
なまちづくり、スマートコミュニティの導入などの政策も採られている。

160 ■ 第11章 ■ 環境政策と廃棄物政策

知識を確認しよう

・・・・・・・・・・・・・・・・・・・・・・・・・・・・

【問題】

自治体の環境政策に関する次の記述のうち、妥当なものはどれか。

(1) 市町村は、一般廃棄物の処理および産業廃棄物に関して適正処理等の確認のための立ち入り調査・指導などを行う。

(2) 1900(明治33)年「汚物掃除法」は、汚物の衛生的な処理による公衆衛生の向上を目的として制定された。

(3) 大気汚染など公害問題が全国各地に広がり、1970(昭和45)年には、いわゆる公害国会において、公害対策基本法が制定された。その後、自治体において東京都工場公害防止条例などが制定され、公害対策が行われた。

(4) 循環型社会形成推進基本法で提示された循環型社会では、第一に廃棄物のなかの循環資源のリサイクル的な利用を図ることが求められる。

(5) 拡大生産者責任(EPR)は、1991(平成3)年に制定された再生資源利用促進法において取り入れられた。

【解答への手がかり】

(1) ×　産業廃棄物に関して適正処理等の確認のための立ち入り調査・指導などは都道府県が行う。

(2) ○

(3) ×　東京都工場公害防止条例は、国に先立ち1949(昭和24)年に公害規制条例として戦後初めて独自の条例として制定された。

(4) ×　循環型社会とは、廃棄物などの発生を抑制した上で、廃棄物のなかの循環資源のリサイクル的な利用を図り、最後まで残る廃棄物については適正に処分され、「天然資源の消費を抑制し、環境への負荷ができる限り低減される社会」である。

(5) ×　再生資源利用促進法ではなく、容リ法や循環型社会形成推進基本法でEPRの考えが取り入れられている。

第12章 自治体の広報・広聴活動

本章のポイント

　本章では、自治体経営と広報・広聴活動がどのような関係にあるかを考えていく。
1. 自治体活動における広報活動の現代的位置づけを、住民からの広聴側面から理解する。
2. 日本における自治体広報の誕生を、戦後民主化と地方自治の確立の関係から理解する。
3. 地方自治体運営における広報活動を、首長と広報組織の役割を通じて理解する。
4. 議会広報と行政広報の役割を通じて、自治体の民主的運営について理解する。
5. 自治体でよく使われている広報メディアの特性を理解し、今後の自治体運営と広報の役割について考える。
6. 広報プロセスを理解し、今後の自治体マネジメントにおける広報の活用を考える。

1 自治体広報・広聴の意義

　自治体活動は、①住民に働きかける側面、②住民から働きかける側面の両面を持ち合わせて初めて正しい活動を行っているといえる。そして、広報の側面から考えた場合、従来の広報は自治体→住民への一方的な情報の展開で自治体が十分と考え、「広報活動」が重要視されていた。この場合、自治体がすでに決まった施策を住民に知らせる目的の広報、いわゆる「お知らせ型広報」の域を出なかった現実がある。こうした場合の広報の役割は、情報を住民に提供することが最優先の役割であり、住民に周知すべきと自治体が主体となって考えた情報である。

　しかし、自治体が住民に自らの意思を伝える場合（広報活動）、その活動は、住民が求めているものでなければならない。つまり、自治体が住民の意見を聞き、自らの変革・調整をえようという努力、すなわち広聴（真摯に市民の声を聴く）が行われなければ全く意味をもたないのである。

　実際に近年の行政、特に自治体行政では、「市民が主役」であることを再認識し、市民参加型行政への急速な転換が求められている。都市化の進むなかで住民間での利害関係の複雑多様化、生活環境の悪化、さらには迅速に社会問題へ対応しきれない地方公共団体政策機構の非合理化などが市民参加の契機となる。そして、広報・広聴の役割は自治体活動のなかで重要な位置づけとなっている。

2 自治体広報・広聴の歴史

　第二次大戦後の民主化のなかで、地方自治制度は、中央集権から地方分権へ、また官治から自治へと進むことになる（詳細は**第3章1節B**を参照）。すなわち、日本国憲法制定前の1946（昭和21）年に、東京都政・府県制・市町村制が改選され、選挙権が満20歳以上の男女に拡充し、住民の直接請求制度、都長官・府県知事・市町村長の公選が定められた。

そうしたなか、わが国の行政広報の誕生は、占領軍の対日政策のもとに、まさに日本の行政を民主的運営にするためPR（パブリック・リレーションズ＝行政広報）の導入を図った時とされる。

　連合国軍最高司令官総司令部（＝GHQ）は、PRの導入に際して、連合軍総司令部民間情報教育局（Civil Information and Educational Section：CIE）の設置を通じて、その主催で1947（昭和22）年の7月から10月にわたってPR講習会を開き、そこで中央官庁職員を対象に、PRの原則と技術の啓蒙を行った。この講習会が、わが国で初めての広報講習会である。この講習会のタイトルは『Principles & Techniques of Public Information in Japan』であり、その記録は『広報の原理と実際』とされた。

　また自治体では、1947年4月に、住民の直接選挙による都道府県知事が誕生している。GHQは、PRの実践化の推進のために、PRO（Public Relations Office）を都道府県に設置することを示唆している。そこでの示唆は、知事が、自己の行政を住民に知らせ、また住民の意向を聞いて、できる限り行政に取り入れるようになることを要求されている。

　その具体的内容は、以下のようなものであった。

当軍政部ハ、県行政ノ民主的ナ運営ヲ推進スルタメニ、知事室ニP・R・O・ヲ設置サレルコトヲ希望スル。

P・R・O・ハ政策ニツイテ正確ナ資料ヲ県民ニ提供シ、県民自身ニソレヲ判断サセ、県民ノ自由ナ意志ヲ発表サセルコトニツトメナケレバナラナイ。

P・R・O・ハ知事ガ外来者トノ面接ニ要スル時間ヲ、可及的ニ少ナクスルコトニツトムベキデアル。

P・R・O・ノチーフハ、次ノヨウナ条件ヲ備エルコトヲ必要トスル。

1. 知事ノナサウトスル施策ガヨクワカル人デアルコト
2. 人好キサレ、押シ出シノキク人デアルコト
3. 新聞報道ニ理解ガアリ、新聞記者ニ親シマレル人柄デアルコト
4. アル程度、英語ガワカルコト

　このように、行政広報（パブリック・リレーションズ）が、行政機能として確立された背景には、アメリカというデモクラシーの伝統のある国からの示

唆があった。しかし、日本はそれまでの天皇主権、まして行政においては天皇の官吏というそれまでの背景に伴い、PRとは何かを理解し、その本質をつかむことに苦労している。1947（昭和22）年から1949（昭和24）年にかけて次々とつくられた各都道府県のPROの名称は、弘報課・広報課・公聴課・情報課・情報宣伝室・報道室・情報連絡課・調査室・企画広聴課・県民室など、さまざまなものがあり、PROの機能についての受け止め方に差があったことがわかる。そして、その根本的問題は、2つある。①広報手法に通じた人物がいなかったこと、②広報媒体が弱体であったことがある。これは、地方分権を推進するうえで、自治体として手探りで新たな道を切り拓かなければならないという1つの事例でもあり、知事は自らの施策を遂行するうえで、住民に対して民主主義そのものの啓蒙と民主化政策の理解向上を図らなければならないことを意味する。

　占領軍による行政広報の確立は、主として、地方自治の確立であったが、それは住民に対するお知らせ活動・教育・伝達を主眼とすることとなり、次第に「行政広報＝自治体から住民へのお知らせ活動」という意識を浸透させ、広く周知徹底させるという意味に重きが置かれ、広報という用語が組織名としても活動としても定着していくのである。しかし、本来PRは公衆関係・公共関係という対市民関係を意味するものであり、その目的は市民の理解と信頼をえることであり、これが現代的問題にまで続いている。

3　首長と広報組織の役割

A　首長の役割

　首長は、地方自治体の責任者であり最高意思決定者である。その結果、首長が地域社会における住民に関心を抱くことは当然である。さらに首長は、選挙によって選ばれるのだから、住民と接触する機会をより多くもとうとする意欲が大きいのは当然である。だが、現代において首長の機能は、自治体の政策形成から実施過程に多大に組み込まれているのが現状であり、むしろ首長の住民と直接に接触する機能は大幅に制約されている。しかし、

逆説的には、首長の置かれている今日的状況のもとでは、首長との直接接触を望む住民の需要は極めて高い。

こうした背景から、首長は自己の政策見解や計画案を積極的に広報活動することが求められ、かつ、広聴を重視する必要がある。その結果、行政広報としての自治体広報活動において、首長の占める重要性は極めて大きくなると考えられる。しかし、だからといって、現在の首長の広報・広聴に対する取組みが、十分なものとなっているとは言い難い。そこで、広報・広聴活動に対する首長の意識の変革の必要性として、つぎのような指摘がある。①首長の日常的な政策方針が、広報・広聴活動の成果を中軸に決定される取組みの必要性。この場合、首長は細心の注意を広報・広聴活動に注がなければならない。②予算編成に当たっても首長は広報・広聴の成果を反映していく。このことは、財政中心の行政から施策中心の行政への転換を意味する。③首長は毎年度の事業報告とは別途に『広報白書』のような、どのような住民の意見があり、それに対してどのように行政が応えたかを明確に表明する。これは、広報・広聴活動内容を住民に示す媒体を作成し、全住民に公開するよう努力すべきというものである。この媒体に盛り込まれるべき内容は、単に広報・広聴活動の事業統計ではなく、広く住民参加の具体的記録やその結果などにおよぶ詳細にわたるものでなければならない。

こうした広報・広聴活動に対する首長の意識の変革とは、単に意識の変わりようだけであってはならない。つまり、首長はそうした広報・広聴活動を通じて、全般的な中枢管理機能を行政の内外に対して発揮していくということである。しかし、こうした視角から首長を捉えると、広報・広聴に占める首長の影響力はどうあるべきであろうかが、1つの問題として提起され、ここに広報・広聴専担組織との関係があげられる。

B　広報・広聴専担組織の機能と独自性

不特定多数の自治体住民への政策の広報に際して、特定化された政治的色彩の濃い広報内容は不適切である。しかし、このことは首長の政治姿勢の影響力なり、リーダーシップ一般を否定することを意味するものではない。自治体運営の観点からは、首長の言動などは必要なことであり、その

ことが広報活動の活発化につながる。そうであるならば、広報・広聴への首長の政治姿勢の影響力やリーダーシップを、行政一般との関連で検討しておく必要がある。

　行政一般への首長の政治姿勢やリーダーシップは、全庁的な全般管理機能として、特に運営管理の領域で発揮される。通常、それは予算、人事、計画などに反映される。もちろん、広報・広聴の専担部門に対しても、首長の政治姿勢が投影されるし、リーダーシップいかんによって広報・広聴の活動の幅や方向にも波及する。この点では、広報・広聴専担組織も他の行政部門と何ら変わるところがない。しかし、広報・広聴専担組織は、それがいかなる部門に包含されていても、機能的には独自性が担保されるべきであると理解する必要がある。

　なぜならば、自治体にとって政策は、人体にたとえるならいわば血液であり、健全な血液でなければ、健全な人体を維持することはできないのと同様に、政策が健全でなければ自治体行政は不活発にしか展開しえないからである。しかも、その政策の中枢の部分は、首長の意向を十分に反映したものでなければならないことはいうまでもない。だが、広報・広聴の活動過程にあって、首長がオールマイティの影響力をおよぼす立場に位置することは、決して広報・広聴活動を真に発展させることにはならない。自治体広報は本来、「自治体の広報」であって、「首長の広報」ではないからである。これは、「政策とは誰のためのものなのか」という問題にもつながっており、民意を反映した政策であるならば、広報の中立性を確保する必要性があるからである。そしてここに、広報・広聴専担職員の的確な判断・処置が不可欠となる。そうした広報・広聴専担職員だけでは、首長の政治姿勢の影響力の許容限界を広報段階で中立化する作用を十分に実現できるとは限らないが、彼らが比較的に拘束を受けずに広報業務を可能とするような組織機構上あるいは配置上の工夫は必要だろう。このことは、広報・広聴専担組織は首長により近いところに配置されるべきであるという従前からの基本方針は依然として妥当であるが、首長に近い組織機構に配置され編成されるとしても広報・広聴専担組織の独自性を期待するものである。これは、首長の政治姿勢やリーダーシップによって、広報・広聴担当の専担部門がいかに多く整備充実が促進されるかという次元の問題とは別に、

いかに住民にとっての広報・広聴活動を独自的に展開できるかという機能上の領域確保の問題である。したがって、行政各部門と広報・広聴担当の専担部門の相違がここにある。しかしながら、首長の施政方針なり行政各部門の執行の方向なりと、まったく相反する立場の広報・広聴活動が許されるものではないし、現実にはそうしたことは極めて稀な事例においてしか発生しないだろう。だからこそ、独自的に展開できる機能上の領域をもつ広報・広聴専担組織は、他のいかなるものからも自由な立場で活動を可能とする状態に置かれていなければならないのである。なぜならば、地方自治体の広報が、いわゆる住民を行政に取り込むためのものであってはならないのと同時に、自治体広報の自律性が尊重されねばならないからである。こうした点では、広報・広聴に占める首長の政治姿勢やリーダーシップは決して大きくてはならないし、また大きく影響してはならないのである。首長の意向が大きく反映する分野は、広報・広聴の専担部門の組織機構や予算措置など、広報体制の面に限定されるべきであろう。

　地方自治体の行政広報は、それが「自治体の広報」であるためには専担組織が十分に独自性を発揮しうるところに位置し、首長がそのような独自性発揮を容認するところに位置しなければならない。しかし、このことはトップ・リーダーとしての首長が広報・広聴の活動や展開に無関心であって良いわけではもちろんなく、全庁的にも行政広報を軽視して良いことを述べているのでもない。

　このことは、首長の広報・広聴活動への消極性を容認することではなく、むしろ、積極的なリーダーシップ行使のなかにおいて広報・広聴活動の独自性発揮を許容するという首長機能の運用にかかっている。

4　議会広報の課題と役割

　議会広報は、行政広報ではない。しかし、地方自治体と住民という関係のなかでの議会の重要性および議会の広報は行政広報に劣らず重要である。行政広報を広くPR設定のための方策とすれば、それは首長の行政施策の

形成や実施のための自治体当局と住民との関係の設定を意味するが、これまで議会広報が自治体のなかでの議論の対象から比較的に除外されてきたことは、自治体広報の健全な発展という文脈で大きな問題である。

議会は、住民の代表として、行政当局の策定した施策や計画を審議することで民主的な決定の手続きが確定する。だが、これまで、議会の活動、特に行政当局の策定にかかわる施策や計画の審議、その他当該自治体の運営についての最高意思決定（団体の意思）に十分な審議能力をもって対応してきていないという批判があること、また議会の住民への広報活動も決して活発な展開をしてきているとは評価できない現実がある。

日本は、地方自治体は府県・市町村の長と議会とを並列の関係におく首長主義の類型がとられ、いわば大統領制型の統治構造をもっており、二元主義の構造である（詳細は**第1章6節B**を参照）。そうしたなか、行政広報とは異なる、議会広報はいかなる役割が期待されるのであろうか。

議会広報の役割としては、議会の『会議公開の原則』の充実発展がある。つまり、主権者たる住民は、自分たちが選出した代表者が何をどのように審議したか、その結果はどのような形に落ち着いたかを知る権利をもっているというものである。

行政広報と比較して議事機関の広報は、本来、審議内容や決定の過程を広報すべきであり、その主体となる議会は地域的利益を実現するためのチャンネルとして住民の諸要求を集約する統合機能をもつ。それゆえに、議会の審議内容や決定の過程を住民が知ることは、単に策定済みの施策や計画の広報以上に重要なはずである。なぜなら、それらの施策や計画がいかなるプロセスを経て策定され決定されたかは、住民の自治意識啓発と大きく関連するからである。しかし、現在の議会広報に多くに見られる実態は、審議結果の周知だけで、いわば単なる議会広報の役割の一面しか担ってない。

だからこそ、地方自治体の議事機関としての議会が、その代表機能と審議機能を正しく発揮するためにも、議会広報の展開が今後重要となる。すなわち議会は、その審議内容や決定過程を住民への広報を通じて、民主的地方自治体における広報活動の展開を達成していく必要性をもつのである。そして、執行機関の行政広報とともに議事機関の議会広報の双方が首尾よ

く運営されて初めて、地方自治体における広報活動の展開が達成されるのである。地方議会に対する一般住民の理解や周知の乏しい状況を払拭するためにも、議会広報の役割は大きい。住民にとって地方議会は、首長などの執行機関をチェックする重大な機能をもっており、行政の正しい運営の一端は、地方議会の機能にかかっているといえる。

5 広報メディア

A 人間メディア

　人間メディアの作用は、おもに人間同士の面接を通じ、言語、行為および態度によって行われ、人間メディアにおいて最も多く用いられるものが対話であり、販売、応対、討論、演説もこれに属する。多くの場合一対多数か、一対一の関係で行われるものであって、顔を見合す状態で行われる点から、フィード・バックを即時に受け反応は強い。

　人間メディアの主役はまさに人間であり、たとえばある人が意見を述べ、行動すると他の人はそれに反応し、フィード・バック作用が起こるのである。しかも、指導力や説得力のすぐれた人が存在する場合、その集団の性格や社会的活動は、その指導者によって著しく影響支配されることが多く、民衆のうちの指導的な力をもった者＝オピニオン・リーダーが重要な要素となる。そして、この人間メディアは、他のメディアを使用することでさらに多くの人へ情報を拡散させていく。

B 印刷メディア

　印刷メディアは、平面的なメディアであって、普通、文字と絵画などを表現要素として用いている。その典型が広報紙・新聞であり、広義の印刷物では、定期刊行物と不定期刊行物に分けられる。書籍、パンフレットなどは不定期刊行物に属し、定期刊行物に属する代表的なものは新聞である。

　新聞のプラス面としては、日本の場合、ほとんどが宅配購読者であり、対象が明確であり、新聞に対する社会的信用から、信頼性・説得力をえや

すい。さらに、新聞が習慣のメディアといわれるように、読者の態度がテレビなどより能動的であり、比較的詳細な情報まで記憶されやすい。

しかし、新聞は野党精神をもっているため、必ずしも行政の希望するような取材や論評は行われない。広報紙はこの欠点を補い、行政機関と住民とを直結する意義をもって発行してきたものである。新聞や放送の無責任な報道が時に民衆の行政機関に対する不信感を醸成している今日、行政機関に対する住民の信頼感と連帯意識を強化するコミュニケーション・メディアは広報紙・ウェブサイトしかなくなった。

つぎに自治体のメディアとしてよく使われるポスターであるが、一平面上における光、色の感覚的要素の形象的総合であって、一定の観念が主題に圧縮され、その主題の構想に対応して絵と標語の構造が決定される。こうした観点から、ポスターは視覚の構図的観念形態の1つであって、技術的には観念充実の最高表現性を獲得していなくてはならない。そのプラス面は、任意の表現をとることで理解を容易にし、1枚紙であるゆえに、位置選択の自由は多数人の集合する要所を選ぶことで、多数の人に示唆を与えることができ、また印刷を利用することによって無数の複製が可能である。しかし反面、以上のことを理解し作成・使用しなければ人の目にはとまらない。

C 電波メディア

テレビ・ラジオなどの電波による放送メディアは、速報性・同時性が第1の特性である。しかし活字と異なり、記録性や詳細情報を伝える点では活字メディアに劣っている。

電波メディアの典型は、民間放送の時間を買うスポンサーの形での利用である。したがって、まずその費用から使用する時間、番組の選択、文作成、演出などを決定し、できるだけ多数の視聴取者に視聴されるよう計画を立てなければならない。その具体的な例が、民間放送において放送時間を買い自己の企画によって放送する番組のコマーシャル・プログラム（CM）である。

テレビのプラス面としては、放映時間やテレビ番組の内容によって訴求対象を限定でき、内容によっては生中継などによって臨場感と親近感をも

たせ、画像や音声で視聴者を画面に引き付けることで印象を深くする。マイナス面としては、露出時間が短いため記憶に残りにくく、他に大きなニュースがあると、取材されたニュースなどでも報道されないこともある。

ラジオのプラス面としては、他の動作をしながらの「ながら」聴取ができることであるが、それがまさにマイナス面でもあり、聞き間違いや聞き逃しなどがあり、聴取者の記憶による具体的なイメージが形成されにくく、実質と違ったイメージ、判断をされる危惧がある。しかし、災害時などの側面では、このラジオの一層の活用を検討することが、自治体の今後の課題でもある。

D　造形メディア

立体的メディアであって、空間的結晶態として、容積的構造の様式、展示法によって注意を捉えるものであり、芸術と空間の組織的構成である。また、民衆に興味を起こさせて、ある知識を与え、協力を獲得する方式に行事・催物がある。普通、娯楽的な雰囲気と豪華な構成によって人を引き付けるものであり、博覧会、コンテスト、祭礼、週間催物、人を集める手段として舞踊、映画、音楽などを抱き合わせるアトラクションもこれに属する。さらに、こうした空間を提供し、その場で人間と触れ合うことを目的とするため、政治の場面では「広報車」という造形メディアが使われ、人間メディアと協働させることでその効果は非常に大きくなる。

E　インターネット

新しいメディアとして注目されるものがIT、いわばインターネットによる活動である。特に、ウェブサイトを開設することで、住民との情報共有の変化、具体的には情報の受信・送信の形態の変化をもたらし、双方向の可能性を秘めるものと考えられる。

確かに、インターネット普及率は増加しており、ウェブサイトは重要な位置を占めてくるであろう。しかし、ITによるさまざまな可能性と問題点もある。それは、電子媒体の普及により、受け手側である国民とのコミュニケーション変化、すなわち双方向の可能性を秘めており、その意味では重要な媒体となりうるが、経費の側面とインターネット普及率から、す

べてをウェブサイトに移行して良いのかという問題である。なぜなら、従来の媒体は少なからず国民と接触する可能性があるが、ウェブサイトの場合、アクセスするという行動が受け手である住民には求められるからである。すなわち、通常ウェブサイトを見る場合、自分が見たいという能動的な行動があって初めて接触することになり、さらに大人数で1つのウェブサイトを見ることはまず考えられない。すなわち、新しいITというメディアだけで、多くの国民の理解や協力がえられるかということである。その意味では、紙などの従来のメディアの重要性は変わらないのではないだろうか。

そして、可能性として考えられるものが双方向であるが、これは非常に積極的に捉えられるIT技術の使用法であり、国民の意見をどのように聞き、受け止め、どのように反映させるかが重要となる。したがって、今までのような聞く活動として行われていた調査・公聴会・対話集会では不十分な側面を、ウェブサイトを使用することで、その双方向の機能を活用し、生の情報を直接収集することができ、大きな役割を果たすと考えられる。しかも、前述のように、ウェブサイトの場合、自分が見たいという能動的な行動によってウェブサイトを利用するのであり、非常に関心がある人物が訪れていると考えられる。その意味では、このメディアの変化のなかで、IT・ウェブサイトによる個別の新しいマネジメントを充実させ活用することが重要である。

6 自治体広報の課題

広報を、組織マネジメントと捉え、主体（行政・議会）・客体（住民）の側面で見ると、およそ3つの段階が考えられる。第1に、主体に対する意見・評価、あるいは客体を知る広聴の側面、第2に主体の目標や主体自体を理解してもらうための広報の側面、第3に主体と客体の協力関係を築くために行われる主体の改善・調整の側面であろう。今まで行政広報は、外部マネジメントの側面、すなわち第2の側面である、主体の目標や主体自体を

理解してもらうための広報の側面で用いられることが多く、狭義の意味での行政広報（情報伝達）という言葉を用いるのであれば正しいようにも思われる。しかしこの場合、本来の広報の機能としてはその一部でしかない。

　今日、先進諸国においては、市民の欲求や価値観は急速に多様化してきている。その結果として、政策の作成や実施段階での自治体と市民との双方向性コミュニケーションや市民相互のコミュニケーションの促進が、政策の有効性を確保するために重要性を増している。そうしたなか、時代が直面する課題を適切に認識し、その対応策を構築、評価するとともに、それを市民に伝達し、合意形成を行うことが必要となっている。

　さらに「市民との関係の変革」を円滑に実施していくには、市民にわかりやすい形で情報を公開し、理解を求める努力、そして自治体と市民との密なコミュニケーションが必要になってくる。なぜなら市民の理解と協力なくして、自治体活動は成功しないからである。このような点からも、そのフロントに位置する「広聴広報」の果たすべき役割は大きい。

　広報活動は「情報」を扱う活動であるが、それには収集、編集、発信という3つの側面がある。そしてこの活動では、発信ではなく、収集（受信も含めて）を最初に行うところが第1のポイントとなる。つまり、広報における情報発信は「伝えたいことを発信」することではなく、「相手が知りたいことを発信」することだということである。そのためには、まず相手を知ることから始まる。そして、コミュニケーションと同様に、広報もまた「組織自らが変わること」を含み、また、自らの都合による発信のための収集ではない（広報する相手すなわち市民のことを考える）、ということも含意している。

　そして広報の情報の編集は、情報創造といってもいい。広報は発信から受信へと範囲を広げているが、今後の行政広報の最大の役割は、情報を編集して、新たな価値（新たな公共）を創出していくことだろう。今までのような、単なる情報受発信は広報活動の一部でしかない。情報創造で最も重要なのは、自治体経営における意思の明確化である。地域社会の情報収集を踏まえて自治体経営の意思が確立していくことと、その経営意思を自治体内外に的確に周知させ実現へとつなげていくことが広報の重要な課題である。

174 ■ 第 12 章 ■ 自治体の広報・広聴活動

知識を確認しよう

（問題）

以下の文章について、正誤を述べなさい。

(1) 自治体広報では、行政側が主役であり、したがって行政が望むところの情報を発信するべきである。

(2) わが国の行政広報の誕生は、第二次大戦前とされており、したがって戦前・戦中・戦後を通じて、現在も上位下達であることが妥当である。

(3) 広報専担組織は、首長の政治広報を最優先して広報活動を行うべきである。

(4) 現在の行政国家の台頭の状況を踏まえると、議会広報は行政広報の役割よりも低調であっても良い。

(5) 現在の自治体広報には、自治体・市民、市民相互のコミュニケーションを促進していく役割が重要となっている

（解答への手がかり）

(1) ×　自治体広報では「市民が主役」である。

(2) ×　わが国の行政広報の誕生は、第二次大戦後とされており、GHQによって民主化のため導入されたものであり、そのため上意下達ではない。

(3) ×　行政広報は、自治体広報であり、首長広報ではなく、したがって広報専担組織には中立性が求められる。

(4) ×　自治体における、代表機能・審議機能を正しく発揮するためにも、議会広報の発展が求められる。

(5) ○

第13章　自治体情報化と地方自治

本章のポイント

1. 自治体情報化と関連する用語の意味内容を理解する。

2. 自治体情報化は業務活動の側面からフロントオフィス系業務とバックオフィス系業務の2種類に分けて捉えることができる。

3. 自治体情報化を進めるにあたっては、デジタル・ディバイド（情報格差）の生起を十分考慮しなければならない。

4. 自治体情報化と住民の関係を見る場合には、情報通信環境へのアクセシビリティ（接しやすさ）や提供されるコンテンツ（内容）から検討する必要がある。

5. 自治体情報化に際して、リスクの問題、具体的には情報セキュリティ対策、個人情報保護対策の重要性が増している。

6. 地方自治体には、その本来の目的である住民本位の視点に立った自治体情報化の進展こそが求められている。

176 ■ 第13章 ■ 自治体情報化と地方自治

1 国や地方自治体の情報化

A 行政情報化・自治体情報化

　1990年代半ばに本格化した政府の電子情報化政策は、国や地方自治体の行政運営にも多大な影響を及ぼしてきた。一般にその過程は行政情報化であるとか自治体情報化と称されている。結果として国民（住民）の側からみると、かつてと比べて行政がより身近に感じられるようになったことは疑いようのない事実である。本章の主題である地方自治体レベルの行政活動に即して言えば、インターネットによる電子申請や申告などの諸手続、あるいは行政情報の入手やパブリック・コメント制度を始めとするさまざまな住民参加手段への活用などは、地方自治体間で差はあるものの今やほぼ当たり前のように行われるに至っている。

　自治体情報化はまた、このような住民に対する直接的な行政活動だけに止まらず、行政組織内部においても文書管理の電子化などを始め、さまざまな行政事務の簡素・効率化に貢献している。

　しかし、自治体情報化はこれら利便性、簡素・合理化といったメリットだけではなく、他方で個人情報の流出といった情報セキュリティの問題など新たな課題を生み出しているのも事実である。

　本章ではこのような動向を踏まえ、自治体情報化の全体像を把握したうえで、特に住民の視点に立ちながら諸課題を指摘し、自治体情報化の推進で求められるこれからの地方自治体、地方自治のあり方を考える。

B 「情報化」とは

　国や地方自治体の「情報化」に関して使われている用語には、似たようなものがいくつかある。混同を避けるためにも自治体情報化を学んでいくにあたって、まずそれら用語の意味内容を正確に理解しておきたい。

①電子情報化

　まず電子情報化とは、文字通りあらゆる場面における電子的な情報化のことを指す。たとえば「政府（地方自治体）の電子情報化政策」といった使われ方の場合には、それは行政活動のみに止まらず、政治、経済、社会など

すべての分野を範疇に収めた政府（地方自治体）による電子的な情報化政策を意味している。

またこの情報化の「化」は「変える」という意味であることからも、「情報技術がその進展により、各分野で以前にも増して高次に機能しえること」と理解できる。

②行政情報化・自治体情報化

次に行政情報化とは、本来は国、地方自治体の規模を問わず行政分野における情報化といった意味である。しかし、実際に使用される場面は、多く地方自治体の情報化（自治体情報化）と区別する意味合いで、国・中央政府レベルにおける行政分野の情報化を指して使われる傾向が強い。

自治体情報化は、文字通り地方公共団体の行政活動における情報化、すなわち国・中央政府レベルを除いた県・市町村レベルによる行政情報化のことを意味している。

③電子政府、電子自治体

この他にも電子政府や電子自治体という用語もよく使われる。これらは、中央政府や地方自治体において、「電子的情報技術が確立され、行政活動において機能していること」を意味するものと理解して差し支えない。従って、よく政府文書などで使われる「……電子政府（電子自治体）の構築に向けて……」といったような場合には、「政府（地方自治体）による行政情報化を推進すること」を意味するものと考えてよい。

ちなみに総務省では、電子政府、電子自治体を、「コンピュータやネットワークなどの情報通信技術（IT）を行政のあらゆる分野に活用することにより、国民・住民の方々や企業の事務負担の軽減や利便性の向上、行政事務の簡素化・合理化などを図り、効率的・効果的な政府・自治体を実現しようとするもの」と定義し、具体的には「インターネット等による行政情報の提供」、「国民・住民の方々、企業、そして国・自治体との間の手続きの電子化」、「ワンストップサービスの実現」を挙げている（総務省のウェブサイト「住基ネット」の「電子政府・電子自治体って何？」の項を参照）。

本来的には政府や地方自治体には議会も含まれるが、ここでいうそれは狭義の行政に限定した使用法がとられている。とはいえ、これら用語の意味内容は十分に定着していないので、各々の文脈で理解する必要がある。

178 第13章 自治体情報化と地方自治

2 政府の自治体情報化政策

A 自治体情報化政策の変遷

わが国の行政情報化の歴史は比較的古く、政府内部に「電子計算機」の名でコンピュータ導入が図られた1950年代に遡れる。自治体情報化は、市町村レベルでは1960（昭和35）年に大阪市、翌61（昭和36）年に京都市で、また都道府県レベルでは、1963（昭和38）年に東京都と神奈川県で電子計算機が導入と、1960年代に始まった（総務省，2017）。

実際に現在の行政（自治体）情報化に直接連なる政府（国）の電子情報化政策の端緒は、1994（平成6）年の「行政情報化推進基本計画」とされる。以後主なものとして、1997（平成9）年の同計画改定、2000（平成12）年のIT基本法、IT戦略本部設置、2001（平成13）年の『e-Japan戦略』、2003（平成15）年の『e-Japan戦略II』、2006（平成18）年の『IT新改革戦略』、2010（平成22）年の「新たな情報通信技術戦略」（いずれもIT戦略本部）などが、自治体情報化に大きな影響をもたらした政府による電子情報化政策であった（上村他，2012）。

この変遷のうち最後の「新たな情報通信技術戦略」だけは、民主党政権時代に策定されたもので、2012（平成24）年に再び自民党政権に戻ると、翌年の2013（平成25）年には、新たなIT戦略「世界最先端IT国家創造宣言」が閣議決定された。安倍首相が主導するアベノミクスと称される積極的な経済成長政策において、IT政策は成長戦略の1つの柱として位置づけられた（総務省，2017、神足，2015）。

B 霞ヶ関WAN・総合行政ネットワーク（LGWAN）・住民基本台帳ネットワークシステム

政府の行政情報化の流れのなかで、特に自治体情報化と関わりが深いのが、専用回線による広域行政情報通信ネットワークの構築である。具体的には、霞ヶ関WANとLGWANおよびその相互接続と住民基本台帳ネットワークシステムである。

①霞ヶ関 WAN（Wide Area Network）・政府共通ネットワーク

　霞ヶ関 WAN（Wide Area Network）とは、行政情報化推進基本計画に基づいて整備された各省庁内の LAN（Local Area Network）を横断的に結ぶ省庁間情報通信ネットワークのことで、1997（平成 9）年に運用を開始した。電子メールや電子文書交換システムによるコミュニケーションの迅速化・高度化、法令・白書等のデータベースを情報共有することなどをその主な内容とする（総務省のウェブサイト「電子政府」の項「政府共通的な情報システムの整備」を参照）。なお霞が関 WAN は、2012（平成 24）年よりクラウド技術を使った後継の政府共通ネットワークに移行した。

②総合行政ネットワーク（LGWAN：Local Government Wide Area Network）

　総合行政ネットワークは、各地方自治体の庁舎内 LAN を全国規模で結ぶインターネットとは切り離された行政専用の情報通信ネットワークである。2001（平成 13 年）年に都道府県・政令指定都市間で接続が開始され、2004（平成 16）年三宅村を除くすべての地方自治体で接続され、2007（平成 19）年には三宅村も接続が完了した。

　仕組みやサービスは霞ヶ関 WAN と同様だが、アプリケーション・サービスの提供なども行われることから、政府・地方自治体のメリットとしては、1．行政事務の効率化・迅速化、2．重複投資の抑制、3．住民サービスの向上などが挙げられる（地方公共団体情報システム機構，2017）。

　旧霞ヶ関 WAN と LGWAN は 2002（平成 14）年に相互接続が始まり、現在国と各地方自治体を結ぶ全国レベルの行政情報通信ネットワークシステムが稼働している。

③住民基本台帳ネットワークシステム

　住民基本台帳ネットワークシステム（＝住基ネット）とは、総務省によれば、「地方公共団体のシステムとして、住民基本台帳のネットワーク化を図り、行政機関等への本人確認情報（氏名・住所・生年月日・性別・住民票コード及びこれらの変更情報）の提供や市区町村の区域を越えた住民基本台帳に関する事務の処理を可能とするもの」で、2002（平成 14）年に稼働し出したものである（総務省編，2012）。要は全国の自治体で情報通信技術を使って本人確認が容易にできるシステムのことである（総務省ウェブサイト住基ネットの項参照）。

3　自治体情報化の現況

　自治体情報化は、全業務一体の有機的な推進を目指しているが、それらは地方自治体の業務により2系統に分けて捉えることができる。1つがフロントオフィス系業務で、もう1つがバックオフィス系業務である。

A　フロントオフィス系業務の自治体情報化

　フロントオフィス系業務とはいわゆる窓口業務のことで、その自治体情報化とは、これまで職員が対応してきた住民への直接的なサービス提供を、情報通信技術により行おうとするものである。そこには時代的趨勢により複雑化・多様化した住民のニーズに応えるという側面とともに、行政サービスの迅速な提供、そして何より効率化に伴う事務の簡素・合理化といった業務改革が期待されている。この系統の自治体情報化には、ワンストップサービスと言われるような1つの窓口や一台の証明書自動交付機で住民のあらゆるニーズに応えるといった庁内におけるものと、自宅や出先からインターネットや公共端末で電子申請手続きを行うといった庁外におけるものとの2つの側面がある。

　フロントオフィス系業務の自治体情報化は、住民が日常的に利用し実感できるものだけに、電子自治体の構築を進めることの利便性（かつ税の有効利用）をアピールするには格好の機会となる。後者の庁外利用サービスで一般化してきたものには、公共施設の利用予約、電子申請・届出などの日常的な諸手続から広範な行政情報の閲覧、パブリック・コメントなどの政策過程への参加手段としての活用などがある。

B　自治体コール・センター

　フロントオフィス系業務の自治体情報化で近年目立って導入されているものが、2003（平成15）年4月に札幌市で初めて開設された自治体コール・センターである。これは民間会社のいわゆるお客さま相談室に相当するもので、住民の日常的な問い合わせに対応するものである。顧客としての住民という考え方（自治体版 CRM : Customer Relationship Management）が浸透して

きた結果、ようやく地方自治体でも民間同様にこのサービスが広く提供され始めたものと思われる。

常に情報を蓄積しデータベース化しパソコン端末で引き出すので、自治体コール・センターは住民に対する瞬時の電話応対が可能になる。そこでは、従来お役所仕事の典型としてよく批判を受けてきた「たらい回し」の解消が期待されている。

C　バックオフィス系業務の自治体情報化

次にバックオフィス系業務の自治体情報化とは、文字通り行政組織内部の事務情報化を意味し、具体的には財務会計や人事給与・庶務などがそれにあたる。これらの業務は直接住民の目には触れないが、そのシステム運用・維持にはこれまでいずれの自治体でも多くの予算・人・時間を注いできた。従って、この分野を簡素・合理化することが、今日財政が逼迫する自治体にとって必須の課題となっている。

D　自治体クラウド

自治体クラウドとは、総務省によれば、「地方公共団体が情報システムを自分たちの庁舎で保有・管理することに代えて、外部のデータセンター（「雲（クラウド）」の"向こう側"）において保有・管理し、通信回線を経由して利用できるようにする仕組み」のことであり、自治体がデータを個々に「所有」することから共同で「利用」することによって、①コストの削減、②業務の軽減、③セキュリティの向上、④サービスの向上、⑤災害に強い（情報の喪失等から免れる）、などのメリットを目指すものである（以上総務省リーフレット『自治体クラウドで行政が変わる』より抜粋。総務省ウェブサイト「自治体クラウドポータルサイト」参照）。

東日本大震災の発生によって自治体が蓄積した情報の喪失が問題となったが、それへの対応など自治体クラウドに期待されるメリットは多く見出せる。しかし、後述する情報セキュリティの問題などを始めとして懸念される課題もないわけではない。自治体クラウドの推進は、そのもたらしうるデメリットの点も十分に考慮しながら慎重に行っていく必要がある。

4 自治体情報化と住民

A デジタル・ディバイド

　自治体情報化の進展は住民の側に立ってその効用を考える必要がある。この点に関して、情報通信環境の進展のなかでもインターネットの普及を例にとり説明する。

　総務省の『情報通信白書（平成29年版）』によれば、2016（平成28）年のインターネット利用者数は、1億84万人、人口普及率は83.5%にも達している（総務省編，2017）。すでに急激な上昇期は過ぎ、ここしばらくの数年間の利用者数は、微増傾向で推移している。

　この数字だけを見れば、インターネットの普及は政府の電子情報化政策に沿って、全国津々浦々順調に進展してきたようにも受け取れる。しかし、こと行政情報化、自治体情報化は、あくまでも政府、地方公共団体という公が主体となって進めるものである以上、平等に国民（住民）がアクセスできる機会が十分に確保されているかという点こそが唯一評価の尺度になる。だとすれば、この数字から漏れる少数の、しかしいまだはっきりと存在する人々の情報通信環境へのアクセスの問題こそが課題として認識されなければいけない。

　このような問題は、デジタル・ディバイド（情報格差）と呼ばれている。その意味するところは、情報の（この場合はインターネットへのアクセス）恩恵に浴すことができる者（あるいは地域）と浴すことができない者（あるいは地域）との間の情報格差（＝デジタル・ディバイド）の問題のことである。デジタル・ディバイドは老若男女、貧富、地域などさまざまな属性間で生起しうる。デジタル・ディバイドについては政府、地方自治体も重要な問題として捉えその解消に努めているが、それは情報通信環境の進展との競争であり、尽きることのない問題でもある。

　デジタル・ディバイドには、情報へのアクセシビリティ（接近しやすさ、近づきやすさ）、情報リテラシーの普及・実践、豊かな（期待に応える）コンテンツといったクリアしなければならない当面の課題が存在する。

B　デジタル・ディバイドにおける3つの課題

①アクセシビリティ

　情報へのアクセシビリティの側面に関しては、地方自治体内の各所に公共端末や公衆無線LANスポットを設置したりするなど、偏ることなく誰もが必要とするときに情報通信環境にアクセスしうる基盤整備の絶えざる努力が求めれる。この基盤整備の点についてはまた、条件不利地域など地理的ディバイドの改善や、災害被害地域の情報化推進（寸断された情報網の復旧なども含めて）などに対しても、政府、地方自治体は振興策を講じていく必要がある（総務省編，2016）。

　また他面、ハンディキャップを負っている人々に対するアクセシビリティも課題としてある。視力が弱い人には字を大きくする、聴力の弱い人には音声による情報提供を行うなどが対応策としてあげられる。地方自治体によるウェブサイト上の福祉分野の介助アクセシビリティの向上は、ここ数年顕著である。

②情報リテラシー

　情報リテラシーとは「情報機器を使いこなし、情報を取捨選択し、発信できること」と理解されるが、情報リテラシーの普及・実践の側面に関しては、各属性（老若男女、外国人など）で生じているその格差を取り除くことが必要となる。そのためには、社会教育、生涯学習といった点からの行政的支援とともに、NPOや民間ボランティアなど活動的な住民の存在やそのネットワークの構築が課題となる。

③提供されるコンテンツ（内容）

　自治体情報化が実現したからといって、住民と行政との関係が必ずしも良好に築かれる保証はない点に注意を払う必要がある。先ほどのインターネットの事例だと、地方自治体のウェブサイトが住民にとって魅力的なコンテンツ——たとえば、電子申請・届出、公共施設の予約、広範な行政情報の提供、政策への参加システムなど利用しがいのある——を提供しない限り、住民はそれにアクセスしない（見向きしない）に違いない。

　地方自治体は情報化により、これまで以上に有益な行政サービスを提供し、またそのことが住民に実感されてこそ初めてその目的が達成しえたということができる。

5 自治体情報化と住民のリスク

ここでは、自治体情報化がもたらすリスク（＝住民に対する不利益）の問題を取り上げる。

A 情報セキュリティ対策・個人情報保護対策

インターネット上でサイバー犯罪が相次いでいるように、情報通信基盤のセキュリティは非常に脆いのが現状である。政府、地方自治体は民間企業とは比較にならないほど多くの個人情報を保有しているため、自治体情報化を推進するにあたっては、いかにしてそのセキュリティ（安全性）を確保するかが最も問われることになる。その対応が情報セキュリティ対策であり、個人情報保護対策である。前者がクラッカー（悪玉のハッカーのこと）などの情報通信網への侵入や情報改竄、あるいは情報漏洩などの電子情報に関するセキュリティ対策全般を意味するのに対し、後者はそのなかでも特に高いセキュリティが求められる国民（住民）の個人情報が外部へ漏れることなど（＝プライバシーの侵害）に焦点をおいた対策と理解してよい。

①情報セキュリティ対策

行政の情報セキュリティ対策は、サイバーテロのように国家安全保障にまで関わる広範な分野に及ぶため、政府レベルでは内閣官房に設置された内閣サイバーセキュリティセンター（NISC）を中心に総務省（政府・自治体情報化）、経済産業省（経済・商取引）、警察庁（サイバーテロ・ネット犯罪）等各省庁が連携して行っている（情報処理推進機構, 2016, 日本情報処理開発協会編, 2004）。

また地方自治体レベルでは、その行動指針である情報セキュリティーポリシーを2016（平成28）年3月現在までに都道府県・市町村すべての地方自治体で策定済みである。加えてその実効性を評価するシステム（＝情報セキュリティ監査）を導入する自治体も増えている（総務省編, 2016）。

②個人情報保護対策

個人情報の保護に関しては、2005（平成17）年4月に個人情報保護法が全面施行され、行政機関に関しては国・地方の責務等が示された。この法律の下に国レベルにおいては、行政機関個人情報保護法、独立行政法人等個

人情報保護法が施行されている。

　地方自治体の個人情報保護対策に関しては、政府は個人情報保護法7条1項に基づき、2004（平成16）年4月2日閣議決定（その後3度一部変更）の「個人情報の保護に関する基本方針」で、個人情報の保護に関する条例の制定とその見直しを求めたが、現在ではすべての地方自治体で個人情報保護条例が制定され、また多く改正も重ねられている。

B　情報セキュリティ対策の難しさ

①進化し続ける情報通信技術

　このように政府、地方自治体は、情報通信技術の進展に対応し情報セキュリティ対策を講じてきている。しかし、残念ながら情報通信技術は固定化されたものではなく常に進化し続けている。このことは、高度な技術を身につけたサイバー犯罪者によって、情報通信網は絶えずその脆弱性を露呈させる危険があることを意味している。結果的に情報セキュリティ対策は、そのヴァージョン・アップと犯罪者とのいたちごっこの様相を帯びることになる。また、ゲーム性の濃い「情報通信網を破ること（クラッキング）」に愉しみを見出すクラッカーたちは、政治的・経済的利益を目的とするものではないだけに解決を困難にしている。これが情報セキュリティ対策を悩ます課題の1つとなっている。

②情報倫理の欠如

　さらにもう1つの課題は、情報通信網に携わる人々のモラルの欠如である。たとえば、かつて国民年金加入問題が世間を賑わせたことがあったが、その際、多くの旧社会保険庁の職員が興味本位でパソコン端末から時の首相やタレントの加入歴を覗いていたという不祥事が起こった。これなどは、本来起こりえないはずの事件であり、公務員のモラルの低さを象徴する出来事であった。

　高度な情報化社会にあっては、個人情報に携わる公務員（もちろん民間人もだが）の情報倫理を育む教育・研修制度の充実がその点で極めて重要になる（島田、2004）。

6 住民本位（ユーザー・オリエンテッド）の自治体情報化

A 国民の情報セキュリティに関する不安

　内閣府が2003（平成15）年に実施した世論調査では、「行政機関や民間事業者の個人情報の取扱いに対する不安」に関する設問で、①コンピュータのミスが58.4%、②承認した目的以外の利用が66.0%、③情報の洩れが69.0%、④知らない間の情報収集が61.4%、といずれも国民の6割以上が情報セキュリティに不安を抱いていることが明らかになった（内閣府，2004）。これらの不安は、1989（平成元）年と比較して20〜30%も高まっている。

　やや古い調査データだが、現在ではさらにその不安は高まっているのではないかと思われる。国民が実際にこれだけ個人情報の取扱いに敏感に反応し不安を抱いている以上、真摯に受け止め対応する責任が政府、地方自治体にはある。国民の不安を少しでも取り除くためにも、情報セキュリティ対策や個人情報保護対策の向上に今後より一層取り組む必要がある。

B 住民本位の自治体情報化を目指して

　自治体情報化は、好むと好まざるとに関わらず、これからも推進されていく。何のための自治体情報化なのか。その目的を履き違えることなく、進められなければならない。あくまでもそれは住民のために行われるものであって、行政事務の簡素・合理化によって却って住民が不利益を被ったり、行政側が個人情報を一元的に管理し監視するためのものであるならば本末転倒である。ともすると、これまでの行政情報化なり自治体情報化の進展過程を見るならば、住民側の求める視点がすっぽりと抜け落ちている感が否めない。情報化を進める政策形成過程において、住民の意見の反映も重要な点の1つである。

　たとえば、こんな一例がある。ある地方自治体では従来実施していた郵送による住民モニター制度をインターネットの普及を理由に、すべてインターネットを利用する方法に切り替えてしまった。このような自治体情報化が好ましくないことは誰でも想像に難くないはずである。確かにモニター制度をインターネットに切り替えることによって、調査結果は迅速・簡

便に作成できるし、また統計などの加工処理も容易で、かつ通信費なども含め経費削減に繋がる可能性は非常に高い。

しかし、これではインターネットの接続環境にない住民の声は地方自治体に届かなくなってしまう。本来そのような環境にない、弱い立場にある住民の声を政策に反映させることこそが地方自治体の最優先課題ではないだろうか。自治体情報化が住民にとってこれまでより地方自治体の敷居を高いものにしてしまうとしたら、そのような自治体情報化は必要ないと言っても過言ではない。

住民側が自治体情報化を意識することなく地方自治体との距離が縮まること、それこそが自治体情報化に、また地方自治体に求められる視点に他ならない。

188 ■ 第13章 ■ 自治体情報化と地方自治

知識を確認しよう

問題

以下の文章について、正誤を述べなさい。

(1) 公共施設のネット端末による予約は、フロントオフィス系業務の自治体情報化の1つである。

(2) 地方自治体間においても情報格差は存在する。

(3) 自治体クラウドとは、地方自治体が情報システムを庁舎内の一角にまとめて保管することをいう。

(4) 個人情報保護の対策を強化することは、情報セキュリティ対策の一環といえる。

(5) 市民モニター制度を郵送方式からすべてインターネットによる回答に代えることは簡単で迅速な回答が得られるので、市民本位の自治体情報化の一例といえる。

解答への手がかり

(1) ○　正しい。

(2) ○　たとえば島嶼部にある地方自治体などでは、高速の情報通信技術に関して制約がある。それは1つの情報格差といえる問題である。

(3) ×　庁舎での保有・管理に代え、外部のデータセンター（「クラウド」）において保有・管理し、通信回線を経由して利用することをいう。

(4) ○　情報セキュリティの問題の1つに、たとえば個人情報の漏洩などの問題などがある。

(5) ×　インターネットを使える環境にない市民のことも考えて市民モニター制度は設計されるべきである。

第14章 持続可能な発展と地方自治

本章のポイント

　本章では、地方自治における望ましい発展の
あり方を考える。
1. 地球環境問題を契機として、「持続可能な発
　　展」という考え方が世界的に広まってきた。
　　この考え方を地方自治の文脈で捉え直して
　　考えると、どういう意味をもつのかを学ぶ。
2. 地域発展の手法には、「内発的発展」と「外
　　発的発展」という対照的な2つがある。ど
　　のような意味をもち、どちらがこれからの
　　時代にふさわしいのかを学ぶ。
3. 鶴見和子の内発的発展論について、その内
　　容を概観し、現代日本の地域発展にどのよ
　　うな示唆をもちうるのかを学ぶ。
4. これまで日本の多くの開発手法は外発的発
　　展によるものであった。なかでも典型的事
　　例である全国総合開発計画を紹介し、その
　　問題性を学ぶ。
5. 全国各地で少しずつではあるが、内発的発
　　展の手法に基づく地域づくりが行われてき
　　ている。異なる側面から3つの事例を紹介
　　し、これからの地方自治の持続可能な発展
　　を展望する。

1 持続可能な発展

A 持続可能な発展とは何か

　最初に本章を貫くキーワードである「持続可能な発展（Sustainable Development）」という用語の意味内容を確認しておくことから始めよう。

　そもそもこの用語は、日本が提唱して発足した国連の委員会である「環境と開発に関する世界委員会（WCED = World Commission on Environment and Development）」（当時ノルウェーの首相であったブルントラント〔Brundtland, G. H.〕が委員長を務めたことから「ブルントラント委員会」とも呼ばれる）が 1987 年に出した最終報告書「Our Common Future（邦題『地球の未来を守るために』）」の根幹をなす考え方であり、そこでは「持続的な開発とは、将来の世代の欲求を満たしつつ、現在の世代の欲求も満足させるような開発をいう。持続的開発は鍵となる 2 つの概念を含んでいる。1 つは、何にも増して優先されるべき世界の貧しい人々にとって不可欠な『必要物』の概念であり、もう 1 つは、技術・社会的組織のあり方によって規定される、現在および将来の世代の欲求を満たせるだけの環境の能力の限界についての概念である」[1]と説明される（環境と開発に関する世界委員会編, 1987）。ここでは、環境と開発（発展）の恵みに対する将来および現在の世代間における公平性、そしてまた貧しい人々への最大限の配慮と有限な環境への慎重な開発（発展）が強く求められていると言えよう。

　この考え方はその後 1992 年リオデジャネイロで開催された地球サミットでも中心的に取り扱われるものとなり、「環境と開発に関するリオ宣言」、「アジェンダ 21」などに具体化されるに至った。ちなみに、1993（平成 5）年に制定されたわが国の環境基本法もこの考え方を反映している。

　「持続可能な発展」という用語は、これまで主として先進国と途上国の間で対立してきた環境保全と開発をめぐる議論のなかで使われてきたものであった。しかし、現在では必ずしもそのような文脈に限ることなく、本来の使用法とは関係のない使われ方も多く見受けられる。したがって、その点には留意する必要がある。

B　持続可能な発展か維持可能な発展か？

　この「持続可能な発展」の概念は、楽観的な考え方といえるだろう。先進国と途上国間の経済格差をもとにした対立は深刻化し、地球温暖化、化石資源の減少というように地球環境は悪化の一途を辿るなかで、なお将来世代の欲求を満たし、かつ現代世代の欲求をも満たすなどということは、普通に考えればおよそ不可能である。そこでは、経済成長を持続させるための環境保全という人間中心主義的な考え方が、利害の対立する南北間でも変わりないことを明らかにする。その点では、これまでの環境破壊など経済成長の負の側面は過小評価されているといってよい。

　この点に強く警鐘を鳴らしたのが都留重人であり、宮本憲一といった経済学者たちであった。彼らは「持続可能な発展」という用語法を好まず「維持可能な発展」という独自の用語法にこだわってきた。特に宮本は、都留がこれまで指摘したように、「持続可能な発展」は人間主体的な訳で間違っており、地球という客体（人間の意思や行為のいかんにかかわらず存在する）が維持可能な範囲でのみ経済発展すべきだという点を繰り返し強調している（サックス，1994、宮本，1998）。つまり、地球の環境が損なわれない限りにおいて、経済の発展は許されるという考え方に立つ。「持続可能な発展」とはそもそもの立脚点が異なるのである。

　本章も「維持可能な発展」という考え方に全面的に同意するものであるが、ただわが国ではすでに「持続可能な発展」という言葉が広く流通し一般化している点を考慮し、便宜的にこちらを使用する[2]。その点を理解のうえ、読み進めて貰いたい。

C　地方自治における持続可能な発展

　これまでの「持続可能な発展」に関する一連の説明は、地方自治の学習には一見関係なさそうにも見える。しかし、この考え方は今日の地方自治の行く末を考える上でも重要な意味をもつ。では、地方自治における「持続可能な発展」とは何を意味しているのだろうか。先の都留や宮本の考え方を敷衍すると、それはさしずめ①環境の維持、②経済的自立、③社会的公平という点で地方自治体が持続しえることになろう。またその持続をめぐっては、文字通り「地方自治」すなわち住民を始めとする当該地方自治

体のあらゆる主体の参画と意思決定（＝ガバナンス/協治）が機能しうることが前提となる。

地方自治においても「持続可能な発展」が求められる理由は、以下、順次明らかにする。

2　内発的発展と外発的発展

この地方自治における「持続可能な発展」を考える際に有用な地域発展に関する考え方が、「内発的発展」と「外発的発展」という対照をなすキーワードである。以下、それぞれの意味内容について理解しておこう。

A　内発的発展

まず「内発的発展」とは、どういう意味内容をもつのであろうか。ここではひとまずその定義を、「その地域[3]に居住する住民が、自分たちの意思決定により地域内のあらゆる資源（人、自然、技術、文化、財産など）を活用しながら、その地域の良好な維持・発展に努める過程」と理解しておきたい。

内発的発展は文字通り地域の自発的な発展を意味するが、単にそれだけに止まらず、そこにはこれまでの近代国家の前提とされる経済成長第一主義や盲従的な近代化への批判的視座が込められていることがその特徴ともいえる点である。また、内発的発展を目指す地域内部においては、地域資源は有効に活用され、地域が現在そして未来に向けて何より「持続可能」であることが強調される。したがって地域資源を使い尽くすといった発想はこの概念にはもとよりないといえる。

元来、内発的発展の意味内容は欧米先進国の高度工業化を根拠づける近代化論に沿うものであったが、その環境破壊や南北間格差などほころびが明らかになるに及んで、その意味内容が発展的に止揚されるに至ったのである。その功績の多くを担ったのが、鶴見和子や宮本憲一らの先駆的内発的発展論者たちであった（鶴見, 1996、宮本, 2007）。

B 外発的発展

　一方、内発的発展とは対照的な考え方をなすのが、「外発的発展」である。その意味内容としては、ひとまず「外在的主体の影響力に強く作用されながら、その地域および住民が主に経済的発展（所得や雇用、経済の活性化）を授かること」と理解しておきたい。鶴見が想定した外在的主体は先進諸国であり、宮本が想定したそれは中央（政府、大企業）であった。また従属して外発的発展を強いられるのはそれぞれ発展途上国であり、地方に存する地域であった。

　この外発的発展という概念は、このように「内発的発展」という用語と併せて国家間の関係性を示すだけに止まらず地方自治の文脈においても有用な概念である。たとえば、日本の場合だと外在的主体としての「東京」と、外発的に発展する地方の「地域」という関係性が見出せよう。具体的には、行政面では地方自治体が公共事業や補助金獲得のために東京（政府）の意向に従わざるをえない集権的中央地方関係がそうであるだろうし、また経済面だと、企業の本社が集中する東京に、地方の各地域がその支店や工場進出先として、住民の雇用や経済面で強く依存している構図などがその良い例としてあげられよう。

C 外発的発展の問題性

　外発的発展は経済的な効果を短期間にもたらすという点ではその恩恵を否定できないが、その最大の問題点は過度の依存関係が、たとえば政策転換や不況、企業経営の不振などで状況が一転した場合、公共事業や補助金がストップし、企業の出先は閉鎖されるなど致命的な危険性を常に孕んでいることである。また外在的な発展を遂げる地域はその経済効果と引き替えに、いびつな発展の弊害——たとえば、環境破壊、過疎過密、一極集中など——も否応なく背負わされることになる。

　このように外発的発展には明確な主従関係が存在する。主たる地域が利得の多くを独占し、従たる地域は限定的なものに止まり、かつ多様性をもった独自の持続可能な発展が阻害されるという点で非常に問題があるといわざるをえない。それは国内、国際地域間問わず同様の性質を有している。

　見てきたことから明らかなように、地方自治における持続可能な発展の

めざすモデルは内発的発展型の地域づくりということになる。

3 鶴見和子の内発的発展論

内発的発展を理論的かつ実証的に検討してきたのが、内発的発展論といわれる研究分野である。これまでを大別すると、2つの分野からアプローチが行われてきた。1つは鶴見和子などを中心とする比較・国際的な視点に基づいた社会科学を専攻し、発展途上国の事例研究を通じて内発的発展論を深めてきたグループであり、もう1つは宮本憲一などを中心とする国内における地域開発の問題性を地域経済学や財政学の立場から解明し、そこから内発的発展の重要性を説いてきたグループである（鶴見・川田編, 1989、宮本・横田・中村編, 1990）。

「内発的発展」という言葉を初めて日本に知らしめ内発的発展論の創始者と目される鶴見和子の所論を、以下、主要な論考である「内発的発展論の系譜」（鶴見・川田編, 1989）より紹介しよう。

A 定義

鶴見が定義する内発的発展は、内発的発展論の全体像を把握するうえで非常に有益であるので、少し長くなるが引用しておく。

内発的発展とは、①目標において人類共通であり、目標達成への経路と、その目標を実現するであろう社会のモデルについては、多様性に富む社会変化の過程である。②共通目標とは、地球上のすべての人々および集団が、衣・食・住・医療の基本的必要を充足し、それぞれの個人の人間としての可能性を十分に発現できる条件を創り出すことである。

それは現在の国内および国際間の格差を生み出す構造を、人々が協力して変革することを意味する。

③そこへ至る経路と、目標を実現する社会の姿と、人々の暮らしの流儀とは、それぞれの地域の人々および集団が、固有の自然生態系に適合し、文

化遺産（伝統）に基づいて外来の知識・技術・制度などを照合しつつ、自律的に創出する。

　地球的規模で内発的発展が展開されれば、それは多系的発展となる。そして、先発後発を問わず対等に、相互に手本を交換することができる。

（引用文中の番号と傍線は筆者による）

　この定義を地方自治の文脈に引きつけて理解するならば、①は地域発展の多様性を、②は基本的人権の保障を、③は自然環境や文化遺産に合致した形で目標に向かうことを説明していると見なしてよい。総じて近代化論に対するそれぞれのオルタナティブ性という点は、鶴見に限らず他の内発的発展論者にも共通するところである。

　これらはまた、先に見た都留や宮本らの「維持可能な発展」の意味内容と合致するものとなっている。

B　内発的発展の担い手とその地域

　鶴見はまた柳田国男研究をもとに内発的発展の担い手を、定住者、漂泊者、一時漂泊者の三者に設定した。定住者が定住地を一旦離れ、再び元の土地に戻って来る場合は一時漂泊者となる。定住者にとって漂泊者は、異質な情報や価値、思想などをもたらす伝播者である。また定住者は一時漂泊者になることで異質な文化に出会い、それを再び定住地に伝達する役目を果たす。

　このような理解に立ち、地域とは、定住者と漂泊者と一時漂泊者とが相互作用により新しい共通の紐帯を創り出す可能性をもった場所と定義した。

　鶴見にとって地域とは、決して内部で完結する閉ざされた空間ではない。それは外部との交流を通じて、地域の文化遺産・伝統と異質の情報や文化とが触れ合うことで内発的な発展が促される「場」なのである。

　この一時漂泊者、漂泊者とは、実際に即していえばUターン者、Iターン者のことである。

　内発的発展を指向する地域づくりを実際に見ても、この鶴見の指摘する担い手としての三者の役割という点は妥当性をもっている。一時漂泊者（Uターン者）は、一旦故郷を出て都会などで仕事や学業を修め帰郷した後、

地域（故郷）に外部の情報や文化をもたらし、相乗的な活性化に成功した事例として、各地でよく見受けられる。

また、漂泊者（Iターン者）も、大都市を離れて地縁・血縁のない土地で新たな人生にチャレンジする人々として話題になることは珍しくない。

C キー・パースン

鶴見はさらに内発的発展においては、「文化遺産（伝統）のつくりかえの過程」が重要であるという。この伝統とは世代を超えて継承されてきた型（構造）である。この型には3つほどあり、1つは意識構造の型（信仰や価値観など）、2つ目は社会関係構造の型（家族、村落、都市関係など）、3つ目は技術の型（衣・食・住に必要なものづくりの技術など）である。

これらの古くから伝わる型を新しい状況から生じる必要によって、誰がどのように作りかえるかの過程を分析する方法が、内発的発展の事例研究には不可欠であると説明する。その担い手の中心が「キー・パースン」である。「キー・パースン」とは、分かりやすくいえば地域おこしのリーダーに他ならない。「キー・パースン」には「発想的キー・パースン」と「実践的キー・パースン」がおり、それらは同一もしくは複数で存在するという。

この「キー・パースン」の概念自体は哲学者の市井三郎によるものだが、鶴見はそれを地域における内発的発展の担い手、主体の問題を示すうえで新たに解釈を施したのである。

D 鶴見和子の内発的発展論からの示唆

鶴見の内発的発展論のエッセンスをごく簡潔に紹介してきた。このなかからえられる示唆は、内発的発展の成功いかんには、「人」が大きな鍵（key）を握っているということであろう。文字通り「キー・パースン」の存在である。その存在なくしては、地域の内発的発展は見込めないことを明らかにしている。実際の地域づくりに際しても重要な課題に違いない。

地域づくりの人的資源としては、具体的に一般住民、NPOなど各種団体・運動の活動者、自治体の職員、首長、議会議員などあらゆる人々が想定される。彼ら、彼女らはずっと地元に住み続けた定住者であったり、Uターン者であったり、またIターン者である場合もあるだろう。このなか

から「キー・パースン」として、「発想」、「実践」のそれぞれ先頭に立つ者たちが現れる。そして、「キー・パースン」と地域を構成するメンバーは水平的な関係にあり、役割に応じて相互に補完代替し、相乗的な効果を高めていくことが地域の内発的な発展のためには必要とされる。

4 外発的発展の検証──全国総合開発計画の事例

　これまでの説明から「持続可能な発展」を地方自治の文脈で考えるならば、内発的発展こそがそれに合致することは理解されるはずである。しかし、振り返ってみるとこれまでのわが国の地域発展は、総じて外発的発展の手法で行われ、かつ指摘してきたその問題点が露呈することによって失敗してきた。なぜ外発的発展は失敗を繰り返しながらも、わが国において連綿と続いてきたのだろうか。

A　外発的発展の典型例──全国総合開発計画

　わが国で外発的発展型の地域開発の典型的事例として真っ先にあげられるのは、全国総合開発計画（以下、全総）である。全総は、1950（昭和25）年制定の国土総合開発法に基づき政府が策定する10〜15年という比較的長期の国土開発・社会資本整備計画のことである。2005（平成17）年に国土総合開発法が国土形成計画法に作りかえられるまでの間、全総は都合5回ほど策定された。その中央集権的な国土開発政策は戦後日本の経済発展の基礎を作ったが、他方で環境破壊、過疎過密、一極集中など外発的発展の問題点として指摘した弊害を地域にもたらした（宮本，1983、本間，1994）。

B　外発的発展と利権構造──繰り返された全総

　全総は、一貫して過密・過疎対策、地域格差の是正、均衡ある国土発展を目標に据えたものであり、その開発、発展の手法の是非を別にするならば、政府の課題対応としては一応理解できるものであった。しかし問題なのは、いずれの全総も合理的判断に基づいて計画が遂行された試しがなく、

その多くが途中で計画を新たに練り直してきたことである。合理的判断とは、全国各地で計画遂行にあたり目的にかなった地域指定や必要に応じた公共投資の配分が行われることを意味するはずである。しかし、実際には時の政権の意向を強く反映した場当たり的な公共事業の配分に終始してきた感が強い。その理由はいかなるところに求められるのだろうか。

その最大の要因を全総による地域開発が、各種の利権構造と結びついてきた点に求める大塚祚保の指摘は説得力がある。国レベルの公共事業の多くは、全総を出発点として中央官庁が許認可権をもち、その実施をめぐって中央政府と地方自治体、加えて政治家、企業との間において政・官・業の癒着構造を構築してきたというのである (大塚, 2004)。だからこそ、繰り返し全総を作り出すことは、「利権」を新たに生み出す意味で必要があったのである。

このいわゆる「鉄の三角形」の利権構造が、55年体制 (＝自民党の一党優位体制) を支える源泉となってきた。55年体制は終焉し、1993 (平成5) 年以降の非自民党連立政権、民主党連立政権、そして自民党連立政権と政治状況は変わってきたが、この構造自体に大きな変化は見られない。

見てきたように政権与党を支える利権構造に組み込まれている以上、全総に地域特性に根ざした地場産業を時間をかけて育てていくといった考え方 (＝内発的発展) が入り込む余地はなかった。一方でまた、高い経済成長の陰で地域格差の拡大や過疎化に苦慮する「地域」の側においては、即効性のある外発的発展型の地域開発に走らざるをえなかったのである。

C 終わらない外発的発展

この種の外発的発展型の地域開発はこれまで数多く見られたし、現在でもなお容易に見つけることができる。家電大手のシャープは一時期液晶テレビのアクオス亀山モデルでブームを巻き起こしたが、その亀山工場は風前の灯火であるし、また東日本大震災で白日の下にさらされることになった長年の国、電力会社と与党、地元選出議員、地方自治体との電源交付金などをめぐる利権構造などは同様の事例といえる。その意味で全総は外発的発展型の地域開発の典型例であるが、決して例外ではないのである。

5 持続可能な地方自治の模索—内発的発展の取り組み

　外発的発展型の地域開発の手法がいまだ多く見られるなかで、内発的発展型の地域づくりを意識的に志向する事例も見られる。日本各地で実際に取り組まれている興味深い事例を、異なる側面から3点ほど紹介しよう。

A　どぶろく特区

　中央の政策を活用した内発的な地域づくりの試みには、構造改革特区制度の利用がある。2002（平成14）年に始まったこの制度の特徴は、従来の補助金や減税といった財政的支援ではなく、自治体や企業にアイデアを競わせ、その内容によって規制緩和をする点（＝特区の認定）にある。

　たとえば、2003（平成15）年以降岩手県遠野市を始め全国各地で、「どぶろく特区（正式には、日本のふるさと再生特区）」に認定されている。この認定により、これまで酒税法上禁じられてきた小規模のどぶろく（濁酒）醸造・提供が認められ、地域に伝承するどぶろく文化を通じたグリーン・ツーリズムなどの発展に一役買っている（菊池, 2004）。遠野市の場合、認定以来しばらく時間を経ても、特区認定前と比べ観光業への波及効果が明確に認められている（内閣官房地域活性化統合事務局他, 2009）。

　地域住民の主体性に基づいて地方自治体が特区申請に乗り出すならば、中央政府の政策に応じる形でも内発的発展の地域づくりに貢献しえよう。

B　フードバンク

　アメリカで40年前に始まったといわれるフードバンクが、2000（平成12）年以降日本でも各地に広がり始めている（農林水産省のフードバンクのウェブサイトを参照）。フードバンクとは、食品メーカーや農家から出る規格外の食品、農産物、住民から提供された野菜、果物などを引き取り、それを障がい者施設、児童養護施設、被災者支援団体など社会福祉施設に無償で届けることを目的としてコーディネートを行う非営利活動（団体）である。

　フードバンク活動のポイントは、そのままでは廃棄される予定の食品類を生かすことができるという環境的側面（＝食品廃棄物の抑制）での効用が見

込めること、また財政的に厳しい社会福祉活動に食料面で貢献できるという福祉的側面（＝社会福祉への貢献）でも効用が見込めることである。「環境」と「福祉」。一見すると別個の問題として受け止められやすいものを、1つの問題に繋げてよりよい解決を図ろうとする点で興味深い。

　この活動ではまた、フードバンクを介した提供する側（食品会社、農家、個人）と提供される側（社会福祉施設）という関係に止まらず、そのまわりを行政、生協、社協、NPO、その他多くの住民などが助成や寄付などの財政的支援や人的資源の提供といった有形無形の支援活動で取り囲んでいる構図が見られる。その点でもフードバンク活動は、地方自治における持続可能な発展を志向する活動の1つといえよう。

C　葛巻町

　葛巻町は岩手県内陸部に位置し、人口が約7,500人、面積の約86%が森林という典型的な中山間地の町である。今この町が徹底した地域資源の活用で元気な町として全国から注目を浴びている。町のキャッチフレーズである「北緯40度ミルクとワインとクリーンエネルギーの町くずまき」が示すように、「ミルク（酪農）」、「林業」、「山ぶどう（ワイン）」、そして地域の特性を生かした「風（風力発電）」の他、太陽光、木質ペレットやバイオマスを利用した自然再生エネルギーを主要な地域資源として、内発的な地域づくりを行っている。

　この町が先見的だったのは、スキー場や温泉、大型レジャー施設のない「ないない尽くしの町」を地域資源の「宝」庫の町へ独自に変えてきた点であろう（日向，2011、および葛巻町のウェブサイトを参照）。今現在これといった地域資源が見あたらない地域にあっても、示唆に富む事例といえよう。

6　住民の幸福と地方自治

　地方自治においてなぜ持続可能な発展を求めるのか。それは地方自治体の持続こそが住民の幸福に繋がるものと信じているからである。持続不可

能な地方自治体が住民に幸せをもたらすとは到底思えない。たとえば平成の大合併を余儀なくされた市町村で、住民の満足度が上がったところが果たしてあるだろうか。恐らくそれは限りなくゼロに等しいに違いない。

　本章では、地方自治における持続可能な発展は内発的発展の手法によってしか達成しえないものとして説明してきた。なぜならば、繰り返しになるが、外発的発展の手法では地域は受け身にならざるをえず外からの好ましくない影響も避けられないからである。内発的な地域づくりを進めていくためには、地方自治体は極力政治的、行政的、経済的にも自立していく必要がある。それは必ずしもその地方自治体内部においてすべてが完結する「自律」を志向するものではない。地域が外部と対等に渡り合うために必要な要件という意味においての「自立」である。そのためには、まず住民が自らの地方自治体のあり方を判断できる自己決定・自己責任の原則が保障されていなくてはならない。現状の政治制度が十分にそれに応える仕組みになっているとは言い難いが、自分の地方自治体をよくするためには、まずもって主体的な地方自治体への参画が求められる。住民一人一人の責任もまた大きいといわざるをえないのである。

　ラミス（Lummis, C. D.）は「常識というのは不変なものにみえるが、大きく変化することがある。」（ラミス，2000）と述べた。これまでの「常識（＝ここでは「外発的発展」）」と思われてきたことを、「持続可能な発展」という観点から今一度問い直す時期にきているのではないだろうか。

注)

1) 本章では訳文を日本語版に従うが、この点については誤訳があるとの指摘も散見されるので注意を払う必要がある。「発展」と「開発」の訳語の相違に関しては後述する。

2) 「サスティナブル・ディベロップメント（Sustainable Development）」の用語法をめぐっては、この他にも「ディベロップメント（Development）」について開発志向派、環境憂慮派はそれぞれの主張する文脈で、「開発」あるいは「発展」と別個の訳語をあてている。ちなみに外務省の定訳は「開発」である。本章では、個々の引用文の原著にしたがって使い分けている。

3) 「地域」の想定する範域は論者や文脈によって異なるが、本章ではひとまず基礎自治体レベルを想定する。

202 ■ 第 14 章 ■ 持続可能な発展と地方自治

知識を確認しよう

問題

以下の文章について、正誤を述べなさい。

(1) この章で強調してきた地方自治における「持続可能な発展」とは、①環境の維持、②経済成長、③社会的公平が達成されることである。

(2) 内発的発展とは、地域のあらゆる資源を活用した自発的な発展のあり方のことをいう。

(3) 地方自治における外発的発展を考えるならば、その外在的主体とは中央官庁や政治家のことを指す。

(4) 鶴見和子が内発的発展の担い手の１つとした「一時漂泊者」とは、実際に即していえばＩターン移住者のことをいう。

(5) フードバンク活動が社会に与えうる利点として挙げられるのは、経済的側面と環境的側面に貢献することである。

解答への手がかり

(1) ×　②は経済的自立である。それも内発的発展に基づいた経済的自立が望まれている。

(2) ○

(3) ×　政治家ではなく、東京に本社を置く大企業などを指す。

(4) ×　定住者が定住地を一旦離れ、再び故郷に戻ることを意味するから、Ｕターン者のことを指す。

(5) ×　経済的側面ではなく、社会福祉的側面に貢献する。

第15章 ヨーロッパ主要国の地方自治制度

本章のポイント

　ヨーロッパ各国の自治制度の理論と現状を、各国の時代と自治制度の変遷や選挙制度の改革なども含めて、対比させながら分析していく。

1. ヨーロッパの地方自治制度の理論的特徴から、それがどのような形で日本に影響を与えたのかも含めて考える。

2. イギリスの住民自治と「伝来説（承認説）」確立の背景や、それらを踏まえた近現代の改革の内容や実態を、現状も含めて考える。

3. フランスの団体自治と「概括例示方式」確立の背景を、フランス革命がもたらした影響も踏まえ、州の自治体化の目的や内容も含めて考える。

4. ドイツが、領邦国家から統一国家への移行を模索する中で、どのような流れを受けて連邦国家体制と新しい市町村制度を確立してきたのかと、東西ドイツ統一後の改革の方向性を考える。

5. 各国の選挙制度の相違や特徴の比較を通じて、民主的な地方自治制度確立に有用な選挙制度を考える。

1 自治制度の多様性

A　イギリス型と大陸型

　イギリスはリージョナリズム（広域行政）の傾向が強いが、準自治体であるパリッシュやコミュニティといった小さな政府も重視する伝統も存続している。イギリスにローマ軍が進出した時代、ゲルマンの一部族のアングロ族とサクソン族の支援を受けてローマ軍を撤退させたことから、イギリスにはサクソン人がハンドレッドやシャイアー（シャー）を設置し、慣習法（不文法）中心のゲルマン法の導入が「英米法」の基礎となった。

　ローマ帝国の版図に入ったフランスやドイツは、実定法（成文法）中心主義のローマ法（大陸法）の影響を受けた。異なった伝統文化や慣習などをもつ多民族が混在する大帝国では、多くの実定法を制定して統治をする必要があり、また多くの法律を制定するとともに、各地域に一定の裁量権を付与した役人を派遣して統治させた。官治分権の始まりといえる。

B　住民自治と団体自治

　イギリスでは統一国家確立以前から、村落などで生活する住民全体が組織する住民総会を通じて、事実上の地方自治が営まれていたとされる。これが住民自治の原点であり、住民自治の伝統はイギリスで長く継承されてきた。これを受け継ぐ形で、1830年代の地方自治制度の改革（近代化）が実施された（妹尾，2007）。封建時代に君主は、国会議員選挙人団体であった地方公共団体（地方自治体）に介入したが、地方自治体は唯一の統治の単位ではなく、ボランタリー団体なども一定の役割を果たしていたことから、実質的な住民自治は確保されていたとされる（スティーブンズ　石見訳，2011）。

　フランスの近代的地方自治制度は、フランス革命期に絶対主義王政下で確立された地方団体に議会が設置されたことが始まりとされる。革命による国家の急進的な改革と統一国家の建設が、統一のとれた地方制度の整備を求めたことから、地方団体は統一国家実現の手段として国家が創設し、国家からの独立を保障するため団体自治が確立された（妹尾，2007）。多くのヨーロッパ諸国の地方分権は地方議会への権限移譲で実現されていった。

C 制限列挙方式と概括例示方式

　イギリスでは、住民自治を前提にしてはいるが、自治権は国家が法令で承認したものに限定されるという考えが確立された。これがウルトラ・ヴァイレス（権限踰越の原理）であり、地方公共団体は法律の認めていない権限を行使することができないとする制限列挙方式の始まりでもある。法律を中心とする地方自治のあり方は「ウェストミンスター方式」ともいわれ、自治権の拡大手段として、それぞれの地方公共団体への権限付与を目的とした多くの地方法や私法律（private act）等を制定した。

　フランスではフランス革命期に概括例示方式が採用された。革命期のフランスでは民主国家の象徴として地方団体を創設したのであり、その権限や実態は後に形成されることとされた。また地方に派遣した役人に、一定の裁量権を認めて地方を統治する必要があったことから、法令の容認する自治権は概略のみを決定したものとされた。

D 固有権説と伝来説（承認説）

　フランス革命期には固有権の一種である「地方権」が強調された。しかし革命後のフランスでは国家統一の必要性から強力な中央集権体制を確立したこともあって、固有権説は発展しなかった。ドイツでは固有権を自然法の一種として継承し、3月革命の翌年の1849年に制定された「ドイツ帝国憲法」で、固有権説の立場からの団体自治が保障されたが、19世紀の法実証主義の伸張のもとで固有権説は力を失っていった。

　イギリスの、ウルトラ・ヴァイレスやウェストミンスター方式は、伝来説を前提としたものといえる。しかし、イギリスの地方自治制度の影響を受けたアメリカでは、団体自治や固有権説を認める学説も存在した。その1つが、団体自治と固有権説の起源をアングロ・サクソン法に求め、その伝統がコモンローを通じてアメリカ諸州に継受されたとする学説であった。しかし、ノルマン・コンクェスト以降のイギリスにも、団体自治が固有権であるとする思想が存在しなかったことが指摘され影響力を失った。

　アメリカでは地方公共団体は州の創造物とされている。それゆえアメリカ合衆国憲法に地方自治に関する条項は存在しておらず、州憲法に規定されている（宇賀, 2011）。

2 イギリスの地方自治制度

A 近代的自治制度の確立

アングロ・サクソン時代の地方制度は、ノルマン・コンクェスト後に明確な制度となった。その後、チューダー朝の絶対主義王政においても伝統的な制度の大半は継続された。1601年のエリザベス救貧法などによってパリッシュの役割が拡大され、パリッシュは地方行政における中心的な地位を獲得した。17世紀以降のイギリスの自治権は、地方法や私法律等を通じて拡充されたが、地方法等の増加による複雑な権限委譲と特別地方公共団体の設置などが、イギリスの地方制度を複雑なものにしていった。

イギリスの地方自治制度は、産業革命後の人々の生活の変質に合わせて改革された。1834年の救貧修正法は、救貧行政の拡充に合わせ、新しい救貧行政の主体としての救貧委員会を設置した。翌年に制定された市町村法はさまざまな形態を有していたバラを統一的な地方公共団体とした。

1888年の地方自治法はすべてのカウンティとカウンティ・バラそしてロンドン・カウンティに公選のカウンシル（委員会制度を採用しており、議会と執行機関の双方の役割を果たしているので純粋な議会ではない）を設置した。1894年の地方自治法はノン・カウンティ・バラとアーバン・ディストリクトとルーラル・ディストリクトに公選のカウンシルを設置し、ルーラル・ディストリクトにカウンシルかミーティング（住民総会）を有するパリッシュの存続も認めた。この結果イングランドの地方制度はロンドンとアーバンエリアとルーラルエリアで異なったものとなった。

B 20世紀の自治制度

イギリスの地方自治は伝統的にイングランド地方自治法（ウェールズを含む）、スコットランド地方自治法、北アイルランド地方自治法の3つの法律によって規定され実施されていた。またウェールズとスコットランドと北アイルランド担当大臣もおかれていた。さらに労働党が一層制の自治制度を、保守党が二層制の自治制度を主張して対立していた。

1963年のロンドン自治法は、ロンドンをグレーター・ロンドンとロンド

ン・バラおよびシティ・オブ・ロンドンの二層制とした。1972年のイングランド地方自治法は、イングランドとウェールズの地域をメトロポリタン・カウンティとメトロポリタン・ディストリクト、ノン・メトロポリタン・カウンティとノン・メトロポリタン・ディストリクトの二層制とし、地方公共団体の広域化を進めた。それに合わせて、身近な行政を守るために、準自治体としてのパリッシュやコミュニティの設置を認めた。

　サッチャー内閣は1985年の地方自治法によってロンドン・カウンティとメトロポリタン・カウンティを廃止し、大都市圏をロンドン・バラとメトロポリタン・ディストリクトの一層制とした。小さな政府を推進するサッチャーは、強制競争入札制度やレイトキャッピング（固定資産税の税率上限の規制）を実施し、納税者意識の向上策の1つとして、自治体の成人住民が一律の税を支払うコミュニティ・チャージ（人頭税）を導入した。

　サッチャーはコミュニティ・チャージに対する国民の大きな反対を受けて退陣した。メージャー内閣はコミュニティ・チャージをカウンシル・チャージ（一種の固定資産税）に変更した。また1994年のウェールズ地方自治法の制定とスコットランド地方自治法の改正を通じて、4つの地方自治法体制を確立し、両地域の自治制度を一層制とした。イングランドのノン・メトロポリタン・エリアは、27のカウンティと201のディストリクトによる二層制の地域と56のユニタリーの一層制の地域に分かれた。

　1997年のブレア労働党内閣は、1999年7月にスコットランド議会とウェールズ議会を、12月には北アイルランド議会を、2000年5月にはグレーター・ロンドン・オーソリティを復活させた。さらにイングランドのロンドン以外の8つの地域開発公社の区域に非公選の広域議会を配置した。イングランドにイギリスの総人口の84%の5,181万人が住んでおり、12の地域議会（広域的自治体）の設定は、人口配分からは合理性が認められる。

　ブレア内閣はさらに2000年の地方自治法でイングランドの8万5,000人以上の基礎自治体に、①議院内閣型（議会から選出されたリーダーが率いる内閣が政策決定を行う）と、②首長型（直接公選された首長と議会または首長より選出された内閣が政策決定を行う）のいずれかの選択を義務づけた。ただし、大規模基礎自治体の中には委員会制継続を容認する可能性も認められることから、新しい制度への移行が未定となっている基礎自治体も多い。

3 フランスの自治制度

A 近代的自治制度の確立

フランスの近代的自治制度は、フランス革命後にナポレオンによって創設されたものであり、中央集権的であったが 1982 年まで継続された。当時の地域団体はデパルトマン（県）とコミューン（市町村）であった。デパルトマンには内務省任命の国家機関としての知事が派遣され、知事は後見的監督権を背景にデパルトマン議会とコミューンをコントロールした。

小規模コミューンの行財政能力強化策として、1837 年に制度化されたコミューン事務組合は、1890 年に法人格をもつ「単一目的事務組合」となった。第二次世界大戦期にはビシー政権がレジオン（州）を創設した。レジオンは地方長官（州長官）が管轄する国家機関であり、デパルトマンは、地方長官（県知事）管轄の国家機関と、公選の議会と議会の議長管轄の地方機関であり、純粋な地方機関はコミューンのみであった。

B 第二次世界大戦後の地方制度改革

ド・ゴール臨時政府のもとで、コミューン間の広域行政組織として、1955 年に「混成事務組合」、1959 年に「多目的事務組合」と「広域都市区」が、1966 年には「都市共同体」が、1970 年には「広域市町村区」が創設された。1970 年代以降はコミューンの合併促進の失敗もあり、権限と財源が充実した「公施設法人」が普及し、身近な行政組織は複雑なものになった。

デパルトマンは地方の中心的存在とされた。デパルトマンはかつて、県庁の所在地から県内各地域に馬車に乗って 1 日で出向き、2 日間のうちに往復できる範囲になるように区切られたといわれている。それゆえデパルトマンは面積上の均衡はあるものの人口比との相違は大きい。

レジオンには、1948 年に「州総監」と「行政監督特命官」が、1959 年には複数県の行政を統合し国の経済計画の実現を目的とした「州活動管区」が、1964 年には「州地方長官」、「州経済発展委員会」が創設された。ド・ゴールは、1969 年に「完全な自治体として州に大幅な権限と自治的な行政組織の付与」を目的とした改革案を国民投票に付したが否決された。

C 1982年の地方分権法

　フランスの地方分権は、狭義の「地方分権（décentralisation）」と「地方分散（déconcentration）」に分けられる。地方分権は、普通選挙で選ばれた議会によって選出された執行部をもつ地方自治体への権限移譲のことである。他方、地方分散は、中央政府への一極集中を緩和し、権限を住民により身近な国の地方出先機関などへ移譲することであり、国家行政機構内部における権限移譲をさす。それゆえシラク大統領は2003年の憲法改正において、第1条に「（共和国の）組織は地方分権化される」を加筆した。

　1981年に誕生したミッテラン社会党政権は、1982年の「地方分権法（市町村、県及び州の権利と自由に関する法律）」を制定し、レジオンの地方自治体としての位置づけ、県知事の官選廃止（県）、国の地方自治体に対する後見監督権の廃止といった、いわゆる地方分権改革を実施した。1983年の「市町村、県、州及び国の間における権限配分に関する法律」は、地方自治体の既得の権限に加えて新たに権限を、「包括移譲の原則（事務・権限の配分においては、行政分野ごとに一括してその性質上最も適切な地方自治体に移譲する）」に基づいて配分した。

　1992年の「共和国の地方行政に関する指針法」は、コミューン間の広域行政を奨励するとともにレジオンの強化をはかった。このとき「コミューン共同体」と「広域都市共同体」が創設された。1999年の「市町村間協力の強化と簡素化に関する法律」は、広域行政組織（制度の種類が増えて複雑化）の再編とコミューンからの権限移譲を整理した。ここでは「都市圏共同体」が創設された。これらのコミューン間広域行政組織は現在、コミューン共同体、都市圏共同体、大都市共同体に整理された（住吉, 2008）。

　フランスの地方自治制度は議会中心主義であり、議長が首長として執行権をもつことが特徴である。コミューンもデパルトマンもレジオンもすべて公選の議会をもち、議会の選出する議長を中心に行政権を行使することになったことですべてが地方公共団体となった。なお、フランスでは、小規模コミューンの市長と国会議員の兼職が容認されているように、国と地方の役職の兼職を通じて、中央集権的な制度であっても地方の意向を国政に反映させることが可能となっていた。そこでは、国会議員と地方議員の兼職や、首相がパリ市長を兼務するという例も見られた。

4 ドイツの自治制度

A 近代的自治制度の確立への模索

ドイツ（神聖ローマ帝国：962〜1806年）は約300の領邦からなる国家の連合体であり、経済力を背景に自治権を獲得した都市と、封建領主の支配下におかれた村落が存在し、領邦国家ごとに異なった地方制度が確立されていた。この各領邦と都市は1618〜1648年の三十年戦争で疲弊しており、それぞれの立場と視点から国家と地方制度の再興を目指した。

1806〜1813年のライン同盟は、4つの王国、5つの大公国、13の公国、17の侯国、3つの自由都市から構成された、ナポレオンを盟主とするフランス主導の連邦国家であった。その中で、1808年にシュタイン（vom Stein, F.）はプロイセンにおいて「市制・町村制」を制定し、市町村、郡、プロヴィンツ（省）で構成される立憲君主国家の構築をはかった。モントゲラス伯（Montgelas, M. von）も、同年バイエルンにおいて、当時4万ほど存在した行政区を約8,000に統一し、一定の自治権を承認した。この改革で確立された都市と村落（市町村）は1960〜70年代までほぼ維持された。

1815〜1866年のドイツ連邦は、神聖ローマ帝国を構成していた35の領邦と4の帝国自由都市（オーストリア帝国、5王国、7大公国、10公国、ヘッセン選帝侯国、10侯国、1地方伯国、4自由都市：リューベック、フランクフルト、ブレーメン、ハンブルク）からなる連合国家であった。1867〜1871年の北ドイツ連邦は、マイン川以北の2王国、4大公国5公国、7侯国、3つの自由ハンザ都市（リューベック、ブレーメン、ハンブルク）で構成された連邦国家であった。参加しなかった主なドイツ諸邦には、バイエルン王国、ヴィッテンブルク王国、バーデン王国、フランクフルト市、ヘッセン大公国南部領地があった。

1871年に統一されたドイツ（ドイツ帝国：1918年まで）も、4王国、6大公国、5公国、7侯国、1直轄州（帝国領）、3自由都市（ハンブルク、リューベック、ブレーメン）から構成される連邦国家であった。19世紀後半の都市の急成長の下で周辺町村の編入が行われ、48の大都市は面積を2倍以上に拡大したが、全国的な合併とはならなかった。1919〜1945年のワイマール共和国とナチスドイツの時代も連邦制は表面的には継承された。

B　第二次世界大戦後の地方制度改革

　第二次世界大戦後、英・米・仏・ソの連合国の4ヵ国統治を受けたドイツは、東西ドイツに分断された。英・米・仏は新しく州を設立するという考えから10の州を成立させ、1949年に10州からなるドイツ連邦共和国（西ドイツ）を誕生させた。東ドイツではソ連が、ブランデンブルク州、メクレンブルク・フォアポンメルン州、アンハルト州（ドイツ統一後はザクセン・アンハルト州）、ザクセン州、チューリンゲン州の5州を創設したが1952年に廃止し、1968年憲法において全体主義的な単一国家となった。

　西ドイツでは、基本法28条で「市町村の自治行政を制度的に保証」した。それゆえ各州における市町村規則の制定を通じて市町村の自治が確立され、伝統的な市町村は法律上はそれぞれ対等の地位を獲得した。

C　統一後の地方自治制度

　東西ドイツの統一によって、ドイツは13の州と3つの都市州（ベルリン、ブレーメン、ハンブルク）の合計16の州から構成される連邦国家となった。各州にはラントクライス（郡）とゲマインデ（郡所属市町村：基礎自治体）の二層制が採用された。ゲマインデは郡所属市町村となることが原則である。ゲマインデは合併した場合、一体化したゲマインデとなる単一自治体と、合併した市町村の存立を保持したまま一体化したゲマインデとして自治を行う市町村連合に分かれる。その他にラントクライスとゲマインデの事務を行うラントフライシュタット（特別市：郡独立市）がある。

　郡所属市町村には3,052の単一自治体と1,604の市町村連合がある。市町村連合の構成市町村は9,461で平均市町村数は5.9である。ドイツの市町村は比較的小規模である。2001年末の統計によれば、500人未満のゲマインデは3,322、500人以上1,000人未満のゲマインデは2,455、1,000人以上3,000人未満のゲマインデは3,482、3,000人以上5,000人未満のゲマインデは1,314、5,000人以上10,000人未満のゲマインデは1,293、10,000人以上50,000人未満のゲマインデは1,360、50,000人以上のゲマインデは189である。しかも、単一自治体では合併前の市町村に居住区（区）を設定して区長と区評議会（議会）をおき、住民の選挙を実施しているところもみられる。

5 イギリスの公共団体の選挙制度

A イギリスの選挙制度

　イギリスの議会議員の選挙は原則として小選挙区単純多数代表制（First Past the Post）で行われてきた。国政は庶民院だけの総選挙（General Election）であり、地方公共団体は委員会制が採用されていたので、安定政権による統治が可能な選挙制度が採用されていた。しかし、ブレア内閣が地域議会復活と地方政治の議院内閣制か首長制への移管を推奨したことから、それぞれの地域で、より民主的な地方自治の確立に向けて、さまざまな選挙制度が導入されることになった。それらを整理すると以下のようになる。

B イングランドとウェールズの地方議会議員選挙

　イギリスの議会議員の選挙は原則として小選挙区単純多数代表制で行われてきたが、現在では庶民院とイングランドの地方議会議員選挙に限定されるようになった。この選挙は3乗の原則といわれるように、比較多数の支持を獲得した政党が議会の過半数の議席を占めやすいことから、死票の増加すなわち世論と議席数に大きな乖離が見られることから、他の制度の導入が顕在化している。それゆえイングランドの地方公共団体を訪問すると、「我々は保守党（政権）です」とか、「我が町は労働党が多数派です」との紹介を受けることが多い。

　小規模なパリッシュでは、「我がパリッシュはインディペンデント（無所属）です」といわれることがある。インディペンデントは小規模パリッシュの党派での分裂の回避手段となっている。また一部の小規模パリッシュでは大選挙区完全連記非累積投票制（有権者は当選者数と同数の投票権を持ち、すべて異なった候補者に投票する：隔靴は小選挙区単純多数代表制に類似する）を採用している。ただし一部の小規模パリッシュの教育委員選挙では、大選挙区完全連記累積投票制（特定の候補者への集中投票を認める）を採用している。これは教育制度に少数意見を反映させることを目的としたものである。

C　地域議会とイングランド以外の地方議会議員選挙

イギリスの地方議会の任期と改選は「2000 年地方自治法」で、任期 4 年で①4 年ごとに全員改選、②2 年ごとに半数改選、③4 年に 3 度実施し 3 分の 1 ずつの改選のいずれかで行うことにした。「2007 年地方自治法」で 4 年ごとに全員改選への統一が規定されたが、統一は実現していない。逆にスコットランドの地方議会議員の任期は、スコットランド議会議員（任期 4 年）選挙との重複を避けるために 5 年となった。

スコットランド議会、ウェールズ議会、大ロンドン庁（GLC）議会の議員選挙は小選挙区比例代表連用制（Additional Member System）を採用した。有権者には 2 票の投票権があり、小選挙区の候補と政党（名簿：比例代表制）に投票する。議席数は各政党に比例代表で配分され、小選挙区で一定数の当選者が確定した後は、各政党のそれぞれの不足議席数だけ名簿順に当選者が決まる。地域議会を世論に即した運営にするための工夫といえる。

D　北アイルランド議会と地方議会、スコットランド地方議会議員選挙

北アイルランド議会とスコットランドおよび北アイルランドの地方議会議員選挙は単記委譲式投票法（Single Transferable System：比例代表制）を採用した。有権者は全候補者名が記載された投票用紙に順位をつけて投票する。最初に確定した当選基数を超える第 1 順位の得票を得た候補者を当選とする。議席が埋まらない場合、当選者の余剰票（当選基数を超えた票）を順位に従い他の候補者に積算し基数を超えたものを当選とする。それでも埋まらない場合には、最下位の候補者の第 2 位の票を他の候補者に積算し当選者を決める。議席が埋まるまでこれを繰り返す。

E　大ロンドン庁（GLA）と地方公共団体の長の選挙

首長制を採用した地域や地方の首長選挙は、補足投票制（Supplementary Vote System）を採用した。有権者は候補者の中から第 1 候補者と第 2 候補者を選択し、順位をつけて投票する。第 1 候補の票の集計で 50％ を超えたものがあれば当選とする。過半数を超える候補者がいなかった場合には、上位 2 名以外の候補者へ投じられた票の第 2 位の票を上位 2 名の票に積算し、比較多数の票を獲得した候補者を当選者とするものである。

6　ドイツの地方自治体の選挙制度

A　ドイツの連邦と州の選挙制度

　選挙には「人を選ぶのか、政党（世論・政策）を選ぶのか」というジレンマがある。人の選択には小選挙区制が適するが政権が安定しやすい反面、死票の増大が問題となる。比例代表制は世論の多様性への対応に適する小党分立によって政権が不安定になる危険がある。ドイツでは、小党分立の混乱がナチスドイツの暴挙をもたらしたという反省も今でも根強い。

　それゆえドイツでは、任期4年のドイツ連邦衆議院議員選挙と、一部の例外を除き任期5年の州議会議員選挙の大半は、拘束式による小選挙区比例代表併用制である。有権者は選挙区選挙の第1票と、州単位で政党（名簿）に投票する比例区の第2票の2票を持つ。各政党への配分議席数は第2票で決定され、議席は第1票の当選者から決定され、残りは名簿順位に配分される。小選挙区と比例代表の重複立候補も認められている。また小選挙区で当選した議員数が配分議席を上回ったときは超過議席となる。

　小党分立回避策として、連邦衆議院議員選挙では第2票の5%以上（5%阻止条項）または選挙区で3議席以上を獲得した政党でなければ、第2票の得票数に基づく議席配分を受けることができない。州議会では第2票には5%阻止条項が適用される。第2票の全国単位の結合では、票の増加に反比例して配分議席が減少するという「負の投票価値」が生じる場合があり、違憲の判決を受け、第2票は州単位で政党（名簿）となった。

B　ドイツの市町村の選挙制度

　ドイツの市町村は郡独立市を除いて首長制を採用している。その多くが直接公選制で選出される首長の任期は6〜8年程度が大半であり、首長と議長の兼任を認める州が7、並立としている州が6となっている（3都市州を除く）。議員の任期は、6年のバイエルン州を除いて5年である。兼職が認められていることから、連邦議会、州議会、郡議会、市町村少連合議会、市町村議会の間での兼職議員も多い。

　議院の選挙権は8州が18歳、5州が16歳であるが、被選挙権はすべて

18歳となっている。10の州では累積投票・分割投票比例代表制（自治体国際化協会：「比例代表完全連記・非拘束式・一部累積投票制〔著者注〕」）を採用している。有権者は議席数だけ投票権があり、その票を名簿に記載されている個人または政党に投票でき、一部では累積投票が認められている。個人への投票は名簿ごとに合算されて各政党の得票総数となり、各党への配分議席数が確定される。個人得票数の多い候補者から当選者となり、残り議席は名簿の順に配分される。個人と政党（世論）の選択ができる選挙制度である。

C　ボッパルド市の選挙制度

　ラインラント・プファルツ州のボッパルド市は10の町村の合併で誕生した市で、32人の議員で構成される議会と10の区議会（旧町村が単位）がある。ある時の市議会選挙では、社会民主党（SDP）とキリスト教民主同盟（CDU）は32名、自由民主党（FDP）は16名、緑の党（GP）は24名、地元政党は8名の候補者を立てていた。投票用紙には、その他の政党も含め各政党の候補者が政党別に名簿順にならんでおり、SPDとCDUの各候補の名前の前には、それぞれ3枡が印刷されていた。FDPは、各候補が2行におかれ、それぞれ6枡が印刷されていた。GPの上位3人は3行9枡、次の2人は2行6枡、その他は1行3枡が印刷されていた。地元政党は、4人が6行18枡、4人が2行6枡で印刷されていた。

　有権者は与えられた32票を政党か候補者に投票でき、票の一部は自分の支持する候補者に枡の数の範囲内、すなわち1票から18票まで枡の数だけ累積投票ができる。これによって小政党にも議席獲得のチャンスが与えられているのである。この選挙での最多の個人票を獲得したのは現職の市長であった。市町にも被選挙権が認められており、彼は選挙管理委員会からの議員就任意思の確認で当選辞退をし、獲得票数だけ所属政党の議席獲得に貢献したのである。「私は人気がある」が市長の言葉であった。

　10の区の区長と議会議員の選挙も同様の方法で行われる。区長は通常市議会議員選挙にも立候補する。ただし彼が市議会の議席を獲得できなかった場合でも、オブザーバーとして市議会への出席権が与えられている。地域の声を市政に反映させるための対策もとられているのである。

216 ■ 第15章 ■ ヨーロッパ主要国の地方自治制度

知識を確認しよう

・・・・・・・・・・・・・・・・・・・・・・・・・・・・・・・・・・・・・・

問題

次の各小問の誤りを正しなさい。

(1) イギリスでは名誉革命期に統一国家を確立し、地方公共団体を編制して概括例示方式による自治を認めた。フランスでは伝統的な住民自治が継続され、制限列挙方式を前提とする自治が容認された。

(2) サッチャーによって地域自治の象徴として地域議会が復活され、メージャーはウェールズ地方自治法を制定して地域の自治を強化したが、ブレアは地域議会を廃止してイギリスの統一を強化した。

(3) 地方分散を実現するために、ド・ゴールはレジオンを国の出先機関として創設したが、シラクは地方分権実現を目的に、「地方分権法」を制定しレジオンに公選の議会を設置し自治権を付与した。

(4) 連邦国家であるドイツでは、大都市も州となることが認められている。都市州はそれまでの自由都市の伝統もあり、現在でもベルリンとフランクフルトとミュンヘンの3州である。

(5) アングロ・サクソンの国家であるイギリスとアメリカは小選挙区比例代表併用制が採用されており、大陸法の影響を受けた諸国では小選挙区完全多数代表制を採用している国家が多い。

解答への手がかり

(1) イギリスとフランスの説明は逆になっている。

(2) サッチャーが地域議会を廃止したが、ブレアによって復活された。

(3) レジオンを権力集中のために創設したのはビシーであり、ミッテランが「地方分権法」制定でレジオンの地方自治体化を推進した。

(4) ドイツの都市州はベルリンとブレーメンとハンブルクである。

(5) 英米両国の原則は小選挙区単純多数代表制であるが、イギリスでは異なった選挙制度も導入され始めている。フランスは小選挙区完全多数代表制であるが、他の大陸諸国は比例代表制が多い。

参考文献

第1章

飯尾潤『日本の統治構造——官僚内閣制から議院内閣制へ』中公新書，2007.

池内了「未来世代への責任」『やさしい経済学』日本経済新聞 2008 年 3 月 14 日-25 日.

石見豊『英国の分権改革とリージョナリズム』芦書房，2012.

上野眞也編『地方分権と道州制』成文堂，2008.

兼子仁『変革期の地方自治法』岩波新書，2012.

神野直彦『地域再生の経済学——豊かさを問い直す』中公新書，2002.

自治体国際化協会編『ドイツの地方自治　概要版（2011 年改訂版）』自治体国際化協会，2011.

杉原泰雄『地方自治の憲法論——「充実した地方自治」を求めて（補訂版）』勁草書房，2008.

総務省【総計】平成 29 年住民基本台帳人口・世帯数，平成 28 年度人口動態（市区町村別）総務省 Web サイト.

竹下譲監修『新版　世界の地方自治制度』イマジン出版，2002.

西尾勝『行政学の基礎概念』東京大学出版会，1990.

昇秀樹「『補完性の原理』と地方自治制度」『都市問題研究』55（7），2003, pp. 30-49.

広井良典『コミュニティを問いなおす——つながり・都市・日本社会の未来』ちくま新書，2009.

松本英昭『要説 地方自治法（第 7 次改訂版）』ぎょうせい，2011.

真山達志編『ローカル・ガバメント論——地方行政のルネサンス』ミネルヴァ書房，2012.

山田光矢『パリッシュ——イングランドの地域自治組織（準自治体）の歴史と実態』北樹出版，2004.

山田光矢「市町村合併と広域行政」日本大学法学会『政経研究』第 46 巻第 3 号，2009.

山田光矢『政治学』Next 教科書シリーズ，弘文堂，2011.

第2章

石川一三夫『近代日本の名望家と自治』木鐸社，1987.

礒崎初仁・金井利之・伊藤正次『ホーンブック地方自治（第 3 版）』北樹出版，2014.

今村都南雄他著『ホーンブック基礎行政学（第 3 版）』北樹出版，2015.

大石嘉一郎『近代日本の地方自治』東京大学出版会，1990.

大島太郎『日本地方行財政史序説』未来社，1968.

大島美津子『明治のむら』教育社歴史新書，1977.

大島美津子『明治国家と地域社会』岩波書店，1994.

岡田彰・池田泰久編『資料から読む地方自治』法政大学出版局，2009.

亀掛川浩『明治地方制度成立史』巌南堂書店，1967.

久世公堯『地方自治制度（第7次改訂版）』学陽書房，2015.

中川剛『地方自治制度史』学陽書房，1990.

西尾勝『行政学（新版）』有斐閣，2001.

橋本勇『地方自治のあゆみ』良書普及会，1995.

人見剛・須藤陽子編『ホーンブック地方自治法（第3版）』北樹出版，2015.

古川哲明『明治の大合併と戦後地方自治の民主化』東京図書出版会，2005.

村松岐夫編『テキストブック地方自治（第2版）』東洋経済新報社，2010.

山田公平『近代日本の国民国家と地方自治』名古屋大学出版会，1991.

山中永之佑『近代日本の地方制度と名望家』弘文堂，1990.

山中永之佑『日本近代地方自治制と国家』弘文堂，1999.

宮本憲一『日本の地方自治 その歴史と未来（増補版）』自治体研究社，2016.

第3章

芦部信喜・高橋和之補訂『憲法（第3版）』岩波書店，2002.

芦部信喜・高橋和之・長谷部恭男『憲法判例百選1（第4版）』別冊ジュリスト No. 154,
有斐閣，2000.

芦部信喜・高橋和之・長谷部恭男『憲法判例百選2（第4版）』別冊ジュリスト No. 155,
有斐閣，2000.

磯部力・小幡純子・斎藤誠『地方自治判例百選（第3版）』別冊ジュリスト No. 168, 有斐
閣，2003.

磯部力ほか「住民投票の挑戦と課題（座談会）」「特集 住民投票」ジュリスト No. 1103,
有斐閣，1996.

宇賀克也「地方公共団体の権能 (3) 自主立法権・国政参加権」法学教室 No. 279，2003.

芝池義一ほか編『行政法の争点（第3版）』法律学の争点シリーズ9，ジュリスト増刊,
有斐閣，2004.

辻村みよ子『憲法（第2版）』日本評論社，2004.

那須俊貴『地方自治の論点』シリーズ憲法の論点 10，国立国会図書館調査及び立法考査
局，2006.

西尾勝「統治機構 地方分権」「特集 世紀の転換点に憲法を考える」ジュリスト No. 1192,
有斐閣，2001.

樋口陽一ほか『憲法Ⅳ』注解法律学全集4，青林書院，2004.

松永邦男「地方自治特別法について」『都市問題』96巻5号，2005.

第4章

石川公一『図解 自治体職員必携』ぎょうせい，2010.

今井照『図解 よくわかる地方自治のしくみ（第5次改訂版）』学陽書房，2017.

賀来健輔『地方自治を学ぶ——要点と資料（第2版）』三恵社，2017.

川崎政司『地方自治法基本解説（第6版）』法学書院，2015.

妹尾克敏『最新解説地方自治法（改訂新版）』ぎょうせい，2013.

平谷英明『一番やさしい地方自治の本（第2次改訂版）』学陽書房，2015.
松本英昭『新版 逐条地方自治法（第9次改訂版）』学陽書房，2017.
村林守『地方自治のしくみがわかる本』岩波書店，2016.
山口道昭他『明快！ 地方自治のすがた』学陽書房，2015.

第5章
岩崎忠『「地域主権」改革——第3次一括法までの全容と自治体の対応』学陽書房，2012.
久世公堯『地方自治制度（第7次改訂版）』地方公務員新研修選書11，学陽書房，2015.
神戸都市問題研究所地方行財政制度資料刊行会編『政府地方行財政資料』戦後地方行財
　　政資料 第1巻，勁草書房，1984.
神戸都市問題研究所地方行財政制度資料刊行会編『シャウプ使節団日本税制報告書』戦
　　後地方行財政資料 別巻1，勁草書房，1983.
財団法人自治体国際化協会・政策研究大学院大学比較地方自治研究センター編『我が国
　　の地方自治の成立・発展』第1期-第10期，2010.3.-2011.3.
榊原秀訓・本多滝夫『どこに向かう地方分権改革——地方分権改革の総括と地方自治の
　　課題』自治体研究社，2014.
妹尾克敏『最新解説 地方自治法（2015年版）』松山大学研究叢書，ぎょうせい，2015.
地方自治制度研究会編『地方分権20年のあゆみ』ぎょうせい，2015.
土岐寛ほか『現代日本の地方自治』北樹出版，2011.
西尾勝『地方分権改革』行政学叢書5，東京大学出版会，2007.
日本地方自治研究学会編『地方自治の深化』清文社，2014.
松本英昭『要説地方自治法——新地方自治制度の全容（第9次改訂版）』ぎょうせい，2015.
宮本憲一『日本の地方自治その歴史と未来（増補版）』現代自治選書，自治体研究社，2016.

第6章
大森彌ほか『実践 まちづくり読本——自立の心・協働の仕掛け』公職研，2009.
大森彌ほか『人口減少時代の地域づくり読本』公職研，2015.
田村明『まちづくりの実践』岩波書店，1999.
日本政策投資銀行地域企画チーム『PPPではじめる実践"地域再生"——地域経営の新
　　しいパートナーシップ』ぎょうせい，2004.
日本都市センター『近隣自治の仕組みと近隣政府——多様で主体的なコミュニティの形
　　成をめざして』日本都市センター，2004.
橋本行史編『現代地方自治論』ミネルヴァ書房，2010.
本田弘『都市行政の構造と管理』勁草書房，2003.

第7章
出石稔「パブリックコメント（意見公募手続）条例」財団法人地方自治研究機構編『自
　　治体法務研究 2008年夏号』ぎょうせい，2008.
今川晃編『行政苦情救済論』社団法人全国行政相談委員連合協議会，2005.

宇賀克也『行政手続法の理論』東京大学出版会，1995.

宇賀克也『新・情報公開法の逐条解説（第 5 版）――行政機関情報公開法・独立行政法人等情報公開法』有斐閣，2010.

大塚祚保・坂野喜隆編『地方自治と行政活動』公人社，2011.

金井利之『実践自治体行政学――自治基本条例・総合計画・行政改革・行政評価』第一法規，2010.

川崎市市民オンブズマン「川崎市市民オンブズマン　平成 23 年度報告書」：〈http://www.city.kawasaki.jp/75/75sioz/home/jimu/23houkokusyo/o-nenji_015.pdf〉2012 年 10 月 9 日検索.

京都府ウェブサイト「府民簡易監査の概要」：〈http://www.pref.kyoto.jp/kansa/kani-kansa.html〉2012 年 10 月 9 日検索.

小早川光郎監修『市民と公務員の行政六法概説』財団法人行政管理研究センター，2004.

財団法人行政管理研究センター『行政不服申立制度・苦情処理制度に関する調査研究報告書』2011.

佐々木信夫・外山公美・牛山久仁彦・土居丈朗・岩井奉信『現代地方自治の課題』学陽書房，2011.

総務省ウェブサイト：〈http://www.soumu.go.jp/〉2012 年 10 月 9 日検索.

多摩市総合オンブズマン事務局『平成 23 年度　多摩市総合オンブズマン年次報告書』2012.

鳥取県ウェブサイト「県民の声」：〈http://www.pref.tottori.lg.jp/koe/〉2012 年 10 月 9 日検索.

第 8 章

井手英策編『日本財政の現代史　Ⅰ』有斐閣，2014.

今井照『地方自治講義』ちくま新書，2017.

金澤史男編『財政学』有斐閣，2005.

金澤史男『福祉国家と政府間関係』日本経済評論社，2010.

小西砂千夫編『日本財政の現代史　Ⅲ』有斐閣，2014.

重森曉・植田和弘編『Basic 地方財政論』有斐閣，2013.

神野直彦『財政学（改訂版）』有斐閣，2007.

神野直彦・小西砂千夫『日本の地方財政』有斐閣，2014.

飛田博史『財政の自治』公人社，2013.

沼尾波子・池上岳彦・木村佳弘・高端正幸『地方財政を学ぶ』有斐閣，2017.

林健久編『地方財政読本（第 5 版）』東洋経済新報社，2003.

諸富徹・門野圭司『地方財政システム論』有斐閣，2007.

諸富徹編『日本財政の現代史　Ⅱ』有斐閣，2014.

第 9 章

宇賀克也『地方自治法概説（第 4 版）』有斐閣，2011.

片木淳『地方主権の国ドイツ——徹底討論、決断そして実行』ぎょうせい，2003.

国土交通省国土計画局編『国土形成計画（全国計画）——全国総合開発計画に代わる新しい国土計画　平成20年7月』日経印刷，2008.

国土庁計画・調整局監修『新しい全国総合開発計画ハンドブック——21世紀の国土のグランドデザイン　地域の自立の促進と美しい国土の創造』国政情報センター出版局，2008.

自治省行政局編『住民基本台帳人口要覧（平成23年版）』国土地理協会，1994.

自治省行政局振興課監修『広域行政圏要覧』第一法規出版，2005.

妹尾克敏『地方自治法の解説（9訂版）』一橋出版，2007.

全国地方拠点都市地域整備推進協議会編『地方拠点都市地域基本計画データブック』ぎょうせい，2005.

総務省：〈http://www.soumu.go.jp〉2012年10月3日検索.

竹下譲監修『新版　世界の地方自治制度』イマジン出版，2002.

内貴滋『英国行政大改革と日本——「地方自治の母国」の素顔』ぎょうせい，2009.

本間義人『国土計画を考える——開発路線のゆくえ』中公新書，1999.

松本英昭『要説　地方自治法——新地方自治制度の全容（第7次改訂版）』ぎょうせい，2011.

森川洋『ドイツ市町村の地域改革と現状』古今書院，2005.

矢野恒太記念会編『日本国勢図会——日本がわかるデータブック　2012/13（第70版）』矢野恒太記念会，2012.

矢野恒太記念会編『データでみる県勢　2012（第21版）』矢野恒太記念会，2011.

第10章

関東経済産業局『コミュニティビジネス中間支援機関のビジネスモデルに関する調査報告書』関東経済産業局，2009.

神戸都市問題研究所『地域を支え活性化するコミュニティ・ビジネスの課題と新たな方向性』神戸都市問題研究所，2002.

国民生活審議会調査部会「コミュニティ——生活の場における人間性の回復」報告書，1969.

児玉桂子・小出治編『安全・安心のまちづくり』ぎょうせい，2000.

自治体国際化協会「姉妹提携データ」：〈http://www.clair.or.jp/cgi-bin/simai/j/00.cgi〉2012年10月10日検索.

食品容器環境美化協会「アダプト・プログラム」：〈http://www.kankyobika.or.jp/adopt/adopt-program/〉2012年10月10日検索.

第11章

阿部泰隆『廃棄物法制の研究』信山社，2017.

礒崎初仁「環境政策と自治体」礒崎初仁・金井利之・伊藤正次『ホーンブック地方自治（第3版）』北樹出版，2014.

大塚直『環境法 BASIC（第 2 版）』有斐閣，2016.

緒方俊則「日本の環境行政と自治体の役割」分野別自治制度及びその運用に関する説明
　　資料，No. 7，自治体国際化協会，2008.

賀来健輔・丸山仁編『環境政治への視点』信山社，1997.

環境省編『環境白書・循環型社会白書・生物多様性白書（平成 29 年版）』2017.

北村喜宣『自治体環境行政法（第 7 版）』第一法規，2015.

北村喜宣『環境法（第 4 版）』弘文堂，2017.

黒川哲志・奥田進一『環境法のフロンティア』成文堂，2015.

小島聡「自治体環境政策の軌跡と持続可能性」今川晃ほか編『分権時代の地方自治』三
　　省堂，2007.

小島紀徳ほか編『ごみの百科事典』丸善，2003.

田村明「環境」『自治体学入門』岩波書店，2000.

廃棄物学会編『新版 ごみ読本』中央法規出版，2003.

山本耕平「廃棄物政策はどう変わるか」『月刊自治研』第 44 巻第 512 号，2002.

寄本勝美『「現場の思想」と地方自治——清掃労働から考える』学陽書房，1981.

寄本勝美『自治の現場と「参加」——住民協働の地方自治』学陽書房，1989.

寄本勝美『ごみとリサイクル』岩波新書，1990.

寄本勝美・原科幸彦・寺西俊一編『地球時代の自治体環境政策』ぎょうせい，2002.

寄本勝美『リサイクル社会への道』岩波新書，2003.

寄本勝美『リサイクル政策の形成と市民参加』有斐閣，2009.

第 12 章

猪狩誠也『日本の広報・PR100 年——満鉄から CSR まで』同友館，2011.

石田厚生・岩倉宏司「あさお市民調査研究 区役所など区行政機関における行政広報の
　　発進力強化について——その意義・課題を探り具体的手法を提案する」川崎市麻生
　　区企画課，2005.

井出嘉憲『行政広報論』東京大学社会科学研究所研究叢書 25，勁草書房，1967.

加藤富子『行政広報管理』地方行政管理講座 5，第一法規出版，1971.

小山栄三『行政広報概説——原理と問題』広報出版研究所，1971.

津金澤聡廣・佐藤卓己編『広報・広告・プロパガンダ』叢書現代のメディアとジャーナ
　　リズム 6，ミネルヴァ書房，2003.

土橋幸男『分権時代の広聴入門——理論と実際』ぎょうせい，2006.

橋本行史『現代地方自治論』ミネルヴァ書房，2010.

樋上亮一『広報の盲点と焦点——体験十五年の研究記録』日本広報協会，1963.

本田弘『行政広報——その確立と展開』サンワコーポレーション，1995.

本田弘『現代日本の行政と地方自治』シリーズ日本の政治 3，法律文化社，2006.

三浦恵次『現代行政広報研究序説』学文社，1984.

三浦恵次『広報・宣伝の理論』大空社，1997.

第13章

稲葉清毅『情報化による行政革命』ぎょうせい，1999．

大山水帆『これで万全！ 自治体情報セキュリティ』日本加除出版，2017．

上村進・高橋邦明・土肥亮一『e-ガバメント論』三恵社，2012．

神足祐太郎「日本における情報政策の展開――IT 基本法以降の政府 IT 戦略を中心に」『情報通信をめぐる諸問題（科学技術に関する調査プロジェクト 2014 調査報告書）』国立国会図書館調査及び立法考査局，2015．

島田達巳「情報倫理の実践――企業と自治体の比較」村田潔編『情報倫理』有斐閣，2004．

総務省編『平成 24 ／ 28 ／ 29 各年版 情報通信白書』ぎょうせい，2012，2016，2017．

総務省自治行政局地域情報政策室『地方自治情報管理概要――電子自治体の推進状況（平成 28 年 4 月 1 日現在）』2017．

地方公共団体情報システム機構総合行政ネットワーク全国センター『総合行政ネットワーク』（資料）2017．

独立行政法人情報処理推進機構『情報セキュリティ白書』独立行政法人情報処理推進機構，2016．

内閣府「個人情報に関する世論調査」内閣府大臣官房政府広報室編『月刊世論調査』国立印刷局，2004．

日本情報処理開発協会編『情報化白書 2004』コンピュータ・エージ社，2004．

牧慎太郎「電子自治体のシステム構築に関する施策展開（その 1）」『月刊地方自治』第 689 号，2005．

牧慎太郎「電子自治体のシステム構築と共同アウトソーシング」『月刊 LASDEC』第 35 巻第 4 号，2005．

第14章

糸山智栄ほか『未来にツケを残さない――フードバンクの新しい挑戦』高文研，2017．

大塚祚保『都市政策試論』公人社，2004．

大原悦子『フードバンクという挑戦――貧困と飽食のあいだで』岩波書店，2016．

環境と開発に関する世界委員会編『地球の未来を守るために――Our common future』大来佐武郎監修，福武書店，1987．

菊池新一「遠野市の観光地づくり――日本のふるさと再生特区を通じた取組」『都市問題』第 95 巻第 9 号，2004．

サックス，イグナチ『健全な地球のために――21 世紀へ向けての移行の戦略』都留重人監訳，サイマル出版会，1994．

鶴見和子・川田侃編『内発的発展論』東京大学出版会，1989．

鶴見和子『内発的発展論の展開』筑摩書房，1996．

豊田陽介「岩手県葛巻町――エネルギーと食料自給の地域づくり」和田武・新川達郎ほか『地域資源を活かす温暖化対策――自立する地域をめざして』学芸出版社，2011．

内閣官房地域活性化統合事務局他『地域の元気は日本の元気――特区・地域再生 事例集』，2009．

日向信二「自然エネルギー先進自治体の現状と課題——岩手県葛巻町」『月刊自治研』第
　　53巻625号，2011.
本間義人『まちづくりの思想——土木社会から市民社会へ』有斐閣，1994.
宮本憲一『昭和の歴史　第10巻　経済大国』小学館，1983.
宮本憲一『公共政策のすすめ——現代的公共性とは何か』有斐閣，1998.
宮本憲一『環境経済学（新版）』岩波書店，2007.
宮本憲一・横田茂・中村剛治郎編『地域経済学』有斐閣ブックス，1990.
ラミス，C.D.『経済成長がなければ私たちは豊かになれないのだろうか』平凡社，2000.

第15章
宇賀克也『地方自治法概説（第4版）』有斐閣，2011.
片木淳『徹底討論、決断そして実行　地方主権の国ドイツ』ぎょうせい，2003.
自治体国際化協会編『英国の地方自治　概要版（2011年改訂版）』自治体国際化協会，
　　2011.
自治体国際化協会編『ドイツの地方自治　概要版（2011年改訂版）』自治体国際化協会，
　　2011.
スティーブンズ，A.『英国の地方自治——歴史・制度・政策』石見豊訳，芦書房，2011.
妹尾克敏『地方自治法の解説（9訂版）』一橋出版，2007.
竹下譲監修『新版　世界の地方自治制度』イマジン出版，2002.
内貴滋『英国行政大改革と日本——「地方自治の母国」の素顔』ぎょうせい，2009.
松本英昭『要説地方自治法——新地方自治制度の全容（第7次改訂版）』ぎょうせい，2011.
三輪和宏「諸外国の下院の選挙制度」『レファレンス』国立国会図書館調査及び立法考査
　　局，2006.12.
森川洋『ドイツ市町村の地域改革と現状』古今書院，2005.
山口和人「ドイツの選挙制度改革——小選挙区比例代表併用制のゆくえ」『レファレンス』
　　国立国会図書館調査及び立法考査局，2012.6.
山田光矢『パリッシュ——イングランドの地域自治組織（準自治体）の歴史と実態』北
　　樹出版，2004.
山田光矢「地方自治と選挙制度——日本とイギリスとドイツの対比を中心として」『日本
　　大学法学部創設120周年記念論文集第2巻（政治・経済・公共政策・新聞学編）』
　　2009.10.4.
吉住修「フランス型地方分権改革と広域行政制度」上野眞也編『地方分権と道州制』熊
　　本大学政創研叢書5，成文堂，2008.

索引

あ行

IT ……………………………… 171
IT 基本法 ……………………… 178
IT 戦略本部 …………………… 178
アウトソーシング…… 77,78
アウトプット………………… 75
アカウンタビリティ（説明責任）……………………… 75,88
アクセシビリティ…… 182,183
アダプト・プログラム…… 135
新しい公共…………… 68,173
新しい公共空間…………… 77
アーバン・ディストリクト
……………………………… 206
アロンデスマン………………… 9
安心………………………… 140
安全………………………… 140
安全安心のまちづくり…… 140
委員会制…………………… 12
委員会中心主義…………… 52
意見公募手続……………… 90
維持可能な発展…………… 191
e-Japan 戦略 ………………… 178
e-Japan 戦略Ⅱ ……………… 178
一時漂泊者………………… 195
一部事務組合………… 45,118
一般財源…………………… 108
一般廃棄物………………… 155
印刷メディア……………… 169
インターネット…… 171,182
インディペンデント（無所属）
……………………………… 212
インプット………………… 75
インフラストラクチュア…… 5
ウェストミンスター方式
……………………………… 205
ウェブサイト……………… 171

内なる国際化……………… 143
ウルトラ・ヴァイレス（権限
踰越の原理）………… 205
上乗せ条例………………… 34
運営管理…………………… 166
英米法……………………… 204
SDGs（持続可能な開発目標）
……………………………… 159
NPM………………………… 72
NPO ………………………… 136
エネルギー革命……………… 2
エリザベス救貧法…………… 4
LGWAN（総合行政ネットワー
ク）………………………… 179
エンクロージャー…………… 4
エンパワメント…………… 80
応益原則…………………… 107
応能原則…………………… 107
公の施設…………………… 78
汚物掃除法………………… 151
オンブズマン……………… 92

か行

概括例示方式……… 7,10,205
会議公開の原則…………… 168
開示請求権………………… 89
外発的発展………………… 192
カウンシル………………… 206
カウンティ………………… 206
カウンティ・バラ………… 206
霞ヶ関 WAN ……………… 179
課税権……………………… 37
学区………………………… 136
合体………………………… 46
合併特例区………… 67,118
過密・過疎現象……… 63,124
環境アセスメント………… 150

環境影響評価法…………… 151
環境基本法………………… 150
環境庁………………… 63,149
環境と開発に関する世界委員
会………………………… 190
監査………………… 54,97
監査委員…………… 54,55
監査委員会………………… 60
監視的権限………………… 53
官製ワーキングプア……… 78
官選知事…………………… 36
官治………………………… 162
官治集権型………………… 58
関与………………………… 51
議員………………………… 52
議員・長・主要公務員の解職
請求……………… 54,55
議院内閣制………… 36,52
議会………………………… 52
議会運営委員会…………… 53
議会型……………………… 95
議会広報…………………… 167
議会の解散請求…… 54,55
機関委任事務
………… 20,50,51,62,64,120
機関委任事務制度………… 132
議決権……………………… 53
議事機関…………………… 52
規制改革・民間開放推進3か
年計画…………………… 90
規制緩和推進3か年計画…90
規制の制定、改廃に係るパブ
リック・コメント手続の在
り方……………………… 90
北ドイツ連邦……………… 210
議長・副議長……………… 52
キー・パースン…………… 196
規模、性質において処理する

ことが適当でない事務…84
基本法………………211
教育委員会……………60
境界変更………………46
教区（パリッシュ）…3,204
共助……………………11
行政委員会及び委員…48,49
行政管理官型……………13
行政基本条例…………132
行政広報（PR）………163
行政事務………………60
行政情報化…………176,177
行政情報化推進基本計画
………………………178
行政村……………58,118
行政手続法……………90
行政統制………………88
行政内部の分権………79
行政評価………………74
行政府型………………95
協働…………………72,133
協働の原則……………134
協働の方法……………134
京都議定書……………151
拠点開発方式…………124
ギールケ
　Gierke, O. v.…………6
均衡ある国土の発展………63
近代国家…………………5
近隣（コミュニティ）
………………………2,119
近隣政府論……………79
区域変更………………46
葛巻町…………………200
区町村会法………19,58,119
国地方係争処理委員会……51
国と地方の役割分担………50
国の関与の類型…………51
クライス………………9
グレーター・ロンドン…206
郡区町村編制法…18,58,119
郡制………………………22
経済安定九原則……………61
ゲマインデ（郡所属市町村）
………………………9,211

ゲルマン法……………204
権限踰越の原理（ウルトラ・
　ヴァイレス）…………205
健全化法（地方公共団体の財
　政の健全化に関する法律）
………………………113
現代国家…………………5
憲法問題調査会…………60
県民の声………………98
権利能力なき社団………136
元老院……………………59
公安委員会……………60
広域行政(リージョナリズム)
………………………204
広域市町村……………63
広域市町村圏…………118
広域事務…………44,84
広域連合…………45,64,118
公害……………………148
公害国会………………149
公害対策基本法………149
公害防止条例…………149
合議制…………………49
工業整備特別地域………124
工業整備特別地域整備促進法
………………………124
公私共担論…………72,77
公私分担論…………72,77
公助……………………11
公正の確保……………90
構造改革特区制度………199
広聴……………………162
高度技術工業集積地域開発促
　進法（テクノポリス法）
………………………125
神戸委員会……………61
広報……………………162
広報活動………………162
広報・広聴活動…………165
広報・広聴専担組織………165
広報紙…………………169
広報車…………………171
『広報の原理と実際』……163
広報の中立性…………166
公募市民………………135

顧客志向………………72
国税……………………106
国土強靭化基本計画……127
国土形成計画…………126
国土形成計画法…………126
国土の均衡ある発展……125
国土のグランドデザイン
　2050………………127,128
国民国家…………………4
55年体制………………198
互助……………………11
個人情報保護条例………185
個人情報保護対策…184,185
個人情報保護法………184
戸籍法……………16,58
戸長……………………58
国会開設の勅諭…………59
国家地方警察……………60
国庫支出金………108,113
5％阻止条項…………214
コミュニティ（近隣）
………………………2,119
コミュニティ会議………80
コミュニティ・チャージ
………………………207
コミュニティの崩壊……140
コミュニティビジネス…138
コミューン………………9
コミューン共同体………209
コモンロー……………205
固有権説…………7,10,205
コンテンツ…………182,183

さ行

財源調整機能……………38
財源保障機能……………38
最高意思決定…………168
財産区……………44,45
佐々木惣一……………30
参加と協働……………79
産業廃棄物……………155
三十年戦争……………210
三新法……………17,58,119
三府五港………………58

サンフランシスコ講和条約
　　……………………………62
三位一体の改革
　　………38,67,112,121
CIE ……………………………163
GHQ ……………………………163
GHQ 草案 ……………………31
施行時特例市…………………45
市参事会………………………59
市支配人制……………………13
自主課税権……………………38
自主立法………………………132
自助……………………………11
市場化テスト…………………72
市制町村制………20,59,119
市制特例………………………21
自然環境保全法………………149
自然村…………………………58,118
持続可能な開発目標（SDGs）
　　……………………………159
持続可能な発展………190,191
自治……………………………162
自治意識啓発…………………168
自治基本条例…………………132
自治権…………………………6
自治事務…………………50,51,66
自治省…………………………62
自治体オンブズマン…………92
自治体クラウド………………181
自治体経営……………………173
自治体警察………………33,60
自治体国際化協会ウェブサイ
　ト……………………………143
自治体コール・センター
　　……………………………180
自治体消防……………………60
自治体情報化………176,177
自治体情報化政策……………178
自治体内部の最高規範……133
自治体の広報…………………166
自治庁…………………………62
自治紛争処理委員……………51
市町村…………………………44
市町村税………………………107
市町村の合併等の特例に関す

る法律…………………………121
市町村の合併の特例に関する
　法律…………………………121
市町村優先の原則……………44
執行機関…………48,49,52
執行機関の多元主義………48
実践的キー・パースン……196
シティ・オブ・ロンドン
　　……………………………207
指定管理者制度………67,78
指定都市………………………45
指定都市制度…………………120
シティ・マネージャー制…36
姉妹自治体交流………………143
姉妹都市提携…………………143
市民会議………………………80
市民参加………………………162
市民参加型行政………………162
事務の監査請求………………54
シャー…………………………204
シャウプ勧告…………………61
社会資本………………………5
社会生活圏……………………121
社会保障・税一体改革……69
重商主義経済…………………4
住民運動………………………148
住民監査請求………54,55
住民監査制度…………………60
住民基本台帳ネットワークシ
　ステム（住基ネット）
　　……………………………179
住民自治…………32,35,98
住民総会制……………………13
住民投票………………39,40
住民の代表……………………168
住民の任意組織………………136
集落ネットワーク圏（地域運
　営組織）……………………127
主権……………………………4,6
シュタイン……………………210
首長（長）………48,164
首長制………………12,36
シュミット
　Schmitt, C. ………………7
遵法意識の低下………………141

荘園（マナー）………………3
消極国家………………………5
小区……………………………118
少数与党………………………52
小選挙区単純多数代表制
　　……………………………212
小選挙区比例代表併用制
　　……………………………214
小選挙区比例代表連用制
　　……………………………213
常任委員会………………52,53
承認説（伝来説）…6,10,205
情報化…………………………177
情報開示請求制度……………89
情報格差（デジタル・ディバ
　イド）………………………182
情報共有………………………98
情報公開………………………88
情報公表義務制度……………89
情報セキュリティ…………186
情報セキュリティ対策……184
情報セキュリティーポリシー
　　……………………………184
情報提供制度…………………89
情報リテラシー………182,183
情報倫理………………………185
条例制定権……………………34
条例の制定又は改廃の直接請
　求……………………………54
昭和の大合併………47,62,120
職務執行命令訴訟……………60
助言・勧告権…………………84
シラク
　Chirac, J. …………………209
新産業都市……………………124
新産業都市建設促進法……124
新市町村建設促進法…62,120
神聖ローマ帝国………………210
新設合併………………………46
新全国総合開発計画………124
スケール・メリット………119
スプロール現象………………81
スマートコミュニティ…159
3E 基準…………………………75
制限列挙………………………53

制限列挙方式………7,10,205
政策評価…………………74
性質別歳出………………110
清掃法……………………151
制度的保障説………7,31,33
整備、開発及び保全の方針
　………………………82
政府間関係論……………11
政府共通ネットワーク…179
政令市……………121,122
政令指定都市制度………83
積極国家…………………5
絶対主義王政……………4
折半対象財源不足額……112
説明責任（アカウンタビリテ
　ィ）………………75,88
ゼロ・エミッション構想
　………………………158
選挙管理委員会…………60
選挙権……………………53
全国総合開発計画…124,197
選択と負担………………64
セントポール市…………143
専門オンブズマン………92
総合オンブズマン………92
総合行政ネットワーク
　（LGWAN）………179
総合保養地整備法（リゾート
　法）…………………125
総司令部…………………60
増税なき財政再建………64
双方向性コミュニケーション
　………………………173
総務省……………………66
組織マネジメント………172
ソーシャルビジネス……138
外への国際化……………143

た行

第一次地方分権改革………50
大区………………………118
大区小区制………………17
第三次全国総合開発計画
　………………………125

第3セクター…………77,113
対市民関係………………164
大政奉還…………………58
大選挙区完全連記非累積投票
　制………………………212
大選挙区完全連記累積投票制
　………………………212
大都市共同体……………209
大都市周辺地域広域行政圏
　………………………124
第二次国土形成計画
　………………127,129
第二十七次地方制度調査会答
　申………………………133
第四次全国総合開発計画·125
多極分散型国土…………65
多極分散型の国土の形成·125
多元的国家論……………7
単記委譲式投票法………213
団体自治…………………32
団体主権…………………6,7
地域安全マップ…………142
地域運営組織（集落ネットワ
　ーク圏）………………127
地域間の均衡ある発展…124
地域議会…………………8
地域再生法………………128
地域自主戦略交付金…69,113
地域自治区…………67,118
地域主権改革……………68
地域審議会………………118
地域内への分権…………79
地域の国際化……………142
小さな拠点………………69
地縁団体…………………136
地球サミット……………190
知藩事……………………58
地方議会…………………52
地方行政調査委員会議…61
地方拠点都市……………65
地方拠点都市地域………125
地方権……………………205
地方公共団体の組合…44,45
地方公共団体の財政の健全化
　に関する法律（健全化法）

　………………………113
地方交付税…………38,104
地方交付税制度…62,106,115
地方財政計画
　………102,106,114,115
地方財政対策……………102
地方財政平衡交付金制度…61
地方税……………………106
地方生活圏………………124
地方税規則…………18,58
地方税条例主義…………38
地方制度調査会……60,62
地方総監府………………27
地方創生……………127,128
地方特別法………………39
地方農政局………………63
地方分権…………………162
地方分権一括法…50,66,132
地方分権改革推進法……68
地方分権推進法…………65
地方分散…………………209
地方分与税………………59
地方法……………………205
地方法人税………………104
中核市……45,64,121,122
中間支援組織……………139
中枢管理機能……………165
中枢管理都市……………5
長（首長）…………48,164
調整三税…………………85
町村合併促進法……62,120
町村総会…………………44
町内会・自治会…………136
直接請求制度………54,60
通年議会…………………53
鶴見和子…………………194
定住構想…………………125
定住者……………………195
定住自立圏………68,118,126
定例会……………………53
テクノポリス……………125
テクノポリス法（高度技術工
　業集積地域開発促進法）
　………………………125
デジタル・ディバイド（情報

格差）‥‥‥‥‥‥‥‥182
鉄の三角形‥‥‥‥‥‥‥198
デパルトマン‥‥‥‥‥‥‥9
テーマ型コミュニティ組織
‥‥‥‥‥‥‥‥‥‥137
テレビ‥‥‥‥‥‥‥‥170
田園都市構想‥‥‥‥‥‥65
電子自治体‥‥‥‥‥‥177
電子情報化‥‥‥‥‥‥176
電子情報化政策‥‥‥‥176
電子政府‥‥‥‥‥‥‥177
伝統的なコミュニティ組織
‥‥‥‥‥‥‥‥‥‥136
伝来説（承認説）‥6,10,205
ドイツ帝国憲法‥‥‥‥205
ドイツ連邦‥‥‥‥‥‥210
等級選挙‥‥‥‥‥‥‥59
東京一極集中‥‥‥‥‥65
東京市区改正条例‥‥‥‥81
東京都制‥‥‥‥26,59,119
透明性の向上‥‥‥‥‥90
都区協議会‥‥‥‥‥‥85
徳島県神山町‥‥‥‥‥135
都区制度‥‥‥‥‥‥‥83
都区制度改革‥‥‥‥‥85
特定財源‥‥‥‥‥‥‥108
特別委員会‥‥‥‥‥‥53
特別区‥‥‥‥‥44,45,69
特別区財政調整交付金‥‥‥84
特別区制度‥‥‥‥‥‥83
特別区優先の原則‥‥‥‥84
特別市‥‥‥‥‥‥‥120
特別区財政調整交付金‥‥‥84
特別市／郡独立市（ラントフ
ライシュタット）‥‥‥211
特別市制運動‥‥‥‥‥24
特別地方公共団体‥44,45,83
特別法の住民投票‥‥‥‥31
特例市‥‥‥‥‥‥121,122
ド・ゴール
de Gaulle, C.‥‥‥‥208
都市型コミュニティ‥‥‥3
都市計画‥‥‥‥‥‥‥81
都市計画税‥‥‥‥‥‥107
都市計画マスタープラン‥82
都市圏共同体‥‥‥‥‥209

都市憲章‥‥‥‥‥‥‥132
都市国家‥‥‥‥‥‥‥‥3
都市内分権‥‥‥‥‥‥79
ドッジ・ライン‥‥‥‥61
トップランナー方式‥‥‥115
都道府県‥‥‥‥‥‥‥44
都道府県警察‥‥‥‥‥62
都道府県税‥‥‥‥‥‥107
都・特別区・特別区間の相互
調整‥‥‥‥‥‥‥‥84
どぶろく特区‥‥‥‥‥199

な行

内閣府‥‥‥‥‥‥‥‥62
内発的発展‥‥‥‥‥‥192
内発的発展論‥‥‥‥‥194
内務省‥‥‥‥‥‥‥17,58
内務大臣‥‥‥‥‥‥‥59
長崎市‥‥‥‥‥‥‥‥143
二元主義の構造‥‥‥‥168
二元代表制‥‥‥35,36,48,52
21世紀のグランドデザイン
‥‥‥‥‥‥‥‥‥‥126
ニセコ町‥‥‥‥‥‥‥132
二層制‥‥‥‥‥‥‥‥83
日常経済圏‥‥‥‥‥‥120
日常生活圏‥‥‥‥‥‥119
日本初の姉妹自治体提携‥143
人間メディア‥‥‥‥‥169
農業革命‥‥‥‥‥‥‥‥2
農村型コミュニティ‥‥‥2
ノン・カウンティ・バラ
‥‥‥‥‥‥‥‥‥‥206
ノン・メトロポリタン・カウ
ンティ‥‥‥‥‥‥‥207
ノン・メトロポリタン・ディ
ストリクト‥‥‥‥‥207

は行

廃棄物の処理及び清掃に関す
る法律‥‥‥‥‥‥‥152
廃置分合‥‥‥‥‥‥‥46
廃藩置県‥‥‥‥17,58,119

バックオフィス系業務‥‥181
発想的キー・パースン‥‥196
パブリック・コメント‥‥89
バラ‥‥‥‥‥‥‥‥206
パリッシュ（教区）‥3,204
バリュー・フォー・マネー
‥‥‥‥‥‥‥‥‥‥72
犯罪の低年齢化‥‥‥‥141
版籍奉還‥‥‥‥‥‥‥58
ハンドレッド‥‥‥‥‥204
PR（行政広報）‥‥‥163
PRO‥‥‥‥‥‥‥‥163
PFI‥‥‥‥‥‥‥‥‥72
ビシー政権‥‥‥‥‥‥208
PPP‥‥‥‥‥‥‥‥76
100条調査権‥‥‥‥‥53
漂泊者‥‥‥‥‥‥‥‥195
複合一部事務組合‥63,120
福祉国家‥‥‥‥‥‥‥‥5
福祉国家化‥‥‥‥‥‥76
副市町村長‥‥‥‥‥‥67
府県会規則‥‥‥‥‥18,58
府県制‥‥‥‥‥‥‥‥22
府県制及び郡制‥‥‥59,119
普通税‥‥‥‥‥‥‥‥107
普通地方公共団体‥‥‥‥44
普通地方公共団体の区域‥46
フードバンク‥‥‥‥‥199
府民簡易監査制度‥‥‥‥97
プラーヌンクスツェレ‥135
フランス啓蒙思想‥‥‥‥6
ふるさと市町村圏‥‥‥125
ふるさと創生‥‥‥‥‥65
ふるさと納税‥‥‥68,128
ブルントラント委員会‥190
フロントオフィス系業務
‥‥‥‥‥‥‥‥‥‥180
分割‥‥‥‥‥‥‥‥‥46
分立‥‥‥‥‥‥‥‥‥46
平成の大合併‥‥‥47,121
ベスト・バリュー‥‥‥72
編入‥‥‥‥‥‥‥‥‥46
編入合併‥‥‥‥‥‥‥46
法実証主義‥‥‥‥‥‥205
法人格‥‥‥‥‥‥‥‥45

放送メディア……………170
法定受託事務………50,51,66
補完事務………………………44
補完性の原理………………11
補助機関………………………49
ポスター………………………170
補足投票制……………………213
ボダン
　Bodin, J.………………6
本会議…………………………52

ま行

まちづくり……………………81
まちづくり基本条例………132
まち・ひと・しごと創生法
　………………………………129
まち・ひと・しごと創生本部
　………………………………69
ミッテラン
　Mitterrand, F. M.……209
民間事業者の能力の活用によ
　る特定施設の整備の促進に
　関する臨時措置法(民活法)
　………………………………125
民主化…………………………162
民主主義………………………88
民主主義の学校……………88
民主的地方自治体…………168
民主的統制…………………88
無作為抽出……………………135

明治の大合併……23,47,119
メトロポリタン・カウンティ
　………………………………207
メトロポリタン・ディストリ
　クト…………………………207
目的税…………………………107
目的別歳出……………………109
モデル定住圏………………125
モントゲラス伯……………210

や行

夜警国家………………………5
山縣有朋………………………59
友好交流都市………………143
友好都市………………………143
夕張ショック………………113
横出し条例……………………34
横浜市勝馬投票券発売税条例
　事件…………………………38
四大公害訴訟………………149

ら行

ライン同盟……………………210
ラジオ…………………………170
ラスキ
　Laski, H.………………6
ランスティング……………9
ラント（州）………………9
ラントクライス（郡）…211

ラントフライシュタット（特
　別市／郡独立市）……211
リサイクル法………………156
リージョナリズム(広域行政)
　………………………………204
リゾート法（総合保養地整備
　法）…………………………125
リーダーシップ……………165
立体的メディア……………171
領邦国家………………………3
臨時会…………………………53
臨時行政改革審議会………64
臨時行政調査会……………63
臨時財政対策債……………112
累積投票・分割投票比例代表
　制……………………………215
ルーラル・ディストリクト
　………………………………206
レイトキャッピング……207
レジオン………………………9
連携中枢都市圏………69,127
連帯意識………………………141
連絡調整事務………44,84
ローカル・ガバナンス……133
ローカル・ガバメント……133
ローマ法………………………204
ロンドン・バラ……………206

わ行

ワイマール共和国………210

編者・執筆分担

福島康仁（ふくしま　やすひと）・・・・・・・・・・・はじめに、第 3 章、第 6 章、第 10 章
日本大学法学部　教授

執筆者 (五十音順)・執筆分担

岩井義和（いわい　よしかず）・・・・・・・・・・・・・・・・・・・・・・・・・第 7 章、第 12 章
日本大学法学部　教授

賀来健輔（かく　けんすけ）・・・・・・・・・・・・・・・・・・・・第 4 章、第 13 章、第 14 章
元 日本大学法学部　教授

鈴木隆志（すずき　たかし）・・・・・・・・・・・・・・・・・・・・・・・・・第 2 章、第 11 章
日本大学法学部　准教授

其田茂樹（そのだ　しげき）・・・・・・・・・・・・・・・・・・・・・・・・・・・・・・第 8 章
公益財団法人 地方自治総合研究所　研究員

山田光矢（やまだ　みつや）・・・・・・・・・・・・・・第 1 章、第 5 章、第 9 章、第 15 章
日本大学大学院法学研究科　非常勤講師

■Next 教科書シリーズ

■好評既刊

授業の予習や独習に適した初学者向けの大学テキスト

（刊行順）

『心理学』［第4版］　和田万紀＝編
定価（本体2100円＋税）　ISBN978-4-335-00246-5

『政治学』［第3版］　渡邉容一郎＝編
定価（本体2300円＋税）　ISBN978-4-335-00252-6

『行政学』［第2版］　外山公美＝編
定価（本体2600円＋税）　ISBN978-4-335-00222-9

『国際法』［第4版］　渡部茂己・河合利修＝編
定価（本体2200円＋税）　ISBN978-4-335-00247-2

『現代商取引法』　藤田勝利・工藤聡一＝編
定価（本体2800円＋税）　ISBN978-4-335-00193-2

『刑事訴訟法』［第2版］　関　正晴＝編
定価（本体2500円＋税）　ISBN978-4-335-00236-6

『行政法』［第4版］　池村正道＝編
定価（本体2800円＋税）　ISBN978-4-335-00248-9

『民事訴訟法』［第2版］　小田　司＝編
定価（本体2200円＋税）　ISBN978-4-335-00223-6

『日本経済論』　稲葉陽二・乾友彦・伊ヶ崎大理＝編
定価（本体2200円＋税）　ISBN978-4-335-00200-7

『地方自治論』［第2版］　福島康仁＝編
定価（本体2000円＋税）　ISBN978-4-335-00234-2

『教育政策・行政』　安藤忠・壽福隆人＝編
定価（本体2200円＋税）　ISBN978-4-335-00201-4

『国際関係論』［第3版］　佐渡友哲・信夫隆司・柑本英雄＝編
定価（本体2200円＋税）　ISBN978-4-335-00233-5

『労働法』［第2版］　新谷眞人＝編
定価（本体2000円＋税）　ISBN978-4-335-00237-3

『刑事法入門』　船山泰範＝編
定価（本体2000円＋税）　ISBN978-4-335-00210-6

『西洋政治史』　杉本　稔＝編
定価（本体2000円＋税）　ISBN978-4-335-00202-1

『社会保障』　神尾真知子・古橋エツ子＝編
定価（本体2000円＋税）　ISBN978-4-335-00208-3

『民事執行法・民事保全法』　小田　司＝編
定価（本体2500円＋税）　ISBN978-4-335-00207-6

『教育心理学』　和田万紀＝編
定価（本体2000円＋税）　ISBN978-4-335-00212-0

『教育相談』［第2版］　津川律子・山口義枝・北村世都＝編
定価（本体2200円＋税）　ISBN978-4-335-00251-9

『法学』［第3版］　髙橋雅夫＝編
定価（本体2200円＋税）　ISBN978-4-335-00243-4

━━ Next 教科書シリーズ ━━

■好評既刊

（刊行順）

『経済学入門』［第2版］　楠谷　清・川又　祐＝編
————定価(本体2000円＋税)　ISBN978-4-335-00238-0

『日本古典文学』　近藤健史＝編
————定価(本体2200円＋税)　ISBN978-4-335-00209-0

『ソーシャルワーク』　金子絵里乃・後藤広史＝編
————定価(本体2200円＋税)　ISBN978-4-335-00218-2

『現代教職論』　羽田積男・関川悦雄＝編
————定価(本体2100円＋税)　ISBN978-4-335-00220-5

『発達と学習』［第2版］　内藤佳津雄・北村世都・鏡　直子＝編
————定価(本体2000円＋税)　ISBN978-4-335-00244-1

『哲学』　石浜弘道＝編
————定価(本体1800円＋税)　ISBN978-4-335-00219-9

『道徳教育の理論と方法』　羽田積男・関川悦雄＝編
————定価(本体2000円＋税)　ISBN978-4-335-00228-1

『刑法各論』　沼野輝彦・設楽裕文＝編
————定価(本体2400円＋税)　ISBN978-4-335-00227-4

『刑法総論』　設楽裕文・南部　篤＝編
————定価(本体2400円＋税)　ISBN978-4-335-00235-9

『特別活動・総合的学習の理論と指導法』　関川悦雄・今泉朝雄＝編
————定価(本体2000円＋税)　ISBN978-4-335-00239-7

『教育の方法・技術論』　渡部　淳＝編
————定価(本体2000円＋税)　ISBN978-4-335-00240-3

『比較憲法』　東　裕・玉蟲由樹＝編
————定価(本体2200円＋税)　ISBN978-4-335-00241-0

『地方自治法』［第2版］　池村好道・西原雄二＝編
————定価(本体2100円＋税)　ISBN978-4-335-00254-0

『民法入門』　長瀬二三男・永沼淳子＝著
————定価(本体2700円＋税)　ISBN978-4-335-00245-8

『日本国憲法』　東　裕・杉山幸一＝編
————定価(本体2100円＋税)　ISBN978-4-335-00249-6

『マーケティング論』　雨宮史卓＝編
————定価(本体2300円＋税)　ISBN978-4-335-00250-2

Next 教科書シリーズ 地方自治論［第 2 版］

2012（平成 24）年 12 月 15 日　初　版 1 刷発行
2018（平成 30）年 4 月 15 日　第 2 版 1 刷発行
2024（令和 6）年 4 月 15 日　同　 2 刷発行

編　者　福島　康仁

発行者　鯉渕　友南

発行所　株式会社　弘文堂　　101-0062　東京都千代田区神田駿河台 1 の 7
　　　　　　　　　　　　　　TEL 03(3294)4801　　振替 00120-6-53909
　　　　　　　　　　　　　　https://www.koubundou.co.jp

装　丁　水木喜美男

印　刷　三美印刷

製　本　井上製本所

©2018　Yasuhito Fukushima. Printed in Japan

JCOPY 〈(社)出版者著作権管理機構　委託出版物〉
本書の無断複写は著作権法上での例外を除き禁じられています。複写される場合は、
そのつど事前に、(社)出版者著作権管理機構（電話 03-5244-5088、FAX 03-5244-5089、
e-mail：info@jcopy.or.jp）の許諾を得てください。
また本書を代行業者等の第三者に依頼してスキャンやデジタル化することは、たとえ個
人や家庭内の利用であっても一切認められておりません。

ISBN978-4-335-00234-2